Wach Sein

Georg Feuerstein

Wach Sein

Geistige Klarheit, Einsicht und Selbstbestimmung

Aus dem Englischen
von Michael Schmidt

O. W. Barth

Zur Erinnerung an Willis Harman (1917–1997),
dessen Verstand die Möglichkeiten der Zukunft ergründete
und dessen Herz alle Menschen im Jetzt einschloß.

Allen Mitreisenden auf dem Weg
des luziden Wachseins

Die Originalausgabe erschien 1997 unter dem Titel «Lucid Waking»
bei Inner Traditions International, Rochester, Vermont, USA.

Erste Auflage 1999

Inhalt

Und doch . . .

Wir bauen Brücken über Flüsse und Länder,
legen ungute Fehden bei und schleifen Städte,
lindern den Schmerz von Millionen und fügen
vielen anderen unaussprechliches Leid zu.

Wir sind hinausgelangt über die Leere zwischen
unserem Planeten und anderen Planeten,
unserem Fixstern und dem nächsten,
unserer Galaxis und dem Rand des Universums,
aber nur selten füllen wir die Leere,
die in unseren Herzen gähnt.

In unseren Gedanken überschreiten wir
die Grenzen des Körpers,
sogar des Verstandes,
und doch suchen wir kaum unseren Nachbarn auf,
der unseres Mitgefühls bedarf.

Wir schaffen Meisterwerke der Literatur
und der Kunst von äußerster Schönheit,
aber bei der Gestaltung unseres Schicksals
beweisen wir weder ästhetische Urteilskraft
noch viel Weisheit.

Wir breiten unseren Samen freizügig
über die gesamte Oberfläche unseres Planeten aus
und sind dabei, uns ins All zu verströmen –
doch wir erkennen nicht die Unfruchtbarkeit,
die unsere Kraft schwächt,
unsere edelsten Ideale auszehrt,
und unsere hochfliegenden Bestrebungen.

Wir feiern uns als die großartigste Spezies,
die je dem Schoß der Evolution entsprang,
begehren, Herr zu sein über alle anderen Lebensformen,
während wir das Klagelied nicht hören wollen
der Legionen von Mitgeschöpfen,
die mit uns Land, Luft und Wasser teilen.

Wir sind unbestritten Meister darin,
unsere Sinne nach außen zu richten,
alles zu ergreifen, zu halten, uns einzuverleiben –
aber es gebricht uns an Selbstbeherrschung.

Und doch und doch
liegt verborgen in uns eine Tiefe,
die wir nur vage erahnen,
aber einmal enthüllt, erhebt sie uns
zu ungeahnten Höhen
jenseits aller kleinlichen Vorstellungen
von uns selbst.

Diese Tiefe ist unsere unbefleckte Zukunft.

Vorwort

Manche gibt es, die wach sind,
während sie schlafen,
und dann gibt es solche,
die – scheinbar wach – doch tief schlafen.

Lalla

«Leben ist nur ein wandelnd Schattenbild», schrieb der unsterbliche Barde in *Macbeth*, «Ein armer Komödiant, der spreizt und knirscht / Sein Stündchen auf der Bühn und dann nicht mehr / Vernommen wird; ein Märchen ist's, erzählt / Von einem Tollen, voller Klang und Wut, / Das nichts bedeutet.» Der spanische Dramatiker Calderón nannte, neunzehn Jahre nach Shakespeares Tod, das Leben einen Traum. Zweihundert Jahre später ging der amerikanische Dichter Henry Wadsworth Longfellow noch einen Schritt weiter, als er vom Leben als einem «leeren Traum» sprach. Doch ob der Traum vom Leben nun leer ist oder nicht – offenkundig sind wir sehr in ihn verstrickt. Wir bewegen uns im Wachzustand wie Schattenfiguren: nicht ganz wach und doch nicht völlig schlafend.

Seit den neunziger Jahren haben wir dank der Bemühungen von Traumforschern wie Patricia Garfield, Celia Green, Ann Faraday und insbesondere Stephen LaBerge eine ganze Menge über luzides Träumen erfahren.[1] Das ist die Fähigkeit, den

Traumzustand bewußt zu erleben, wodurch wir in der Lage sind, ihn kreativ zu steuern und zu inszenieren. Luzides Träumen ist eigentlich eine der geheimen Künste der Antike, und wie dies bei vielen modernen Errungenschaften der Fall ist, entdecken wir auch in diesem Fall bloß ein Wissen wieder, das eine Zeitlang verlorengegangen war. Viele, wenn nicht die meisten von uns haben schon einmal wissentlich oder unwissentlich das luzide Träumen erlebt. Als systematische Disziplin freilich bleibt es die Domäne einer kleinen Minderheit westlicher Anhänger und spiritueller Adepten des Ostens.

Tatsächlich haben fast alle von uns noch immer große Mühe, im Wachzustand voll bewußt zu sein, vom Schlafzustand ganz zu schweigen. Die meisten von uns gehen als Schlafwandler durchs Leben. Dazu der Psychologe Charles Tart: «Jeder von uns befindet sich in einer tiefen Trance, einem Konsensbewußtsein, einem Zustand des partiell aussetzenden Belebtseins, der Benommenheit, der Unfähigkeit, auf unserem maximalen Level zu funktionieren. Automatisierte und konditionierte Muster der Wahrnehmung, des Denkens, Fühlens und Verhaltens beherrschen unser Leben. Während eines viel zu großen Teils des Lebens sind wir wie ein Kran oder eine Sortiermaschine auf hohem Niveau: Wir sind scheinbar intelligent und bewußt, aber das sind nur automatisierte Programme. Viele dieser automatisierten und konditionierten Muster sind vielleicht irgendwann einmal anpassungsfähig gewesen, aber sie funktionieren längst nicht mehr gut – ja, sie können uns sogar zerstören. Wir leben in einem Massenwahn und tragen das Unsere dazu bei.»[2]

Das Erwachen aus dem Traum, den wir den Wachzustand nennen, ist das Ziel aller großen spirituellen Traditionen der Welt. Darum bedeutet der spirituelle Titel Buddha wörtlich: jemand, der «wach» ist, der erwacht ist aus dem, was Tart die «Konsenstrance» des normalen Lebens nennt. Ein derartiges spirituelles Erwachen wird traditionellerweise als Erleuchtung bezeichnet. Sie ist die Bedingung für eine überwache Bewußtheit, die alle Bewußtseinszustände durchdringt – Wachen, Träumen und sogar den tiefen Schlaf.

Die Erleuchtung setzt mit dem luziden Wachsein ein, der verstärkten Aufmerksamkeit oder Achtsamkeit im Wachzustand – einem Vermögen, das nach wie vor den meisten von uns abgeht. Es erfordert einen bewußten Willensakt, eine *metanoia*, durch die wir uns bewußt auf eine neue Weise zum Leben in Beziehung setzen. Dies wird allgemein als eine höchst schwierige Aufgabe angesehen. Und doch steht eindeutig fest: Wenn auch nur ein einziger Mensch aus dem Traum des Lebens erwacht ist – und das wird von allen großen spirituellen Traditionen nachhaltig versichert –, dann ist ein derartiges Erwachen unserer Spezies insgesamt möglich.

Denn wenn *ein* Mensch erwachen kann, dann sind wir alle dazu imstande!

So aktiv und anscheinend erfüllt unser Leben sein mag – solange wir im Traum des Wachlebens gefangen sind, nehmen wir unser Schicksal nur passiv hin. Im Gegensatz dazu wären wir, um es ein wenig dramatisch zu formulieren, Herr unseres Schicksals, wenn wir im Vollbesitz des Bewußtseins wären, selbst wenn wir nie einen Muskel rühren würden. Denn das Schicksal regiert dort, wo Unbewußtheit oder Halbbewußtsein herrschen. Freiheit wiederum ist die Frucht einer unbeeinträchtigten, ursprünglichen Bewußtheit. Die Kultivierung oder Wiedergewinnung einer derartigen Bewußtheit ist der höchste Zweck des philosophischen Lebens – des gedankenvollen Lebens der spirituellen Selbstumwandlung. Und darin liegt das großartige Versprechen der Menschheit.

Manche möchten uns glauben machen, daß die Welt ganz und gar verloren sei. Zweifellos haben sie ihre Gründe, so zu denken, und es gibt viele unübersehbare Anzeichen einer drohenden weltweiten Katastrophe – Überbevölkerung, die zunehmende Verschmutzung von Land, Luft und Wasser, die Erschöpfung der natürlichen Ressourcen der Erde und virulente Epidemien zum Beispiel. Doch der unvoreingenommene Blick nimmt auch viele hoffnungsvolle Zeichen wahr, vor allem die wachsende Bewußtheit und das damit einhergehende Gefühl der Dringlichkeit in bezug darauf, daß wir auf den Zusammenbruch zusteuern und das globale Kooperieren lernen müssen, um ihn zu verhindern. Ich glaube zwar nicht, daß wir schon das Schlimmste erkannt haben, bin aber auch zutiefst davon überzeugt, daß wir nicht nur die uns drohende Krise überleben, sondern auch weiser und stärker daraus hervorgehen werden. Diese Ansicht wird auch von den meisten der 145 Autoren geteilt, die zu dem von meiner Frau Trisha Lamb Feuerstein und mir herausgegebenen Buch *Voices on the Threshold of Tomorrow* einen Beitrag geleistet haben.

Das vorliegende Buch ist ein Ausdruck meines unerschütterlichen Glaubens an das unermeßliche Potential und die Zukunft der Spezies Mensch. Es besteht aus siebzehn Essays, die alle in irgendeiner Weise die anhaltende Vitalität der Menschheit und die Fähigkeit eines jeden von uns bekunden, den Anforderungen der Existenz geistig gesund, kreativ, mutig, das heißt, mit philosophischer Gelassenheit gerecht zu werden: hellwach und aufmerksam in bezug auf unsere allgegenwärtige spirituelle Natur.

Das Eingangskapitel, «Lob des philosophischen Lebens», ist mein Votum für die Notwendigkeit und Schönheit der Philosophie – ich plädiere gegen ein trockenes akademisches Theoretisieren und für eine lebenspendende Liebe zur Weisheit. Ohne eine derartige Philosophie oder eine aufs Leben angewandte leidenschaftliche Vernunft und spirituelle Klarheit verdienen wir nicht die Bezeichnung «Homo sapiens». Ein Leben ohne Prüfung und Erforschung, bemerkte der weise Sokrates, sei nicht wert, gelebt zu werden – zumindest nicht für Menschen, deren Potential das eines Steins, eines Ahornbaums, einer Kakerlake oder selbst eines Schimpansen weit übersteigt.

Unser Nervensystem ist auf eine Empfänglichkeit gegenüber dem Leben hin ausgelegt, die – zumindest soweit wir dies gegenwärtig wissen – etwas nahezu Beispielloses in der Natur (auf der Erde) darstellt. Die Aufgabe der Philosophie ist es, dieser Empfänglichkeit eine sinnvolle Richtung zu geben. Die Philosophie, so, wie sie hier verstanden wird, ist die Theorie und Praxis des luziden Wachseins. Das zweite Kapitel, «Die Kernfrage: Wer bin ich?», befaßt sich unmittelbar mit dem Zentrum des philosophischen Lebens: dem Wesen unseres Menschseins. Wir alle beantworten auf unsere eigene Weise die Frage «Wer bin ich», Selbst wenn wir unsere Antwort nicht in Worte fassen können oder wollen, bringen wir sie nichtsdestoweniger indirekt durch unser Verhalten zum Ausdruck. Fragen zu stellen ist ein wesentlicher Teil des Menschseins; gültige Antworten auf die wichtigste Frage zu finden ist entscheidend für unser Überleben als Spezies und für unsere Entwicklung als Individuen.

Das dritte Kapitel, «Die Aufgabe der Verkörperung», geht von der Prämisse aus, daß eine brauchbare Philosophie den menschlichen Körper ganz und gar berücksichtigen muß. Das akademische Philosophieren ignoriert nur allzu häufig die Tatsache, daß wir Wesen aus Fleisch und Blut und nicht bloß rationale Computer sind. Wir atmen und fühlen, und unser bewußtes Leben kreist größtenteils um unsere Körperlichkeit. Wenn wir dies wirklich akzeptieren, werden wir nicht in den metaphysischen Irrtum des extremen Gnostizismus verfallen, der im Körper nicht viel mehr als das Grab der Seele erblickt. Darüber hinaus ist der Körper alles andere als ein Hindernis für unser wahres Erwachen oder unsere Erleuchtung – er ist der einzig feste Grund, der uns hoffen läßt, unser höchstes Schicksal zu erfüllen. Ja, die Erleuchtung ist die Erleuchtung des ganzen Körpers: jenes Körpers, der nicht auf einen bestimmten Zellorganismus begrenzt ist, sondern alle Formen einschließt.

Aber was ist die Seele, die die Psychologie leugnet und die die spirituellen Traditionen preisen? Diese Frage wird im vierten Kapitel, «Das wechselvolle Schicksal der Seele», aus einer historischen Perspektive erörtert. Insbesondere zeige ich, daß wir nach einem allzu langen Zwischenspiel eines seelenvernichtenden wissenschaftlichen Materialismus zu einem tieferen Selbstverständnis zurückkehren, das die Idee der Seele einschließt. Während unsere Suche nach befriedigenderen Antworten auf die großen Fragen hartnäckiger wird und nicht mehr von konventionellen Ideologien belastet ist, entdecken wir, daß die klassischen spirituellen Traditionen und ihre metaphysischen Erkenntnisse keineswegs so abseitig und zweifelhaft sind, wie es einst den Anschein hatte. Die Sprache der Seele gehört unabdingbar zum Kontext des luziden Wachseins, weil sie Wirklichkeiten anspricht, die unsere wissenschaftsgläubige westliche Kultur lange Zeit ignorieren wollte.

Das fünfte Kapitel, «Wer oder was ist der Geist?», stellt die historische Entwicklung des Begriffs des Geistes dar, der, wie der Begriff der Seele, außerhalb der Grenzen der traditionellen Religiosität ein Comeback erlebt. Aber oft umgibt ihn etwas Nebulöses, das verhindert, daß wir uns dem Geist als einer Wirklichkeit nähern. Der Geist – oder das Selbst oder das Bewußtsein – ist der Dreh- und Angelpunkt des philosophischen Fragens. In welcher Beziehung wir zu ihm stehen oder wie wir eine solche Beziehung vermeiden, definiert das, was von unserer Kosmologie übriggeblieben ist, sowie unsere Einstellung zum Leben. Das ist im Grunde eine Frage unserer Imagination, der stärksten Kraft des Geistes, die unsere Zukunft ganz entscheidend bestimmt. Wie die Sprache der Seele stellt auch die Sprache des Geistes eine sinnvolle begriffliche Basis für die Betrachtung der konkreten Gegebenheiten des luziden Wachseins dar.

Das sechste Kapitel, «Die Kraft der Phantasie», untersucht die psychische Fähigkeit, die dem breiten Spektrum der menschlichen Kreativität zugrunde liegt und unser gesamtes zivilisatorisches Projekt prägt. Die Imagination stand erst in hohem Ansehen, doch mit dem Aufkommen des wissenschaftlichen Materialismus wurde sie auf den Status der unproduktiven, ja gefährlichen Phantasterei herabgewürdigt. Nach dem Zusammenbruch des Behaviorismus und mit der allmählichen Wiederbelebung der Idee des Bewußtseins jenseits der Zukkungen des menschlichen Nervensystems aber erlebte der Begriff der Imagination nicht nur in intellektuellen Kreisen, sondern auch in der breiteren Öffentlichkeit ein Comeback. Man beruft sich auf sie in den Künsten, der Medizin und sogar in den harten Wissenschaften. Exemplarisch machte Einstein diese gewandelte Einstellung deutlich, als er schrieb: «Phantasie ist wichtiger als Wissen.» Richard Tarnas hat einmal erklärt: «Erst wenn der menschliche Verstand die ganzen Kräfte der disziplinierten Imagination freisetzt und ihre empirische Betrachtungsweise mit archetypischer Einsicht sättigt, entfaltet sich die tiefere Wirklichkeit der Welt.»[3]

In gewisser Hinsicht ist das luzide Wachsein die Anwendung der disziplinierten Imagination auf unser tägliches Leben. Je nach unserem Phantasievermögen verstärken oder mindern wir unsere Luzidität oder Wachheit und damit uns selbst.[4]

Das siebte Kapitel, «Die richtige Anschauung», führt die Überlegungen des vorangegangenen Kapitels weiter, indem es sich wieder entschieden auf das Individuum konzentriert. Es befaßt sich mit der wichtigen Frage, wie unsere Vorstellung vom Leben das Leben selbst gestaltet und uns in dem Bedürfnis nach persönlicher spiritueller und philosophischer Praxis mit ihren unvermeidlichen moralischen Folgen bestärkt.

Im achten Kapitel, «Intuition – die andere Form des Wissens», stelle ich die Frage, wie wir uns in praktischer Hinsicht auf das neue Verständnis, das in unserer westlichen Kultur aufkommt, einlassen und unsere spirituelle Authentizität zurückgewinnen können. Ich untersuche das verborgene Medium des

Wissens, die Intuition, durch die wir nicht nur das Leben, sondern auch die spirituelle Dimension direkter und unmittelbarer verstehen als durch das rationale Wissen.

Das neunte Kapitel, «Kreativität – Selbstverwirklichung und Transzendenz», befaßt sich mit der gottähnlichen Kraft der Kreativität und zeigt, wie wir im Ausleben unserer schöpferischen Impulse die beschränkende Schwerkraft unserer Ich-Persönlichkeit überwinden und Glück und Freiheit erlangen können.

Diese Überlegungen leiten direkt zum Thema des zehnten Kapitels, «Das höhere Bewußtsein», über. Dies ist ein ausgesprochen schillernder Begriff; ich bemühe mich hier um eine Klärung und um eine nachvollziehbare Darstellung der Beschaffenheit des höheren Bewußtseins.

Das elfte Kapitel, «Die Kunst des Selbstverständnisses und der Selbstverwandlung», untersucht die drei grundlegenden Phasen des philosophischen Lebens – eines Lebens, das mit der Würde des Homo sapiens sapiens, des doppelt weisen Menschen, gelebt wird. Alles Leben ist Wandel, aber jeder freiwillige, bewußte Wandel setzt ein gewisses Maß an Selbstkenntnis oder Selbstverständnis voraus. Sobald wir ein wenig verstanden haben, was in uns vorgeht, sobald wir unsere hellen und unsere dunklen Seiten kennen, können wir die Veränderungen vornehmen, die unserer Meinung nach unabdingbar sind, um unser angeborenes Potential richtig zu entfalten – mit anderen Worten: um ganz zu werden. Das bedeutet unvermeidlicherweise, daß wir über unseren psychischen Status quo hinausgehen. Das heißt, wir müssen die Kunst der Selbsttranszendenz kultivieren, und das bedeutet nichts anderes, als daß wir uns auf ein spirituelles Leben einlassen. Die süße Frucht der ausgeübten Disziplin der Selbstbeobachtung, des Selbstverständnisses, der Selbsttranszendenz (bis zur höchsten spirituellen Erleuchtung) und der nie endenden Selbstverwandlung besteht darin, daß wir in der Welt als gütige Mittler der Erleuchtung gegenwärtig sind und alle anderen Wesen in ihrer Verwirklichung von Glück und Freiheit führen.

Das zwölfte Kapitel, «Der Schatten der Erleuchtung», zeigt, wie die menschliche Komplexität sich selbst auf den höchsten Ebenen spiritueller Fertigkeit manifestiert. Wo Licht ist, ist auch Schatten. Wir können uns zwar über das Dunkel des egozentrischen Lebens erheben, aber doch nicht ganz den der körperlichen Existenz innewohnenden Beschränkungen entkommen. Solange es einen physischen Körper gibt, gibt es auch eine gewisse Persönlichkeit, die uns unvollkommen macht. Ohne sie wäre das Leben ganz und gar trist, aber ihr Weiterbestehen nach der Erleuchtung ist eine Tatsache, mit der jene rechnen sollten, die dazu neigen, in erleuchteten Wesen Muster an Vollkommenheit zu erblicken. Selbst die Erleuchtung muß vom reifen, durch die unmittelbae Erfahrung der spirituellen Dimension der Existenz bereicherten philosophischen Verstand sorgfältig geprüft werden.

Das dreizehnte Kapitel, «Freiheit, Schicksal und die Quantenwirklichkeit», befaßt sich mit dem wunderbaren Zusammenspiel von Körper und Geist und mit dem Phänomen, daß wir selbst inmitten aller Beschränkungen der physischen Verkörperung im Grunde frei sind. Für den erleuchteten Menschen ist die Persönlichkeit genausowenig schicksalhaft wie die Biologie. Oder genauer gesagt: Die Persönlichkeit ist letztlich nicht entscheidend, sondern bloß eine Spielart der Natur, die von Augenblick zu Augenblick zur Erleuchtung transzendiert wird. Diese Öffnung (Martin Heideggers «Lichtung»), die im Zustand der Erleuchtung vollkommen verwirklicht wird, ist uns stets gegeben. Die Freiheit ist unsere Grundgegebenheit. Diese grundlegende Wahrheit spiegelt sich überraschenderweise im Unbestimmtheitsprinzip der Quantentheorie wider. Die Quantentheorie hat unglaubliche philosophische Implikationen, und viele Denker innerhalb und außerhalb der Physik sind erstaunt über die Parallelen zwischen der Quantentheorie und dem östlichen metaphysischen Denken. Insbesondere die grundlegende quantentheoretische Vorstellung von der Vernetztheit aller Dinge gilt als eine Bestätigung uralter Vorstellungen vom Universum als einem *holon* – einem umfassenden organischen Ganzen.

Im vierzehnten Kapitel, «Die Suche nach Ganzheit», erörtere ich die gegenwärtige Beschäftigung mit der Ganzheit und mit unserer Neigung, daraus eine Ideologie zu machen, statt uns die Idee der Ganzheit als Anleitung zu einer tatsächlichen moralischen und spirituellen Verwandlung zunutze zu machen. Trotz aller Hinwendung zur Ganzheit sind wir daher als Individuen wie als gesellschaftliches Kollektiv bislang fragmentiert geblieben. Doch gleichzeitig gibt es einen spürbaren evolutionären Vorstoß in Richtung einer integrativen Art von Bewußtsein.

Im fünfzehnten Kapitel, «Die New-Age-Bewegung: Rückschritt oder Chance?», überprüfe ich die Vorstellung eines neuen Zeitalters, die einige als Ausdrucksform eines höheren Bewußtseins begreifen, während andere in ihr eine schiere Popideologie sehen, die nur auf Wunschdenken und Massenhysterie begründet sei. In diesem Zusammenhang untersuche ich auch die Kraft der Imagination, die sich auf die Schwelle zum Jahr 2000 n. Chr. konzentriert. Chronologisch gesehen ist das Jahr 2000 ein vergleichsweise willkürlicher Zeitpunkt; doch in psychologischer und damit auch in soziologischer Hinsicht gewinnt es zunehmend an Bedeutung – möglicherweise wird es sich sogar für die Zukunft unserer Spezies als entscheidend erweisen. Für dieses merkwürdige Phänomen habe ich den Begriff «Millenium-Effekt» geprägt.

Das neu aufkommende Bewußtsein ist Thema des sechzehnten Kapitels, «Der Weg zum integralen Bewußtsein». Hier stelle ich die philosophische Betrachtung der menschlichen Natur in einen größeren historischen Rahmen, wobei ich mich auf das epochale Werk des Schweizer Kulturphilosophen und

Dichters Jean Gebser stütze. Seine Darstellung der Entwicklung des menschlichen Bewußtseins in vier verschiedenen Mutationen – vom archaischen zum magischen, mythischen und mental-rationalen Bewußtsein – ist eines der hilfreichsten Modelle für das Verständnis nicht nur der menschlichen Kultur, sondern auch menschlicher Individuen. Lange vor der New-Age-Bewegung hat Gebser, der sein Lebenswerk in den frühen dreißiger Jahren konzipierte, auf vielversprechende Anzeichen einer neu sich herauskristallisierenden Bewußtseinsmodalität hingewiesen, die er das «arational-aperspektivisch-integrale Bewußtsein» nannte. Wie haben wir dieses neue Bewußtsein im Hinblick auf die immerwährende Aufgabe der Verwirklichung des Geistes zu verstehen?

Das Schlußkapitel, «Erinnerung an die Zukunft», will auf das Phänomen aufmerksam machen, daß wir einerseits von der Vergangenheit von hinten angeschoben, andererseits von der Zukunft von vorn gezogen werden. Unser Potential ist so groß, weil wir paradoxerweise auf der tiefsten oder höchsten Ebene unseres Seins nie das Ziel aus den Augen verloren haben, auf das wir uns unserer Meinung nach zubewegen. Die Umwege unserer persönlichen und kollektiven Geschichte sind natürlich nie vergebens, weil sie uns – zunehmend und selten auf lineare Weise – dazu bringen, uns allmählich dieser fundamentalen Tatsache bewußt zu werden. Die Aufgabe besteht stets darin, immer mehr aus der Gewißheit oder dem Glauben heraus zu leben, daß unser Ziel ein unveräußerlicher Teil von uns selbst ist, ganz gleich, wie lang oder schwierig unsere Reise ist. Wir dürfen keine romantischen Pfahlwurzeln in die Vergangenheit versenken oder uns im Taumel des gegenwärtigen Augenblicks verlieren und uns auch nicht idealistischerweise in eine Zukunft projizieren, die sich erst noch entfaltet. Alle drei Einstellungen sind letztlich zum Scheitern verurteilt. Die unabdingbare Kunst besteht darin, mit der Gegenwart Schritt zu halten und uns voll und ganz dessen bewußt zu sein, daß wir sowohl die Vergangenheit ausdrücken und zugleich ständig umgestalten als es auch zulassen, daß sich die Zukunft manifestiert. Damit werden wir das Versprechen des Homo sapiens sapiens, des mit überragender Weisheit begabten Wesens, erfüllen.

Die größte Herausforderung, die uns aus unserem immensen Potential als Spezies erwächst, ist die Verkörperung des Geistes. Sie ist nicht nur eine lebenslange Aufgabe für jedes Individuum, sondern auch eine bleibende Pflicht für die gesamte Menschheit. Vielleicht wird es ja nie ein Goldenes Zeitalter auf Erden geben, aber wir müssen uns ständig um seine Herbeiführung in *unserer eigenen Psyche* bemühen. Auf diese Weise verleihen wir nicht nur unserer gewöhnlichen individuellen Existenz eine außergewöhnliche Bedeutung, sondern adeln auch unsere Spezies und tragen zur Erhöhung allen Lebens auf diesem Planeten bei.

Ja! diesem Sinne bin ich ganz ergeben,
Das ist der Weisheit letzter Schluß:
Nur der verdient sich Freiheit wie das Leben,
Der täglich sie erobern muß.

Goethe, *Faust II,* 5. Akt

I

Lob des philosophischen Lebens

Das sokratische Erbe

Meine philosophische Odysee begann, als ich etwa vierzehn Jahre alt war und anfing, die Werke der großen deutschen Denker zu lesen – Kant, Hegel, Leibniz, Schopenhauer und Nietzsche. Alles schien vor Kant in Ehrfurcht zu erstarren, und daher vertiefte ich mich in seine drei Kritiken. Ich weiß nicht mehr, wieviel ich wirklich von Kants Werk verstand, aber ich erinnere mich noch, wie sehr ich davon beeindruckt war, so daß ich einen Aufsatz über den Königsberger Philosophen schrieb. Ich lernte seinen kategorischen Imperativ auswendig und kann ihn noch heute wie ein Mantra auf deutsch aufsagen. Ich brauchte nicht lange, um dahinterzukommen, daß nachdenkliche Menschen anscheinend deshalb so von Kant beeindruckt waren, weil sein abstraktes Denksystem sich für sie als weitgehend unverständlich erwies.

Nach der anfänglichen Faszination, einen Philosophen entdeckt zu haben, der scheinbar die Vernunft bis zu den äußersten Grenzen trieb und saubere Definitionen für alles geliefert hatte, was einer Definition wert war, merkte ich, daß mir Kants Erklärungen letztlich überhaupt nichts gaben. Sie schienen nichts zu tun zu haben mit der Welt, in der ich lebte. Indem ich mich in seine Ideenwelt versenkte, fand ich mich gleichsam im hygienisch reinen Bereich eines Sauerstoffzelts – in sicherer Entfernung von lebensbedrohenden Bakterien und

Viren, aber auch von den lebenspendenden Strahlen der Sonne.

Das gleiche Gefühl der Enttäuschung erlebte ich bei Hegel und Leibniz. Nicht so bei Schopenhauer und Nietzsche, die eine andere, vitalere Qualität des Philosophierens verkörperten. Allerdings fand ich Nietzsche ein wenig zu wild und übertrieben, fühlte mich jedoch absolut wohl bei Schopenhauer, der für mich ein aufregendes Bindeglied zwischen der westlichen Philosophie und den östlichen Weisheitstraditionen darstellte, die ich gerade für mich entdeckt hatte.

Ich vertiefte mich auch in Platon und erkannte in Sokrates rasch einen wahrhaft großen Menschen und ein seltenes philosophisches und spirituelles Genie, wenngleich ich mich ständig fragte, welche Lehren denn nun von Sokrates und welche von Platon stammten. Aber bevor ich die Philosophie von Sokrates so richtig zu würdigen vermochte, wurde ich geradezu magnetisch ins Wunderland der indischen Metaphysik und Sprititualität hineingezogen. Erst viele Jahre später, nach einer langen, anregenden Reise durch den Hinduismus und Buddhismus, ist mein Interesse an Sokrates und anderen griechischen Philosophen wiedererwacht.

Inzwischen sehe ich in Sokrates das griechische Pendant zu den Weisen der Upanischaden und das westliche Musterbeispiel des Individuums, das sich dem philosophischen Leben mit Leidenschaft und unerschütterlichem Engagement hingibt. Er hat schließlich bei seinem Prozeß im Jahre 399 v. Chr. seine Zeitgenossen daran erinnert, daß ein Leben ohne kritische Prüfung nicht lebenswert ist. Man hatte ihn der Gottlosigkeit und der Verführung junger Männer beschuldigt, und seine Ankläger, allen voran Meletos, forderten die Todesstrafe. Um dem herrschenden Gesetz Genüge zu tun, forderte man Sokrates auf, eine alternative Strafe vorzuschlagen. Am Ende einer Rede, die eigentlich jeden von seiner Unschuld hätte überzeugen müssen, plädierte er – zweifellos ironisch – für eine nominelle Strafe von einer Silbermine, was etwa hundert Mark entspricht. Die 501 Bürger Athens, die das Gericht bildeten, stimmten für die Todesstrafe. Sokrates nahm das Urteil mit vollkommenem Gleichmut, ja, sogar mit einem gewissen Humor auf. Er versicherte, keinen Groll gegen seine Ankläger und Richter zu haben, und schloß mit den Worten: «Aber nun ist es Zeit, daß wir gehen, ich, um zu sterben, ihr, um weiterzuleben. Wer von uns beiden dem besseren Lose entgegengeht, das ist allen verborgen, nur der Gottheit nicht.»[1] Von Platon wissen wir, daß Sokrates tapfer den Schierlingsbecher austrank und sogar seine Freunde tröstete, die angesichts des bevorstehenden Hinscheidens des Philosophen in Tränen ausbrachen.

Die Geschichte von Sokrates veranschaulicht besonders gut das Wesen der Philosophie und des philosophischen Lebens. Bekanntlich geht unser Wort «Philosophie» auf das griechische *philosophia* zurück, was soviel wie «Weisheitsliebe» bedeutet. Somit war Philosophie in ihrer ursprünglichen Form nicht bloß kritische Analyse oder intellektuelle Spekulation, sondern es ging dabei um Liebe, *philia.* Die alten Griechen unterschieden zwischen *philia, eros* und *agape.* Über diese drei Arten der Liebe ist viel geschrieben worden, und ich möchte den Leser nur auf Alan Sobles schöne Anthologie hinweisen, die zahlreiche bibliographische Hinweise für das weitere Studium enthält.[2]

Das Wort *eros* im Sinne von «Liebe» oder «Verlangen» taucht zum ersten Mal in Homers Epen auf. Als philosophische Idee jedoch geht es direkt auf Platons Dialoge zurück, vor allem auf das *Gastmahl.* Hier steht es für das kosmische Prinzip der Anziehung auf allen Ebenen des Seins. Platon sah im *eros* die grundlegende Kraft, die uns zum höchsten Ideal, der Schönheit, hinzieht, während er in der Schönheit die Brücke zwischen dem Reich des Materiellen und der vollkommenen und ewigen Welt der Ideen erblickte. *Eros* ist laut Platon stets die Liebe zur Schönheit, ob nun als sexuelle Leidenschaft zwischen

Liebenden oder als reines Verlangen nach universaler Schönheit.

Das griechische Wort *agape* gehört der frühchristlichen Überlieferung an und bezeichnete ursprünglich die völlig selbstlose, ewig sich hingebende Liebe des Göttlichen, des Schöpfergottes zur Schöpfung, insbesondere zu den Menschen. Diese Wortbedeutung wurde übertragen auf die reine Liebe zwischen Mann und Frau, in der sich die göttliche Liebe widerspiegle. Die frühen Christen versuchten diese reine, segnende Liebe zur Grundlage aller anderen Formen der Zuneigung, der Anziehung und des Verlangens zu machen.

Für die Griechen bedeutete *philia* soviel wie «Zuneigung», «Vorliebe» oder sogar «Freundschaft». Aristoteles, Platons Musterschüler, widmete das achte und neunte Buch seiner berühmten *Nikomachischen Ethik* einer Darlegung des Ideals der *philia*. «Vollkommen aber», schreibt Aristoteles, «ist die Freundschaft guter und an Tugend sich ähnlicher Menschen. Denn sie wünschen einander gleichmäßig Gutes, insofern sie gut sind, und sie sind gut an sich.»[3] Die *philia* veranlaßt die Philosophen, nach Weisheit (*sophia*) zu streben. Im Gegenzug gewährt ihnen die Weisheit eine Freundschaft, die unendlich reich ist und ihnen dabei hilft, das Wahre, Gute und Schöne zu erkennen.

Weisheit ist Wahrheit im Handeln, das Gute im Handeln, Schönheit im Handeln und nicht zuletzt Liebe im Handeln. Sie ist eine Form des Wissens, die Wahrheit, Güte, Schönheit und Liebe erzeugt. Solches Wissen ist niemals eine Frage des bloßen Lernens oder auch der bloßen Erfahrung. Es ist ein kostbares Destillat aus Wissen und Erfahrung, das im höheren Geist entsteht, den die alten Griechen *nous* und die Hindu-Philosophen *buddhi* nannten. Letzterer Begriff geht auf die Sanskrit-Wortwurzel *budh* zurück, die soviel wie «wach sein» bedeutet und die auch dem Wort *buddha*, dem «Erleuchteten», und *bodhi*, der «Erleuchtung», zugrunde liegt. Weisheit ist somit luzides Verstehen und als solche der wichtigste Faktor in einem Leben, das dem luziden Wachsein gewidmet ist.

Das philosophische Leben ist die stetige Anwendung der Weisheit selbst auf die banalsten Ereignisse und Aufgaben des Alltagslebens. Paul Brunton, den ich als einen der wenigen wahren Weisen des 20. Jahrhunderts schätze, hat dazu folgendes gesagt: «Die Basis des philosophischen Lebens ist schlicht dies: Das höhere Selbst empfindet nichts anderes als das Gute, das Wahre und das Schöne – wir sind seine Projektionen und sollen seine Reflexionen werden. Warum sollten wir uns daher nicht hier und jetzt disziplinieren, bis auch wir das gleiche empfinden?»[4] Weiter hat Brunton geschrieben: «Wahre Philosophie ist eine Lebenskraft, die aktiv am Werk ist, indem sie den Charakter prägt und das Schicksal ihrer Jünger modifiziert.»[5] Und: «Das philosophische Ideal ist nicht nur ein intellektuelles, sondern auch ein mystisches Ideal, nicht bloß praktisch, sondern auch emotional. Es entwickelt Harmonien und bringt all diese unterschiedlichen Eigenschaften ins Gleichgewicht.»[6]

Das philosophische, spirituelle oder luzid wache Leben ist nicht abstrakt, sondern in hohem Maße partizipatorisch. Der polnisch-amerikanische Philosoph Henryk Skolimowski nennt es den «Yoga der Partizipation», im Gegensatz zum «Yoga der Objektivität», der mittels der sogenannten wissenschaftlichen Methode praktiziert wird – ein Verfahren, das den Beobachter künstlich vom Beobachteten trennt.[7]

Luzides Wachsein und pharmakologische Mystik

Das philosophische Leben, und das ist die sokratische Lebensweise, öffnet die Pforten des Verstehens. Diese Pforten sind wichtiger als die «Pforten der Wahrnehmung», von denen Aldous Huxley in seinem kleinen, aber brisanten Buch gleichen

Titels geschrieben hat. Er bezeichnet damit die Möglichkeit und Notwendigkeit der Erweiterung unseres Wahrnehmungsinputs, damit wir die Granitmauern unserer Konsenswirklichkeit durchbrechen. Um seine eigenen Pforten der Wahrnehmung zu durchbrechen, nahm er Meskalin, und damit gelang es ihm, zumindest vorübergehend, sein vertrautes Universum zu zerstören, und was er dann wahrnahm, hat ihn vollkommen entzückt.

Bedauerlicherweise hat er sogar Platon, den «armen Kerl», herabgesetzt, weil er ganz und gar nicht in der Lage gewesen sei, die Welt um sich herum mit einer derart lebhaften Intensität zu erfahren. Ich glaube aber, Huxley hat das völlig falsch verstanden. Er hat eine sinnliche Erfahrung, so herrlich sie gewesen sein mag, für die ewige, formlose Wirklichkeit gehalten, die Platon «Sein» nannte und die rund sieben Jahrhunderte später der buddhistische Lehrer Nāgārjuna als «Leere» *(shūnyatā)* bezeichnete.

Die LSD-Apostel Timothy Leary und Richard Alpert (inzwischen als Ram Dass völlig bekehrt) ebenso wie Terence McKenna (der von DMT, also Dimethyltryptamin, und Ayahuasca geschwärmt hat) haben den gleichen Fehler begangen. McKenna ist heute der beredteste Fürsprecher der pharmakologischen Mystik, in die er eine große apokalyptische Hoffnung setzt. In seinem Buch *The Archaic Revival* schreibt er: «Heute bin ich überzeugt, daß von allen Techniken, die von den Schamanen verwendet werden, um Ekstase und visionäres Reisen zu erzeugen – Fasten, langanhaltendes Trommeln, Atemkontrolle und streßbetonte Martyrien –, die Verwendung von halluzinogenen Pflanzen am effektivsten, zuverlässigsten und stärksten ist.»[8]

Das mag ja schön und gut sein, aber Ekstasen und Visionen sind nicht das gleiche wie Verstehen oder Weisheit. Um seine These zu belegen, versteigt sich McKenna in seinem Buch zu der kühnen und ziemlich haltlosen Behauptung, daß in Indien «fast alle Sādhus, alle Yogīs gewohnheitsmäßige Haschraucher und/oder Konsumenten von Datura sind.»[9] Zweifellos gibt es Asketen und Yogīs, die von irgendwelchen Psychedelika angetan sind, aber sie sind bezeichnenderweise ungebildet und haben sehr wenig gemeinsam mit dem hohen Weg des Yoga. Gewiß listet sogar eine klassische Schrift wie Patañjalis *Yoga-Sūtra* Kräuter als Mittel zur Erlangung gewisser paranormaler Kräfte auf. Aber nirgendwo behauptet dieser Sanskrittext, daß sich höhere Erkenntnisse, von höchster Erleuchtung ganz zu schweigen, unerlaubterweise mit Hilfe bewußtseinsverändernder Substanzen gewinnen ließen.[10] Ja, Schriften wie die *Yoga-Shikha-Upanishad* unterscheiden zwischen künstlichen und nichtkünstlichen Kräften und betonen, daß nur die letzteren, die sich auf natürliche Weise aus der beständigen spirituellen Praxis ergeben, wahrhaft potent, anhaltend und dem Herrn gefällig *(īshvara)* seien.

Um zu erklären, warum ihm der Beifall seiner intellektuellen Zielgruppe versagt bleibt, führt McKenna an: «Metaphorisch gesprochen ist DMT wie ein intellektuelles Schwarzes Loch – sobald man es kennt, können andere nur sehr schwer verstehen, wovon man spricht. Man kann nicht gehört werden. Je mehr man in der Lage ist zu artikulieren, was es ist, desto weniger können andere es verstehen.»[11]

Angesichts eines derartigen Eingeständnisses kann man nur staunen, wenn McKenna im gleichen Atemzug behauptet: «Die gesellschaftliche Folge der psychedelischen Erfahrung ist klares Denken.»[12] Während mystische Bewußtseinszustände – seien sie nun durch Drogen erzeugt oder durch spirituelle Praktiken evoziert – sicher den eigenen kognitiven Horizont blitzartig erweitern können, bewirken sie nicht an sich schon ein Verstehen. Wenn dies so wäre, hätten wir heute eine Legion von Weisen, die sich mutig in den Rush-hour-Verkehr stürzen, denn die gleichen Männer und Frauen, die in den späten sechziger und in den siebziger Jahren regelmäßig high von

LSD und anderen Psychedelika waren, sind mittlerweile (meist) brave oder gar verklemmte Bürger mittleren Alters. Und nach ihren Kindern zu urteilen, von denen viele einfach verloren sind, bekunden diese Exhippies in ihrem Leben nicht gerade die Kraft der Weisheit.

Wenn ich auf die Hippiezeit zurückblicke, staune ich, daß sie mich so wenig berührt hat. Tatsächlich war ich nie versucht, mit psychedelischen Drogen zu experimentieren, obwohl ich doch von Kommilitonen umgeben war, die alle möglichen bewußtseinsverändernden Substanzen genommen haben. Größtenteils waren sie zu high, um zu merken, daß ich mich nicht an ihren psychochemischen Ritualen beteiligte. Ansonsten kultivierten sie die schöne Kunst des «Leben-und-leben-Lassens». Instinktiv habe ich gewußt, daß keine Substanz dieser Welt mir das einzige verschaffen könnte, worauf ich aus war: ein klares Verstehen durch echte innere Entwicklung.

Erst 1992 habe ich – teils aus Neugier und teils, um es einem drogenabhängigen Freund zu zeigen – MDMA («Ecstasy») genommen. Es dauerte etwa zwanzig Minuten, bis die Wirkung der Droge einsetzte. Sofort nahm ich den Standpunkt eines Beobachters ein. Ich war fasziniert von den Reaktionen in meinem Nervensystem und registrierte sorgfältig, wie sich die Chemikalie allmählich auf meinen Körper und meinen Verstand auswirkte. Später lehnte ich mich einfach zurück, entspannte mich und genoß die beträchtlichen Freuden des inneren Summens und Brummens. Irgendwann wurden meine Hände kalt und verkrampften sich, und dann wurde mir plötzlich schrecklich übel. Während dieser ganzen Erfahrung war mein Freund ein unauffälliger Führer, der mich beruhigte und mir beistand, wenn es nötig war.

Als ich wieder in der Lage war, verbal mit meinem Freund zu kommunizieren, erklärte ich ihm, ich sei mir nun eindeutig des Unterschieds bewußt zwischen wahrer Glückseligkeit, wie ich sie in der Meditation erfahren hätte, und dem Glück des durch die Droge herbeigeführten Bewußtseinszustands. Das hat ihn doch merklich erschüttert. Nachdem er mich ein paar weitere Stunden beobachtet hatte, wie ich stumm dasaß, begann sich mein Freund, der sich möglicherweise eine mehr äußerlich sichtbare Wirkung der Droge erhofft hatte, zu langweilen, und er zog sich zurück. Die ganze Nacht schlüpfte ich in den Zustand der Meditation und wieder hinaus, und am nächsten Morgen war ich total erschöpft.

Am Nachmittag war ich wieder bei Kräften, wenngleich ich von Zeit zu Zeit noch immer in tiefe Geistesabwesenheit verfiel. Am nächsten Abend, als die Wirkung der Droge noch nicht nachgelassen hatte und ich nicht schlafen konnte, begann ich ein wenig mit meiner Innenwelt zu experimentieren und versetzte mich in einen paranoiden Zustand und wieder aus ihm hinaus, indem ich jedes Fünkchen Klarheit benutzte, das ich aufbringen konnte.

Ich hatte eine ziemlich starke Dosis der Droge genommen, und mein Nervensystem, das durch jahrelange Meditation und ein Leben ohne Medikamente (ich nehme sogar fast nie ein Aspirin) geschärft war, reagierte entsprechend. Viele Wirkungen waren so stark, daß sie denen von LSD ähnelten, und irgendwann hatte ich sogar den Verdacht, daß mein Freund mich hereingelegt hatte – was nicht der Fall war. Ein paar Wochen lang hatte ich noch Halluzinationen, was ich teils unterhaltsam, teils lästig fand. Aber was die Weisheit betraf, erwies sich die Droge als trockener Brunnen. Gewiß war dies eine faszinierende Erfahrung, weil sie die enge Beziehung zwischen der Gehirnchemie und dem jeweiligen Bewußtseinszustand erhellte, aber mehr bot sie mir kaum. Sobald sich das Neue an diesen sinnlichen Halluzinationen verbraucht hatte, machte ich mich daran, diese Erfahrung zu verstehen.

Zweifellos öffnen psychedelische Drogen die Türen zum Panoptikum des Geistes, aber in den mentalen Spiegeln erkennen wir nichts weiter als Zerrbilder der Realität, nicht die Realität selbst. Ist das Erleben eines Trugbilds, einer Karikatur der Wirklichkeit, das Risiko einer möglichen Schädigung des Gehirns und des Nervensystems, eines Herzinfarkts, einer Psychose oder der Abhängigkeit wert? Jeder Mensch muß diese Frage für sich beantworten. Manche Leute sind anscheinend durch bewußtseinsverändernde Drogen aus ihrer Selbstgefälligkeit gerissen worden, aber wie viele sind seither wieder in Spießbürgerlichkeit versackt? Ist es nicht so, daß es nur wenigen gelungen ist, ihren psychedelischen Erlebnissen echte, lebensverwandelnde Erkenntnisse abzuringen? Drogen sind ausgesprochen unphilosophisch![13]

Der höchste Wert der Weisheit

Philosophie befaßt sich nicht mit der hohen oder niederen Welt der Erfahrung, sondern mit Verstehen, Bewußtsein und Klarheit. Es gibt keine Abkürzungen zur Realität oder zur authentischen Existenz, die durch die harte Arbeit der persönlichen Verwirklichung gewonnen werden muß. Eine Aspirintablette kann zwar Kopfschmerzen beseitigen, aber sie vermag nicht die Ursache hinter dem Symptom zu eliminieren. Psychedelische Drogen können die Barrieren in unserem Verstand und in unserem Nervensystem entfernen, die uns daran hindern, alle wahrnehmbaren Objekte auf einmal zu erfahren. Sie können uns ein vorübergehendes Glücksgefühl verschaffen und sogar einen dazu bereiten Menschen in einen formlosen Seinszustand stürzen. Aber sie können nicht für immer die Ursache unserer psychischen Vereinzelung und unseres Leidens beseitigen. Traditionell metaphysisch ausgedrückt, sind sie außerstande, ein für allemal den Mechanismus der Selbstbeschränkung abzuschalten, der dafür verantwortlich ist, daß wir uns selbst als endliche Wesen erfahren. Die pharmakologische Mystik ist kein Ersatz für die spirituelle Disziplin und die allmähliche Umwandlung unserer am tiefsten sitzenden Karmamuster, die der Erleuchtung und dem wahren Glück im Wege stehen.

Im Gegensatz dazu hat die Philosophie, wie sie hier verstanden wird, die spezifische Aufgabe, eine derartige Umwandlung und Erleuchtung unseres Wesens zu bewirken. Obwohl jeder im Prinzip für das philosophische Leben geeignet ist, ist nicht jeder bereit, die Verantwortung dafür zu übernehmen. Traditionellerweise ist die Philosophie nur wenigen vorbehalten, was kein elitärer Standpunkt, sondern eine Tatsache ist. Außerdem müssen diejenigen, die eine Neigung zum philosophischen Leben haben, zunächst einmal im Feuer des gewöhnlichen Lebens gestählt werden, wie schon im 12. Jahrhundert der jüdische Philosoph Maimonides in seinem *Führer für die Unschlüssigen* (I, 34) erklärte. Ohne emotionale und intellektuelle Reife werden wir den hochgeschätzten Stein der Weisen nie erlangen. Mit anderen Worten: Wir müssen ein gewisses Maß an Weisheit besitzen, bevor wir uns auf den hohen Weg der Weisheit zur vollen Erleuchtung begeben können. Die Disziplin des Lebens bereitet uns auf die weitaus schwierigere, wenn auch süße Disziplin der Philosophie vor.

Das philosophische Leben trägt mannigfaltige Früchte, und sie beginnen genau in dem Augenblick zu reifen, in dem wir den ersten Schritt auf dem Weg zur Selbstüberwindung und Selbstverwandlung tun. Dazu Paul Brunton: «Eine der ersten Früchte der Philosophie ist vielleicht das ausgewogene Verständnis, das sie ermöglicht. Auf keine andere Weise können Menschen zu einer so ehrlichen, anständigen und gerechten Ansicht über das Leben oder eigentlich über alles gelangen, worauf sie ihren denkenden Verstand richten. Und dieses großartige Ergebnis könnte nicht zustande kommen, wenn die philosophische Suche nicht den ganzen denkenden und fühlenden, intuitiven und willensstarken Menschen auf eine harmonische und wohlausgewogene Weise zum Handeln brächte.»[14]

Die Weisheit inspiriert und ermächtigt die Jünger der Philosophie nicht nur dazu, über das Leben mit kluger Gelassenheit zu philosophieren, sondern sich auch wohlüberlegt, harmonisch und mitfühlend zu verhalten. Die Harmonie, wie sie in der antiken griechischen Idee der goldenen Mitte zum Ausdruck kommt, ist wesentlich für das reife, philosophische Leben. Der Philosoph, Mathematiker und Nobelpreisträger Bertrand Russell hat dazu angemerkt, die goldene Mitte sei für ihn in seiner Jugend uninteressant gewesen, er habe damals die heroischen Extreme bewundert. Die Wahrheit allerdings sei nicht immer interessant. Auf die goldene Mitte komme es an: Sie möge eine uninteressante Doktrin sein, aber in ganz vielen Belangen sei sie wahr.

Die Weisheit wird zwar nicht unseren IQ erhöhen, aber sie wird unserer Intelligenz die Kraft der Einheit vermitteln. Noch einmal Brunton: «Das Erlangen spiritueller Weisheit bewahrt den Jünger nicht unbedingt vor banalen Fehlern; aber weil er dadurch die Eigenschaften entwickelt, die sie verhindern werden, und weil er sich bescheiden und empfänglich die Lehren der Erfahrung zu Herzen nimmt, verringert sich die Häufigkeit dieser Fehler.«[15]

Somit gestaltet die Weisheit unser Leben um und verwandelt unseren Charakter, indem sie uns langsam im alchimistischen Schmelztiegel der endlichen Erfahrung läutert, bis wir, wie es der große deutsche Philosoph und Mystiker Meister Eckhart sagen würde, uns von uns selbst entleert haben. Helena Petrowna Blavatsky, die weithin unterschätzte Gründerin der Theosophischen Gesellschaft, hat in ihrem Magnum opus, der *Geheimlehre* (1888), bemerkt: «Der wahre Philosoph, der Schüler der esoterischen Weisheit, hat kein Auge mehr für Persönlichkeiten, dogmatische Anschauungen und spezielle Religionen.»[16]

Das Idiom der Selbstbefreiung oder der Ich-Transzendenz ist eine weitere Möglichkeit, die Aufgabe der Philosophie zu artikulieren: die Leere zu erkennen, den absoluten Nullpunkt, der paradoxerweise das Plenum ist. Philosophie ist ganzheitlich und erfüllt sich in der Verwirklichung des Ganzen, der mächtigen transrationalen Realität, die die bedingte Existenz überstrahlt. Philosophisches Verstehen oder Weisheit ist befreiende Gnosis. Sie hilft uns dabei, unsere wahre Identität zurückzugewinnen und die Schwelle vom Endlichen zum Unendlichen zu überqueren, und dann hilft sie uns dabei, über diese Schwelle wieder zum Endlichen zurückzukehren, ohne das Unendliche zu verlieren. Das luzide Wachsein ist das ganz und gar partizipatorische Leben.

2

Die Kernfrage: Wer bin ich?

Große Fragen, große Antworten

Was ist der Mensch? Jede Kultur und jedes Zeitalter haben diese Frage auf eigene Weise beantwortet. Die Frage ist überaus vielschichtig und umfaßt das ganze Leben und das gesamte Spektrum der philosophischen und religiösen Reflexion. So impliziert sie beispielsweise auch die Fragen «Welches sind die Grundkomponenten des Menschen?» (Anatomie, Physiologie, Biochemie, Physik), «Woher kommt die Menschheit?» (Paläontologie), «Wie hat sich die Menschheit im Laufe der Zeit entwickelt?» (Geschichte, Archäologie), «Wohin geht die Menschheit?» (Anthropologie, Futurologie), «Wie ist das Verhältnis zwischen Mensch und Welt?» (Tiefenökologie), «Wie interagiert der Mensch mit seinesgleichen?» (Soziologie, Ökonomie), «Was geht in einem Menschen vor?» (Psychologie), «Was kann an einem Menschen nicht in Ordnung sein?» (Medizin, Psychiatrie, Psychotherapie), «Sind Menschen zur Transzendenz fähig?» (Metapsychologie), «Gibt es ein für Menschen angemessenes Handeln?» (Ethik), «Hat die Existenz irgendeinen Sinn?» (Philosophie), «Wie ist das Verhältnis zwischen dem Menschen und der höchsten Realität?» (Metaphysik), und so weiter.

Somit ist die Frage «Was ist der Mensch?» die existentielle Schlüsselfrage, und wie wir sie beantworten, hängt von einer mehr oder weniger umfassenden oder einer mehr oder weniger klaren Anthropologie, Kosmologie oder Metaphysik ab. «Eine schiefe Definition des Menschen», bemerkt Henryk Skolimowski, «zieht zahllose Folgen nach sich, die uns – später – zum Teil mit ihren brutalen Ergebnissen überraschen.»[1]

Eindeutig ist unser menschliches Schicksal mit dem Schicksal der Welt, in der wir leben, und mit der Wirklichkeit insgesamt verknüpft. Als intelligente, sinnsuchende Organismen durchqueren wir das materielle Universum, ja, wir versuchen sogar in unseren religiösen und spirituellen Bemühungen über den manifesten Kosmos hinauszugelangen.

«Was ist der Mensch?» ist keine abstrakte oder, schlimmer noch, rhetorische Frage. Vielmehr ist darin tiefer persönlicher Sinn für uns alle enthalten. Impliziert sind auch Fragen wie: «Wer bin ich?» oder «Wo stehe ich inmitten der Komplexität des menschlichen Lebens und des Lebens an sich?» Wir suchen nach einem Sinn der Existenz, der Welt um uns herum und der «Räume» jenseits von uns in erster Linie deshalb, um Antworten zu erhalten, die unserem individuellen Leben einen Sinn verleihen. Erst in zweiter Linie geben wir uns diesen Spekulationen um unserer Art willen hin. In diesem Sinn sind alle großen Fragen überaus persönlich.

Die Sinnsuche ist endemisch für die Spezies Mensch, und sie ist vermutlich typisch für alles intelligente Leben in diesem riesigen Universum. Intelligenz läßt sich im Grunde als die Fähigkeit, Fragen zu stellen, definieren. Rudyard Kipling schrieb ein geistreiches Gedicht, das diese menschliche Eigenschaft gut zum Ausdruck bringt:

Es dienen mir sechs wack're Mann
(Ich ging in ihre Lehr'):
Sie heißen Was, Warum und Wann
Und Wie und Wo und Wer.

Viktor Frankl, der Begründer der Logotherapie, hat zu Recht

bemerkt, wir würden zwar getrieben, das Glück zu erkennen, sollten es aber nicht direkt zu erlangen suchen. Vielmehr stelle sich das Glück spontan ein, wenn wir einen Sinn in unserem Leben entdeckten, mit anderen Worten: wenn wir unsere eigenen Antworten auf die großen Fragen gefunden hätten. Carl Gustav Jung betonte, daß wir erst dann einen Sinn wiedergewinnen und wahrhaft geheilt werden könnten, wenn wir wieder zu einer tief religiösen – das heißt spirituellen – Einstellung gelangen. Wer sich in einem existentiellen Vakuum befindet, wird früher oder später physisch krank, was nichts anderes ist als die äußere Manifestation des inneren Krankseins.

Aber Fragen zu stellen heißt, nach Antworten Ausschau zu halten, und unsere Antworten sind fast so vielfältig, wie es die Individuen sind. Man hat vom *homo quaerens* gesprochen, dem fragenden Menschen. Doch wir könnten uns auch ohne weiteres *homo respondens* nennen, den antwortenden Menschen, denn unbeantwortete Fragen sind für uns kaum zu ertragen, und wir werden stets rastlos nach Antworten suchen.

Als Gertrude Stein im Sterben lag, soll sie gefragt haben: «Wie lautet die Antwort?» Als keiner der Anwesenden etwas darauf erwiderte, wollte sie wissen: «Wie lautet dann die Frage?» An dieser Stelle sollten wir uns an die berühmte Rätselfrage der Sphinx in der griechischen Mythologie erinnern, auf die nur Ödipus die korrekte Antwort gab. Das Rätsel lautete: «Was ist das – es hat eine Stimme, und doch wird es vierbeinig, zweibeinig und dann dreibeinig? Antwort: der Mensch – als Säugling krabbelt er auf allen vieren, als Erwachsener geht er aufrecht auf zwei Beinen, und im Alter stützt er sich auf einen Stock. Das Rätsel der Sphinx verweist auf den Umstand, daß wir uns selbst ein Rätsel sind, die Lösung jedoch in uns tragen.

Bekanntlich sind einige der bedeutendsten intellektuellen Schöpfungen das direkte Ergebnis einer unerwarteten, originellen Frage gewesen – einer Frage, die bezeichnenderweise den verborgenen Kern einer überraschenden Antwort enthält.

So hatten die Unterschiede bei bestimmten Pflanzen und Tieren in Südamerika Charles Darwin neugierig gemacht, und nun wollte er wissen, wo sie herkamen. Fünf Jahre lang beschäftigte ihn dieses Thema, und die ganze Zeit sammelte er gewissenhaft Informationen, um seine Phantasie anzuregen. Seine Grübeleien brachten ihn dazu, die Theorie der natürlichen Auslese zu formulieren.

Fast ein Jahrhundert später, im Jahre 1953, verkündeten Francis Crick und James Watson das Ergebnis ihrer Überlegungen zur Frage der Funktionsweise der Vererbung. Sie hatten die damals gängigen Gleise der wissenschaftlichen Imagination verlassen und waren ihr Thema indirekt angegangen. Sie entwickelten das Doppelhelix-Modell der Desoxyribonukleinsäure (DNA).

Ebenfalls in den fünfziger Jahren begannen Forscher darüber zu spekulieren, ob die chemische Evolution der biologischen Evolution vorausgegangen sei. Harold Ureys und Stanley Millers Experimente (die eine Form des Fragens sind) zeigten, daß aus einer Suppe aus Ammoniak, Kohlenstoff und Wasser, die durch elektrische Entladungen entsprechend potenziert worden war, organisches Leben hätte entstehen können.

Darwins Evolutionstheorie und ihre neodarwinistischen Ableitungen haben sich als problematisch erwiesen, da sie nicht alle bekannten Fakten erklären können, ja, einige widersprechen ihnen sogar. Daher geht das Fragen auf diesem Forschungsgebiet weiter, und die Mikrobiologen werden neue und vielleicht befriedigendere Antworten formulieren.

Fragen sind wie Dünger auf der geistigen Ebene. Sie tragen dazu bei, daß Antworten sprießen und wachsen. Unsere Zivilisation hat uns einige echte Fragen auferlegt – die großen Fragen. Dies sind starke «Meme». Dieser Begriff wurde von dem Zoologen Richard Dawkins geprägt und in seinem bekannten Buch *Das egoistische Gen* als eine kulturelle Transmissionseinheit oder *Imitationseinheit* definiert. Ein Mem kann eine Idee, eine Melodie, ein archetypisches Bild, ein Slogan, ein Schreibstil und so weiter sein. Vehikel von Memen sind Musikaufnahmen, Bildergalerien, Bücher, Bibliotheken, Sprachen, Werkzeuge, Apparate, Gebäude und nicht zuletzt ganze Kosmologien oder Ideologien.

Die Zivilisation hat uns nicht nur große Fragen auferlegt, sondern auch große Antworten gegeben – die verschiedenen traditionellen Glaubenssysteme, die potente Mem-Träger sind. In längst vergangenen Zeitaltern war die Überlieferung allmächtig, und nur die intelligentesten Stammesangehörigen wagten das weitergegebene Wissen, das heilig gehalten wurde, in Frage zu stellen (insgeheim, nur in Gedanken). Heute allerdings kommen viele Menschen nicht mehr klar mit den Traditionen, in die sie hineingeboren wurden, und daher müssen sie ihre eigenen Antworten finden, indem sie sich die großen Fragen selbst stellen. Wenn unsere persönlichen Antworten mit den Antworten irgendeiner vorhandenen Tradition in Einklang stehen, können wir diese Tradition zu unserer intellektuellen, emotionalen und soziokulturellen Heimat machen. Aber wenn die beiden Sets von Antworten nicht genügend übereinstimmen, ist es am besten, unseren eigenen, einsamen Weg zu gehen. Ich weiß nicht, was mehr Mut und Ausdauer erfordert: sich in einer Tradition einzurichten, mit der man in wichtigen Punkten nicht übereinstimmt, oder sein eigenes Licht und seine eigene Tradition zu sein.

Der Autor Thomas Merton, ein Trappist, trug den schweren inneren Konflikt eines Menschen aus, der offenkundig über einen ungeheuer kreativen Verstand, eine starke Persönlichkeit und ziemlich unabhängige Antworten verfügte und doch lieber im Schoße der katholischen Tradition blieb. In den letzten Jahren ist das Tauziehen zwischen dem Vatikan und Matthew Fox, dem führenden Vertreter der Schöpfungsspiritualität, einer breiteren Öffentlichkeit bekannt geworden. Fox möchte zwar der Kirche angehören, lehnt es aber ab, seine Ansichten aufzugeben und sich zum Schweigen bringen zu lassen. Das Beispiel des bekannten englischen Romanciers und Enzyklopädisten H. G. Wells zeigt, wie schwierig es ist, von dem religiösen Milieu getrennt zu sein, in dem man aufgewachsen ist: Sein Leben lang rang er mit seiner «Apostasie». Sein innerer Kampf kulminierte in dem Buch *Crux Ansata*. In einem Interview mit dem Londoner *Literary Guide* verurteilte Wells anschließend die Kirche – «sie steht für alles, was der geistigen Emanzipation und Stimulation der Menschheit ausgesprochen feindlich gesinnt ist.»[2]

Wer es allein schaffen will, findet wenig Unterstützung. Ein Mensch muß schon über unglaubliche innere Ressourcen verfügen, um seinen einsamen Weg zu gehen. Aber manche Leute scheinen dafür bestimmt zu sein, auf diesem besonderen schmalen Grat zur Weisheit zu wandeln. Solange das philosophische Leben floriert, spielt es keine Rolle, welche Form es annimmt.

Wer sich keine existentiellen Fragen stellt, ist entweder vollkommen erleuchtet – oder er schläft. Der russische spirituelle Lehrmeister George Iwanowitsch Gurdjieff, der in den Jahren vor und nach dem Zweiten Weltkrieg großes öffentliches Aufsehen erregte, erwärmte sich besonders für diese Metapher des Schlafs – eine Metapher, für die die meisten Gnostiker eine Schwäche haben. Er bemerkte: «Der zeitgenössische Mensch wird im Schlaf geboren, lebt im Schlaf und stirbt im Schlaf. Und welches *Wissen* könnte ein schlafender Mensch haben? Wenn man darüber nachdenkt und sich gleichzeitig daran erinnert, daß der Schlaf das Hauptmerkmal unseres Wissens ist, dann wird man gleich verstehen: Wenn der Mensch Wissen erlangen möchte, sollte er zunächst einmal daran denken, wie er sich selbst erweckt, das heißt daran, wie er sein Wesen ändert.»[3]

Der Psychologe Charles Tart, der Gurdjieffs Lehren studiert hat, formuliert es so: Gewöhnliche Menschen befinden sich in einer Konsenstrance.[4] Sie «erinnern» sich nicht selbst, das heißt, sie sind sich nicht ständig ihrer Existenz bewußt, sondern «verlieren sich» vielmehr im Denken, Handeln oder in schlichten Tagträumen. Sie wursteln vor sich hin und erleben vielleicht hin und wieder für ein paar flüchtige Augenblicke die Klarheit. Selbst jene, die ernsthaft über existentielle Fragen nachdenken, erliegen den ganzen Tag einer derartigen Abstumpfung des Bewußtseins, aber sie versuchen wenigstens durch ihre philosophische Aktivität den Schleier der Geistesabwesenheit zu durchdringen. Aufmerksamkeit ist von entscheidender Bedeutung für das philosophische Leben. Ohne sie verharrt das Verstehen nur auf der intellektuellen Ebene, kann aber nicht den Kern unseres Wesens erreichen. Im Kontext der Aufmerksamkeit – der Kultivierung des luziden Selbstbewußtseins – erzeugt der Philosoph Sinn aus der Überfülle menschlichen Erlebens.

Das Universum an sich oder die Realität als solche hat nicht einen *unabdingbaren* Sinn. Das heißt nicht, daß die Welt absolut sinnlos wäre, denn zur Welt gehören Menschen, die Sinnstifter oder -finder sind. Aber wir müssen erkennen, daß Sinn eine intelligente Schöpfung ist, ein bewußter Akt, der darauf abzielt, anscheinend disparate Faktoren so aufeinander zu beziehen, daß der Nexus oder die Ordnung, die wir auf diese Weise geschaffen haben, angemessen und akzeptabel ist. Am Ereignishorizont all dieser Netzwerke des Sinns steht daher letztlich immer der Mensch. Manchmal, wie im Fall des Humanismus, befindet er sich sowohl am Ereignishorizont als auch im Zentrum. Daher sind die Bedeutungen, die wir erschaffen, ganz entscheidend, denn sie verbessern unser Leben oder schwächen es, ja, sie können es sogar vernichten.

Die tiefste Erfahrung von Sinn fällt mit der Wiedergewinnung unserer wahren Identität als inkarnierte spirituelle Wesen zusammen. Dann werden wir ganz gemacht. Der amerikanische Physiker David Bohm hat dies mit großartiger Klarheit erkannt: «Wenn das Leben als Ganzes harmonisch ist, müssen wir nicht nach einem letzten Sinn fragen, denn dann ist das Leben selbst dieser Sinn. Und wenn es dies nicht ist, dann müssen wir den Grund herausfinden, indem wir das Leben als ein Ganzes betrachten, und dazu gehören die Quelle des Stroms, die Grundwurzeln des Bewußtseins und der Denkprozeß. Wenn wir dies tun, werden wir im allgemeinen feststellen, daß ein Mangel an Sinn seine Wurzel in einer nachhaltigen und um sich greifenden Inkohärenz in unseren Gedanken, unseren Gefühlen und unserer Lebensweise hat, neben einer von Selbstbetrug bestimmten Verteidigung des ganzen Prozesses gegen den Nachweis, daß er ernsthafte Mängel hat.

Wir könnten sagen, daß das Leben als Ganzes in der Materie des Universums und ebenso auf einer subtilen Ebene gründet, die wir Geist nennen könnten. Wir müssen diesen absoluten Grund erreichen, um ein Leben leben zu können, das sein eigener Sinn ist. Wenn wir uns mit weniger als dieser Art von gesamtkosmischem Vorgehen begnügen, dann wird sich der Sinn, den wir finden, letztlich nicht als brauchbarer Sinn erweisen, sondern als ein Sinn, der früher oder später in Inkohärenz zerfällt.»[5]

Über den Reduktionismus hinaus

Die Frage «Was ist ein Mensch?» ist wesentlich für das Phänomen Mensch als Ganzes und kann daher nicht erfolgreich aus einer einzigen Perspektiven beantwortet werden – etwa der der Physik, der Biochemie, der Biologie, der Anthropologie, der Soziologie, der Ökonomie, der Psychologie oder der Metaphysik. Sonst haben wir am Ende jene Art von Reduktionismus, die lediglich verschiedene Formen des ideologischen Totalitarismus hervorbringt. Der Mensch ist nicht nur ein Materiekonglomerat oder eine Kette chemischer Reaktionen, eine von Genen betriebene organische Maschine oder ein spielendes Tier, Homo oeconomicus oder Zoon politikon, eine selbstbewußte Kreatur oder sogar nur Geist. Alle reduktionistischen Antworten sind einseitig und an sich unzulänglich. Sie sind vergebliche Versuche, das Wesen des Menschen zu verstehen.

Allerdings gibt es bei diesem Problem noch eine anderen Aspekt. Letzten Endes sind alle menschlichen Antworten einseitig und in diesem Sinne reduktionistisch. Wir sehen niemals das Ganze. Daher hat, wie gesagt, jede Kultur oder jedes Zeitalter ihre beziehungsweise seine eigene(n) Antwort(en) auf die großen Fragen. Das liegt an der unterschiedlichen Lebenserfahrung, dem jeweiligen Wissensschatz und der jeweiligen intellektuellen Fähigkeit ebenso wie an dem visionären Vermögen der kulturellen Führungspersönlichkeiten, die die allgemeine Stimmungslage ihres kulturellen Milieus oder das, was Suzanne Langer dessen «Feeling» nennt, zum Ausdruck bringen, während sie gleichzeitig das allgemein bekannte Wissenssystem verfeinern.[6]

Heute befinden wir uns in einer einzigartigen Situation: In unserer pluralistischen und zunehmend globalen Zivilisation sind zahlreiche derartige Antworten in Umlauf. Viele sind nachweislich unzulänglich, weil sie von dem einen oder anderen Typus der reduktionistischen Orientierung abgeleitet sind. Manche dieser Antworten sind weiter verbreitet als andere, was nicht unbedingt für ihre Gültigkeit spricht. Vor allem könnte keiner einzigen Antwort die Akzeptanz der gesamten Spezies sicher sein. Es gibt kein allgemeines, einheitliches, zentrales Bild, das alle Bestandteile unserer in großen Schwierigkeiten steckenden Menschenwelt zusammenhalten würde. Gäbe es eines, wäre es ein ideologischer Magnet, gegen den sich die meisten denkenden Menschen, so bekümmert sie auch wegen des Mangels an Harmonie und gemeinsamem Sinn sein mögen, entschieden sträuben würden. Eine gemeinsame Antwort oder Reaktion auf das Leben muß aus dem Leben selbst erwachsen und kann ihm nicht von irgendeiner elitären Organisation oder gesellschaftlichen Gruppe übergestülpt werden.

Tatsächlich ist der gegenwärtige Mangel an einer gemeinsamen Antwort oder an gemeinsamen Antworten auf die großen Fragen eher ein Symptom als die Ursache unserer zivilisatorischen Misere. Folglich sind Versuche, unserer Zivilisation eine allgemein akzeptierte Antwort oder ein Leitbild zurückzugeben, zum Scheitern verurteilt, solange sie die Tatsache ignorieren, daß die eigentliche Ursache unserer Probleme nicht im intellektuellen Bereich liegt, sondern in der spirituellen Dimension – das heißt in unserer lebendigen Beziehung zur wahren Wirklichkeit oder zum Geist, dem letztendlichen Kontext allen Lebens.

Wir brauchen keine weitere totalitäre Weltanschauung oder sonst einen Ismus, sondern eine gemeinsame *Praxis*, die aus grundlegenden Einsichten in das Wesen der menschlichen Existenz erwächst, wie sie in der *philosophia perennis* zum Ausdruck gebracht worden sind. Eine derartige Praxis wäre schlicht eine nichtideologische Reaktion auf die unleugbare Tatsache, daß wir als Menschen die Fähigkeit zur Körper und Geist tranzendierenden Erkenntnis besitzen. Diese Fähigkeit, uns selbst zu transzendieren, muß als ein psychospiritueller und somatischer Prozeß eines intelligenten Gegenwärtigseins verstanden werden, das heißt, als Aufmerksamkeit in jedem Bewußtseinszustand, den wir erfahren mögen.

Ich habe bereits dargelegt, daß intelligentes Leben und Fragen Hand in Hand gehen. Es sollte inzwischen klargeworden sein, daß ich den Menschen nicht ausschließlich als das «Fragen stellende Tier» definieren möchte. Als Menschen tun wir mehr, als nur Fragen zu stellen und uns Antworten auf sie zurechtzuzimmern. Wir transzendieren auch das ganze Frage-und-Antwort-Spiel in der «donnernden Stille» des Gegenwärtigseins als das, was sich anscheinend nicht auf Empfindungen,

Gefühle oder Gedanken beschränken läßt. Die großen Fragen und unsere Antworten auf sie gehören jedenfalls dem Reich des Paradoxen an, denn um eine abgerundete Antwort geben zu können, müssen wir die Fragen und unsere möglichen Antworten und damit den gesamten Modus des Fragens und Wissens tranzendieren.

Doch paradoxerweise müssen wir auch über die großen Fragen nachdenken, so daß wir, wie Alice, durch den Spiegel unseres Verstands treten und den ungeheuren Humor der ewigen Stille zurückgewinnen, die jeder Existenz zugrunde liegt. Wir müssen Fragen stellen und Antworten finden, denn unsere Antworten werden uns mit dem beginnenden Selbst- und Weltverständnis versehen – zwei Formen des intellektuellen und intuitiven Begriffsvermögens, das als Grundlage der heraufdämmernden Gnosis dienen kann: als Offenbarungen der nackten Wirklichkeit. Die Liebe zur Weisheit (die Philosophie) führt uns zur Gnosis. Doch nicht das philosophische Tun an sich erfüllt unsere tiefste Sehnsucht nach Wirklichkeit. Diese Erfüllung verdanken wir vielmehr der Weisheit, weil sie genauso wesentlich wie die Wirklichkeit ist. Die höchste Weisheit ist die Stille an sich. In seinem aufschlußreichen Buch *Fingers Pointing Toward the Sacred* gibt der Künstler Frederick Franck ein Gespräch mit Michiko Kimura, einer jungen japanischen Zen-Schülerin, wieder. Darin machte sie eine spekulative Bemerkung, die es verdient, hier zitiert zu werden. Michiko erklärte, daß möglicherweise Fragen wie «Wer bin ich?» nie in Worten ausgedrückt werden können. «Die wahre Antwort», bemerkte sie, «ist vielleicht nichts anderes als das Bewußtsein, daß man die Fähigkeit besitzt, diese Frage zu stellen, und diese Fähigkeit offenbart mein Menschsein.»[7]

Zugleich wollen wir natürlich kohärente intellektuelle Systeme haben, um unsere erkannte Gegenwart, die ewige Stille, anderen mitzuteilen. Diese Kommunikation ist genauso wichtig für unser Menschsein wie unsere Erkenntnis des den Verstand transzendierenden Gegenwärtigseins. Sein und Werden, Stille und Wissen, Ewigkeit und Endlichkeit, Erkenntnis und Verwirklichung machen zusammen unsere eindeutig menschliche Existenz aus. Solange wir Menschen sind, sollten wir diese lebenspendende Polarität in unserem Wesen schätzen und beide Aspekte mit gleicher Sorgfalt beobachten. Denn wenn wir einen Aspekt zugunsten der anderen verleugnen, lähmen wir uns selbst und verwehren dem Leben die Chance, sich in und durch uns voll und ganz zum Ausdruck zu bringen.

3

Die Aufgabe der Verkörperung

Die Trennung überwinden

Wer bin ich? Diese Frage, die das luzide Wachsein reflektiert, können wir ohne Bezug auf den Körper nicht adäquat beantworten. Wer dies tut, manövriert sich in die Sackgasse des spirituellen Idealismus. Wer andererseits das Ich mit dem Körper gleichsetzt, erliegt dem komplementären Trugschluß einer unangebrachten Konkretheit oder des Materialismus. Wir sind zwar Wesen in Zeit und Raum, aber nicht nur! Die Schwierigkeit besteht darin, daß viele Menschen sich so verhalten, als erschöpfe sich ihre Identität in ihrem Körper, und doch fühlen sich nur wenige von ihnen in dem von ihnen verkörperten Zustand wohl. Die Formulierung «Ich kann nicht mit ihm leben, und ich kann nicht ohne ihn leben» umschreibt treffend ihre Haltung.

Wenn wir geboren werden, haben wir keine Ahnung von unserem Körper. Offensichtlich können wir unsere Arme und Beine spüren und unseren Bauch, wenn er leer oder voll ist, und uns wohl oder unwohl fühlen, aber wir haben keine Vorstellung davon, was es heißt, ein verkörpertes Individuum zu sein. Dieses Bewußtsein dämmert uns erst allmählich. In unseren ersten sechs Lebensjahren umfaßt das Bild von unserem Körper im großen ganzen nur das, was wir selbst vom Körper sehen können. Die unsichtbaren Teile, wie die Wirbelsäule und die inneren Organe, werden in unser Körperbild erst in den folgenden Jahren eingefügt, wenn unser Selbstbewußtsein zunimmt.

Im Grunde wird das Körperbild vieler Menschen nie vollständig. Jene Teile, die mit emotionalen Traumata verbunden sind – oft die Fortpflanzungsorgane –, werden von der Aufnahme in das Körperbild ausgeklammert. Aus Scham, Schuldgefühl oder Angst bleiben sie unsichtbar. Auch weil die heutige Gesellschaft intellektuelle Kompetenz überbewertet und das kinästhetische Erleben nicht fördert, entsteht bei vielen Menschen kein ganzheitliches Körperbild. Sie kommen mit ihrer physischen Existenz nicht klar. Dazu der Psychiater Rollo May: «Merkwürdigerweise haben die meisten Erwachsenen ihr Körperbewußtsein so weit verloren, daß sie nicht sagen können, wie sich ihre Beine anfühlen, wenn man sie danach fragt, oder ihre Knöchel, ihr Mittelfinger oder sonst ein Teil ihres Körpers . . . Infolge jahrhundertelanger Unterdrückung des Körpers als einer unbelebten Maschine, die den Zwecken des modernen Industrialismus untergeordnet ist, sind die Menschen stolz darauf, daß sie dem Körper keine Aufmerksamkeit schenken. Sie behandeln ihn wie ein manipulierbares Objekt, als ob er ein Lastwagen wäre, den man so lange fährt, bis der Tank leer ist.»[1] Diese neurotische Einstellung, fährt May fort, zeige sich unübersehbar in unserem passiven Verhältnis zur Krankheit. Wir warten darauf, daß Ärzte unsere Krankheiten heilen, und sind im allgemeinen nicht bereit, über die Ursachen unserer Krankheiten nachzudenken oder gar unsere Lebensweise zu ändern, um den Heilungsprozeß zu unterstützen oder in Zukunft ähnliche Schwierigkeiten zu vermeiden. Wir sagen zwar: «Ich bin krank», meinen damit aber genaugenommen den Körper und merken nicht, daß die Krankheit ein Ungleichgewicht des ganzen Menschen ist und daß die körperlichen Symptome bloß die äußere Manifestation dieses gesamten Ungleichgewichts sind.

Genauso distanzieren wir uns in unserem Sexualleben vom Körper, indem wir den geliebten Menschen zu einem Objekt des Verlangens machen und den Beischlaf mit der Routine einer Maschine «durchführen». Wir betrachten uns als Bediener des Körpers, als wäre er ein Auto oder ein Kran.

Diese Objektivierung des Körpers, zusammen mit einem schwachen Körperbild, erklärt vermutlich, warum fast alle Kulturen verschiedene Möglichkeiten der Veränderung des Körpers billigen oder vorschreiben. Meist ist der vorgeschobene Zweck solcher Veränderungen die Verschönerung des Körpers. Insgeheim geht es jedoch darum, seinen natürlichen Zustand zu verbergen.

Wir schmücken und modifizieren unseren Körper, um gewissen ästhetischen Kanons zu entsprechen – von der Haarpflege und vom Entfernen unerwünschter Körperhaare bis zu der Verwendung von Parfüms, dem Lackieren der Finger- und Zehennägel und dem Bürsten und Bleichen unserer Zähne; vom Auftragen von Lippenstift, Rouge, Lidschatten, Lotions und Deodorants bis zur Tätowierung von Brust, Armen, Beinen und Gesicht; vom Einführen von Schmuck in Ohrläppchen, Nase, Lippen und andere Körperteile bis zur künstlichen Verlängerung der Schamlippen und des Halses (wie bei den Frauen gewisser afrikanischer Stämme); von der chirurgischen Verkleinerung oder Vergrößerung der Brüste bis zur Veränderung der anatomischen Struktur der Füße (wie der künstlichen Verkrüppelung der Füße bei den Chinesinnen oder – weniger auffällig – der westlichen Mode des Tragens von Schuhen mit hohen Absätzen). Heute lassen sich die Leute das Körperfett absaugen und unterziehen sich anderen Formen der «Schönheitschirurgie», um jünger oder ansprechender auszusehen. Sie schlucken Diätpillen, um abzunehmen, joggen und suchen, wie ich, Fitneßstudios auf.

Im Namen der Religion oder der Gesellschaft fügen wir seit uralten Zeiten unseren Mitmenschen alle möglichen Verstümmelungen zu, vor allem durch die Beschneidung der Vorhaut, der Klitoris und (wie bei den australischen Aborigines) der Unterseite des Penis. Die Vorhautbeschneidung wird noch immer auf der ganzen Welt aus religiösen oder fragwürdigen medizinischen Gründen praktiziert, während die schreckliche und schmerzhafte Beschneidung der Klitoris weiterhin an Frauen in verschiedenen afrikanischen Ländern vorgenommen wird.

Wer weiß, was die Menschen noch alles machen werden, wenn bionische Implantate erschwinglich sind und die Genforschung weit genug fortgeschritten ist, um denen, die danach verlangen, Kiemen, Schwimmhäute zwischen Fingern und Zehen, ein Reserveherz und andere nichtmenschliche Merkmale zu verschaffen.

Ungeachtet dieser offenkundigen Besessenheit von unserer körperlichen Natur sind wir dem Körper entfremdet. Diese Entfremdung drückt sich in Jean-Paul Sartres Gefühl des Ekels aus, wenn er über seinen eigenen Körper und die menschliche Existenz im allgemeinen räsoniert. Wir objektivieren den Körper durch diese verschiedenen Mittel, als wäre er ein von uns getrenntes Ding. Wir verstecken seine «schmutzigen» oder «häßlichen» Aspekte, insbesondere Urin, Kot, Speichel, Menstruationsblut und Schweiß. Wir möchten nicht daran erinnert werden, daß der Körper ein lebender Organismus ist. Wir sind geschockt, wenn wir sehen, wie aus uns Blut oder Lymphflüssigkeit dringt. Wir haben Angst vor Schmerzen und werden von der modernen Medizin mit einer ganzen Batterie von Schmerzmitteln und der hohen Kunst der Anästhesie verhätschelt. Vor allem haben wir Angst vor dem Tod und verschleiern seine Realität, indem wir die Toten – euphemistisch «die lieben Dahingeschiedenen» genannt – einer gründlichen kosmetischen Behandlung unterziehen, bevor wir ihnen ein letztes Mal ins tote Antlitz schauen.

Wir trennen den Geist vom Körper, und doch ist letzterer

ein getreues Abbild unseres Innenlebens. In seinem Buch *Bodymind* (dt.: *Körperbewußtsein*) schildert Ken Dychtwald, wie John Pierrakos, ein meisterhafter Deuter der Bioenergien, Dychtwalds innere Einstellung absolut korrekt beschrieb, indem er nichts weiter tat, als dessen nackten Körper genau zu betrachten. «Er las mein Leben aus meinem Körper», schreibt Dychtwald, «etwa so, wie ein Archäologe die ägyptische Geschichte aus den Hieroglyphen lesen könnte.»[2] In einem gewissen Sinn ist der Körper die Kristallisation unserer vergangenen psychischen Aktivität. Im Gegenzug gibt es eine Rückkoppelung zwischen Körper und Seele, und somit sind beide Spiegelbilder des jeweils anderen. Körper und Seele sind eigentlich Körper-Seele, eine organische Einheit (wie die Raum-Zeit), die sich erst im Tod in ihre beiden Komponenten auflöst.

Die radikale Trennung von Körper und Seele hat historische Wurzeln, die bis ins 17. Jahrhundert zurückreichen – zu dem französischen Philosophen und Mathematiker René Descartes. Sein Buch *Discours de la méthode (Abhandlung über die Methode)* ist einer der Grundsteine des modernen Denkens. Das autobiographisch gehaltene Werk ist eine komprimierte Abhandlung des Kartesianismus. Während der damals dreiundzwanzigjährige Descartes sich in einem warmen, ofengeheizten Zimmer in einem Haus in Deutschland dem Müßiggang hingab, stellte er erstaunt fest, über wie viele Ansichten er verfügte, daß er aber eigentlich nur weniger völlig sicher sein konnte. Es dauerte weitere neun Jahre, bis er damit anfing, seine Ansichten bewußt zu demontieren, und diese hatten aufgrund seines ausgiebigen Studierens und Denkens ein beachtliches Ausmaß angenommen. Er verglich seine Aufgabe mit dem Abriß eines alten Hauses und machte sich kühn ans Werk. Descartes war der Meinung, daß von allen Ideen in seinem Kopf nur eine absolut sicher sei: *Cogito ergo sum* – ich denke, also bin ich. Er erklärte: «Ich erkannte daraus, daß ich eine

Substanz sei, deren ganze Wesenheit (essence) oder Natur bloß im *Denken* bestehe und die zu ihrem Dasein weder eines Ortes bedürfe noch von einem materiellen Ding abhänge, so daß dieses *Ich*, das heißt die *Seele*, wodurch ich bin, was ich bin, vom Körper völlig verschieden und selbst leichter zu erkennen ist als dieser und auch ohne Körper nicht aufhören werde, alles zu sein, was sie ist.»[3]

Von hier aus begann Descartes nun die objektive Welt und Gott zu rekonstruieren. Rückblickend läßt sich leicht sagen, daß er trotz bester Absichten den Fehler beging, genau jene metaphysischen Ideen logisch zu deduzieren, die für ihn im voraus wichtig gewesen waren. Als Jugendlicher frustrierte ich mich nach der Lektüre einer Einführung in die Philosophie damit, daß ich meine geistige Bibliothek à la Descartes zu entrümpeln versuchte. Ich fand nur eine einzige Gewißheit, nämlich, daß es ein Bewußtsein gibt, das sich seiner selbst bewußt ist, und daß dieses Bewußtsein auch Wahrnehmungsmuster einschließt, die «Objekte» heißen. Über diese rudimentäre Erkenntnis kam ich nie hinaus, und bestürzt stellte ich fest, daß ich all meine Ideen von anderen denkenden Köpfen durch das Medium der Sprache übernommen hatte und daß selbst meine originellsten Ideen nur mehr oder weniger kreative Kombinationen dieser überkommenen Gedanken waren. Damit war für mich die Möglichkeit einer akademischen Karriere als Philosoph ein für allemal gestorben.

Indem er sich über dieses anfängliche Bewußtsein *(cogito ergo sum)* hinauswagte, bewies Descartes großen Mut und Optimismus, aber vielleicht war er auch sehr töricht. Verglichen mit den raffinierten Analysen der indischen Philosophen und Weisen, wirken seine Argumente fast ungeschickt. Wie auch immer, jedenfalls zementierte die kartesianische Methode die Trennung zwischen Sein und Bewußtsein – eine Trennung, die schuld ist an den schlimmsten Übeln unserer modernen Zivilisation.

Descartes riß den Verstand oder die reine denkende Substanz aus dem Körper heraus, der seiner Meinung nach kein sicheres Wissen hervorbringen konnte. Er mißtraute den Informationen, die von den Sinnen zusammengetragen wurden, und suchte – getreu der Liebe eines Mathematikers zur Abstraktion – nur im Verstand Zuflucht. Er weitete seine Analyse nicht auf dieses Gefühl der Gewißheit selbst aus, und später bemühte sich eine Heerschaar von Philosophen vergebens, diesen Mangel zu beheben. Für Descartes war der Körper eine Maschine. Die Beziehung zwischen dem Körper und dem Geist (oder der «Seele») war für ihn prekär. Denn wie konnte eine immaterielle Substanz mit einem Stück Materie interagieren, das sich im Raum erstreckte? Für ihn war die Zirbeldrüse die lebenswichtige Verbindung zwischen diesen beiden inkompatiblen Wesenheiten, wodurch er mehr Fragen aufwarf als beantwortete.

Überraschenderweise lehnte Immanuel Kant den kartesianischen Dualismus in seiner *Kritik der reinen Vernunft* ab. Laut Kant ist die Substanz nicht ein konkretes Objekt oder eine Wesenheit, sondern eine Kategorie der Erfahrung. Daher könne keine Rede davon sein, daß die «Substanz» Seele von der «Substanz» namens Körper getrennt sei. Damit bereitete Kant den Boden für spätere Generationen von Philosophen, die das Körper-Seele-Problem aus einer neuen, phänomenologischen Perspektive angingen: Philosophen wie Edmund Husserl, Maurice Merleau-Ponty, Gabriel Marcel und der Existenzphilosoph Jean-Paul Sartre. In jüngster Zeit hat der amerikanische Philosoph Drew Leder einen beachtlichen Beitrag zu dieser philosophischen Debatte geliefert.

Leder, Professor für Philosophie am Loyola College in Maryland und auch Doktor der Medizin, befaßt sich mit dem «belebten Körper» – dem *Leib* im Gegensatz zum *Körper* (vom lateinischen *corpus*). In seinem Buch *The Absent Body* schreibt Leder: «Die menschliche Erfahrung ist fleischgeworden. Ich empfange die mich umgebende Welt durch meine Augen, meine Ohren, meine Hände. Die Struktur meiner Wahrnehmungsorgane gestaltet das, was ich begreife . . . Vom innersten Verlangen bis zu den hochfliegendsten künstlerischen Leistungen spielt der Leib eine formgebende Rolle.

Doch diese leibliche Gegenwart ist von höchst paradoxer Natur. Während der Körper in einer Hinsicht die unvergänglichste und unentrinnbarste Gegenwart in unserem Leben ist, zeichnet er sich im Grunde auch durch Abwesenheit aus. Das heißt, der eigene Körper ist selten der thematische Gegenstand der Erfahrung. Wenn ich ein Buch lese oder in Gedanken verloren bin, kann mein eigener körperlicher Zustand von meinem Bewußtsein am weitesten entfernt sein.»[4] Leder erläutert, daß der Körper auch sonst in unserem Alltagsleben immer wieder dazu tendiert zu «verschwinden». Wir schenken ihm keine Aufmerksamkeit, solange er richtig funktioniert, aber wir werden uns unserer somatischen Dimension immer dann akut bewußt, wenn ihr glattes Funktionieren gestört wird durch physisches und emotionales Unbehagen, Schmerz, physische Bedrohung oder soziale Faktoren wie die Konfrontation mit körperintensiven Erfahrungen – Geburt, Verletzung, Krankheit oder Tod anderer Menschen.

Der belebte Körper oder Leib ist das gesunde Gegenstück zum abwesenden Körper, der typisch für unsere heutige Lebensweise ist. Dazu Leder: «Die Wurzeln dieses Leibs reichen hinunter in den Boden einer organismischen Vitalität, wohin der bewußte Verstand nicht folgen kann. Seine Zweige breiten sich im gesamten Universum aus. Wenn ich die Sterne, das Gesicht eines anderen Menschen oder die Symbole der Göttlichkeit anschaue, überschreite ich meine Grenzen. Durch den belebten Körper öffne ich mich der Welt. Dieser Leib ist dann nicht einfach eine Materiemasse oder eine hinderliche Kraft. Er ist etwas, in dem wir, als Teil des Universums, das Universum spiegeln.»[5]

Hier begegnen wir der archaischen Vorstellung vom Körper als mikrokosmische Replik des Makrokosmos. Leder, der einen neokonfuzianischen spirituellen Background hat, befürwortet spirituelle Lehren, die uns dabei behilflich sind, den «einen Körper» zu kultivieren, wie er im Zustand der Ekstase erfahren wird. Die Ekstase beweise die Gültigkeit jener moralischen Lehren, die die Transzendenz des trennenden Ich und die Vereinigung mit dem Universum empfehlen. Andererseits sind Mitgefühl und selbstloser Dienst die Früchte der Wahrheit, die in der Ekstase offenbart wird. Dazu Leder: «In der Ekstase, die uns in den Wäldern überkommt, empfinden wir das ungehinderte Springen, die Geräumigkeit unseres ausgedehnten Körpers. Wir registrieren unseren Fleisch-und-Blut-Chiasmus [die Schnittstelle] mit der Welt.»[6]

Und dann fragt Leder: «Können wir uns der Erfahrung des einen Körpers nicht einfach auch auf einem Parkplatz wie in den Wäldern öffnen?» Das ist in der Tat die Frage.

Der verherrlichte Leib

Jenseits dieser Erfahrung der Einheit liegt ein noch größeres spirituelles Abenteuer, das die Erfüllung des luziden Wachseins bezeichnet. Dies ist in der traditionellen Vorstellung vom verwandelten oder «verherrlichten Leib» angedeutet, wie er in der christlichen Tradition der Mystik genannt wird. Dieser Ausdruck geht auf den Brief des Apostels Paulus an die Philipper zurück (3,21), wenngleich die ihm zugrundeliegende Vorstellung viel älter und nicht auf das Christentum beschränkt ist. Im apostolischen Sendschreiben heißt es: «[Jesus Christus wird] unsern nichtigen Leib verwandeln . . ., daß er gleich werde seinem verherrlichten Leibe . . .»

Hier bezieht sich das Wort vom «verherrlichten Leib» speziell auf den leuchtenden Leib des wiederauferstandenen Jesus von Nazareth, wie ihn seine Jünger bezeugt haben. Dem Apostel Markus zufolge erschien Jesus zuerst Maria Magdalena, und als sie die freudige Botschaft den anderen Jüngern überbrachte, glaubten sie ihr nicht. Dann erschien er zwei weiteren Jüngern, aber auch deren Bericht stieß auf taube Ohren. Schließlich manifestierte sich Jesus den elf Hauptjüngern, als sie beim Abendmahl saßen, und tadelte sie wegen ihrer Ungläubigkeit. Johannes hält das zusätzliche Detail fest, daß Thomas bei dieser denkwürdigen Gelegenheit nicht anwesend war, und als man ihm von Jesu Erscheinen berichtete, glaubte auch er nicht daran. Gegenüber seinen Mitjüngern erklärte er, er sei erst überzeugt, wenn er seine Finger auf Jesu Wunden legen könne. Acht Tage danach bekam Thomas Gelegenheit dazu, als Jesus den zweifelnden Apostel aufforderte, die Wunden an seinen Händen und in seiner Seite zu berühren. Offenbar manifestierte Jesus sich so, daß die Kreuzigungsmale sichtbar waren. Doch er war über alles Leiden und über alle Sterblichkeit erhoben worden.

Der Apostel Paulus verheißt im ersten Korintherbrief (15,44), daß auch diejenigen, die in Christi wiederauferstehen, sich eines unsterblichen geistigen Leibs erfreuen werden. Er unterscheidet zwischen dem «natürlichen Leib» *(soma psychikon)*, mit dem ein Mensch geboren wird, und dem «geistigen Leib» *(soma pneumatikon)*, der die Frucht der geistigen Arbeit eines Menschen ist. Im selben Brief stellt Paulus fest (15,58): «Darum, meine lieben Brüder, seid fest, unerschütterlich, und nehmt immer zu in dem Werk des Herrn, weil ihr wißt, daß eure Arbeit nicht vergeblich ist in dem Herrn.»

Jesus erlangte seinen verherrlichten Leib aufgrund seines göttlich inspirierten Lebens auf Erden, und seine Jünger – diejenigen, die die von ihm gelehrte geistige Disziplin auf sich nehmen – erhalten im Augenblick ihrer Auferstehung ebenfalls einen leuchtenden, unsterblichen Leib.

Warum «verherrlichter» Leib? Im Alten Testament lautet das

hebräische Wort für Herrlichkeit *kabod* – es steht für Gewichtigkeit, vor allem für das Gewicht der Wertschätzung oder Ehre eines Menschen, aber auch für die starke Strahlung des Göttlichen. Beispiele dieser Herrlichkeit bietet daher die göttliche Epiphanie, die Moses in Form eines brennenden Dornbuschs auf dem Berg Horeb vor Augen trat oder den Hebräern als Feuerwolke, die sie durch die nächtliche Wüste ins gelobte Land geleitete.

Im Neuen Testament lautet das griechische Wort für Herrlichkeit *doxa*, das 167mal in den Evangelien und nicht weniger als 57mal in den Schriften von Paulus vorkommt. Außerhalb des Neuen Testaments bedeutet *doxa* im allgemeinen «Ansicht» oder «Meinung». Doch die frühchristlichen Autoren verstanden darunter in erster Linie «Herrlichkeit» oder «Strahlung», obwohl der griechische Begriff an manchen Stellen in den Evangelien auch gleichbedeutend ist mit «Ehre» oder «Ansehen». Das griechische Verbum *doxazo* bedeutet «verherrlichen», und in diesem Sinne wird es beispielsweise in den Paulusbriefen verwendet. Somit zeigt sich, daß «Verherrlichung» im Alten und im Neuen Testament traditionellerweise mit Strahlung oder Leuchten zusammenhängt, insbesondere mit dem ewigen Glanz Gottes, wie er sich in bestimmten heiligen Augenblicken manifestiert.

Eine besonders innige Verbindung zwischen der Herrlichkeit Jesu und der Herrlichkeit Gottes wird im Evangelium des Johannes hergestellt. Hier erfahren wir, Jesus habe in der Nacht vor seiner Kreuzigung gebetet, der himmlische Vater möge ihn in seinem Tod verherrlichen, und er möge den Vater verherrlichen, und die Verherrlichung möge an Jesu Jünger weitergegeben werden.

Das christliche Sakrament der Taufe kann als Säen des Samens für den verherrlichten Leib angesehen werden. Interessanterweise haben einige Kirchenväter, vor allem Justinus, von der Taufe als «Erleuchtung» (griechisch: *photismos*) gesprochen.

Damit beriefen sie sich auf den Paulusbrief an die Hebräer (6,4), in dem jene, die «geschmeckt haben die himmlische Gabe und Anteil bekommen haben am heiligen Geist», als «erleuchtet» *(photistentas)* bezeichnet werden.

Der Heilige Geist wurde traditionellerweise als eine Flamme über den Köpfen derer dargestellt, die er mit seiner Gegenwart segnete. Und man glaubte, die Frommen könnten den leuchtenden Wiederauferstehungsleib von Jesus Christus sehen, wie es die Apostel vermocht hatten. Außerdem würde heiliges Licht von ihrem physischen Körper ausstrahlen – eine Glaubensvorstellung, die sich in vielen spirituellen Traditionen finden läßt. So soll der koptische Mönch Abba Joseph beim Gebet seine Zelle mit einem Licht «wie ein Feuer» erfüllt haben. Der russisch-orthodoxe Heilige Seraphim von Sarow habe zuweilen so geleuchtet, daß ihn seine Jünger nicht anzusehen vermochten.

Die christliche gnostische Lehre vom verherrlichten Leib ist nicht bloß eine faszinierende Doktrin, an die man glauben oder die man ablehnen kann, sondern auch in einer konkreten spirituellen Erkenntnis eines fortgeschrittenen Grades verankert.

Dies wird durch die Tatsache bestätigt, daß vergleichbare Lehren eine wichtige Rolle im Hinduismus, Buddhismus, Taoismus und in anderen spirituellen Traditionen spielen. Sie erkennen die Existenz unsterblicher Adepten an, die sich nach Belieben materialisieren und entmaterialisieren können. So kennen die Hindus und die Buddhisten 84 Mahāsiddhas («große Vollender»), und die Taoisten sprechen von acht Unsterblichen. Dies sind die wahren Alchimisten, denn sie haben sich völlig umgestaltet, indem sie das unedle Metall des Gewöhnlichen verwandelt, den normalen Verstand ins Gold des reinen Verstandes übergeführt haben. Dazu der bulgarische Adept Omraam Michail Aivanhov in der für ihn charakteristischen direkten Sprache:

«Ein Initiierter bedient sich aller subtilsten, reinsten, göttlichsten Elemente aus seinem Innern zur Bildung dieses Körpers. Jedesmal, wenn er einen sublim poetischen Augenblick der Anbetung oder des Opfers erlebt, verwendet er ihn als Material, mit dem er diesen Körper gestaltet, so wie er eine Statue modellieren würde . . . [Er] bedient sich aller Materialien, die er den höheren Bezirken während seiner Meditationen und Kontemplationen entnommen hat. All diese sublimen Emotionen dienen der Bildung jenes Körpers, sie machen ihn nach und nach so strahlend und stark, daß er sogar in der Lage ist, seinen physischen Körper an ferne Orte zu tragen. Und an diesem Punkt ist er unverwundbar – nichts kann ihn mehr verletzen. Er hat seine geheime Zuflucht in der Höhe erreicht; er ist unsterblich geworden.»[7]

Die alchimistische Selbstreinigung ist das Mittel zur buchstäblichen Erleuchtung des Körpers. Diese Selbstreinigung bildet das Zentrum jedes spirituellen Wegs. Sie besteht in der allmählichen Auslöschung all jener Faktoren, die die unvorstellbaren Energien der Wirklichkeit in der stehenden Welle dessen erstarren lassen, was wir die menschliche Körper-Seele nennen. Durch die immer kompromißlosere Hingabe an die radikale Umwandlung aller Aspekte unserer Existenz entrinnen wir fortschreitend der Enge des gewöhnlichen Lebens, steigen zur spirituellen Dimension auf und von dort wieder hinab und lassen damit zu, daß unser wahres Wesen oder der Geist das Wunder der Supertransformation in uns bewirkt. Diese Arbeit der alchimistischen Selbstreinigung beginnt und endet im Körper. Notwendigerweise beginnt sie im physischen Körper und endet im universalen Leib, der ein Leib des unendlichen Lichts ist. Dazu der Sozialwissenschaftler und Visionär Duane Elgin:

«Wenn wir diesen physischen Körper und die physikalische Welt nicht dazu benutzen, um unsere Fähigkeit zum selbstleuchtenden Wissen zu entdecken, kann es sein, daß wir nach unserem Tod aus unserem subtilen Körper aus Licht und Bewußtsein hinaussehen und unsere verfeinerte Existenz nicht erkennen. Wenn wir unsere Zeit in diesem kostbaren Körper und in dieser physikalischen Welt dazu nutzen, zum selbstreferentiellen Bewußtsein zu gelangen, verankern wir die Gabe der Ewigkeit in direktem Wissen. Dann können wir uns durch die immer subtileren Bereiche des Meta-Universums entwickeln, ohne uns zu vergessen.»[8] In seinem großartigen Buch *The Future of the Body* (dt: *Der Quanten-Mensch*), das einen umfassenden Überblick über die verfügbaren Informationen über die außergewöhnlichen Fähigkeiten der Körper-Seele bietet, erklärt Michael Murphy: «Es ist eindeutig festgestellt worden, daß wir unsere Muskeln, Organe, Zellen und Molekularprozesse kreativ verändern können. Angesichts dieser Tatsache können wir uns über die Grenzen einer selbst herbeigeführten körperlichen Veränderung Gedanken machen. Vermag unser Körper Veränderungen vorzunehmen, die über die gegenwärtig von der Medizin erfaßten hinausgehen? Da neue Fähigkeiten bei unseren tierischen Vorfahren in vielen Fällen durch die Veränderung ihres Körpers ermöglicht worden sind, können wir annehmen, daß analoge – durch praktische Betätigung statt durch natürliche Auslese herbeigeführte – Veränderungen eine anhaltende Verwirklichung metanormaler Fähigkeiten begleiten und unterstützen könnten ... Ein metanormales Umstrukturieren des Körpers könnte, kurz gesagt, mit atomaren oder molekularen Umbildungen einhergehen, die schließlich das Aussehen, die greifbare Beschaffenheit und die Fähigkeiten von Geweben und Zellen verändern würden.»[9]

Im Lichte traditioneller Lehren von dem, was Murphy unsere metanormale Verkörperung nennt, müssen wir einräumen, daß wir als Individuen wie als Spezies unsere evolutionäre Reise noch kaum angetreten haben. Die großartigen Leistungen der gefeierten Adepten von Christentum, Hinduismus, Buddhismus, Taoismus, Sufismus und anderer spiritueller Traditionen bekunden nicht nur ihre Genialität, sondern auch unsere Chancen. Indem sie das höchste menschliche Potential verwirklicht haben, spiegeln sie unsere strahlende Zukunft, zumindest aber unsere Möglichkeiten wider.

4

Das wechselvolle Schicksal der Seele

Eine Generation ohne Seele

Jahrhundertelang bedeutete die Vorstellung von der Seele etwas für die Menschen. Sie gehörte zu ihren sinnhaltigsten Symbolen, indem sie sie intellektuell anregte und emotional am Leben hielt. Mit anderen Worten: «Seele» bezog sich auf eine Realität, die große Macht in ihrem Leben hatte. Ihr Universum war ein beseeltes Universum. Dann, gegen Ende des 19. Jahrhunderts, kamen Vorstellung und Begriff der Seele bei den gebildeten Männern und Frauen des Westens in Verruf. Sie waren in den Bann der positivistischen Philosophie und der empirischen, behavioristischen Psychologie geraten. Dies war die letzte Welle der «Entzauberung der Welt», wie der Historiker Morris Berman es genannt hat. Er bemerkt dazu: «Die Geschichte der Neuzeit ist, zumindest auf der Ebene des Geistes, eine Geschichte der fortschreitenden Entzauberung. Vom 16. Jahrhundert an wird der Geist immer mehr aus der Welt der Phänomene vertrieben. Zumindest theoretisch sind die Bezugspunkte für alle wissenschaftlichen Erklärungen Materie und Bewegung – das, was Wissenschaftshistoriker die ‹mechanistische Philosophie› nennen.»[1]

Seit 1912, als J. B. Watson die Bewegung begründete, bemüht sich der Behaviorismus mit aller Entschiedenheit, die Psychologie als eine der Physik und der Chemie vergleichbare «mechanistische» Wissenschaft zu etablieren, als ob die menschliche Psyche zerschnitten, zusammengeklebt und quantifiziert werden könnte. Am Ende haben die Behavioristen den Begriff «Seele» aus ihrem Wortschatz gestrichen und die ihm zugrundeliegenden traditionellen Vorstellungen rundweg abgelehnt. Dies könnte man mit einem Körper vergleichen, dem alles Blut entzogen worden ist, so daß er nichts weiter als ein Leichnam wäre. Mit anderen Worten: Der Behaviorismus weigert sich entschieden, die großen Fragen zu stellen, und klammert alle Antworten aus, die das Verlangen der Seele nach Weisheit befriedigen würden.

Ich erinnere mich noch an Unterhaltungen aus meiner Studentenzeit mit unglücklichen Seelensuchern, die sich in Psychologiekursen eingeschrieben hatten und verblüfft waren, daß ihnen in Vorlesungen und Seminaren nur trockene Krümel vorgesetzt wurden. An dieser Situation hat sich an den meisten Universitäten nichts geändert – es sind Fabriken oberflächlichen Lernens.

Vielleicht ermutigt davon, daß frühere Philosophen die Vorstellung von Gott über Bord geworfen hatten, verabschiedeten sich die Behavioristen von der Idee der Seele als einer unverifizierbaren metaphysischen Glaubensvorstellung, die an sich bedeutungslos sei und keinem nützlichen Zweck diene. Und das war bloß die Spitze des gewaltigen Eisbergs der behavioristischen Dekonstruktion (manche würden Destruktion sagen). Ja, die Behavioristen lehnten alle «mentalistischen» Vorstellungen wie «Geist», «Bewußtsein» und «Introspektion» ab. Sie beharrten darauf, alles durch Reiz-Reaktion und Gewohnheitsbildung zu erklären. Alles, was außerhalb dieser Erklärungskategorien lag, hatte einen fragwürdigen Realitätsstatus und wurde daher abgelehnt, wenn nicht gar verachtet.

Indem der Behaviorismus all diese Vorstellungen, insbesondere die der Seele, über Bord warf, ließ er nicht nur die Sprache der Psychologie, sondern auch das Denken und die Kultur verarmen. Hätten diese Psychologen über die metaphysische Sensibilität und den weiten Horizont unserer Vorfahren oder der sogenannten Primitiven unserer eigenen Zeit verfügt, dann hätten sie sich niemals in die Sackgasse des Reduktionismus und Determinismus manövriert. Denn wie aus umfassenden anthropologischen Studien bei den präindustriellen Gemeinschaften der Welt hervorgeht, leben manche Volksstämme nicht nur nahe dem Puls der Natur, sondern auch in großer Nähe zu den ewigen Wahrheiten, die die Domäne der Spiritualität und der Metaphysik sind.

Der Schweizer Gelehrte Jean Gebser hat darauf hingewiesen, daß sich das Wahrnehmungsspektrum der frühen Menschheit höchstwahrscheinlich von dem unseren unterschied.[2] Unsere Ahnen haben mehr gesehen als wir. Wie manche Yogīs und Mystiker waren sie in der Lage, die Psyche als lebendige Strahlung, als eine «Aura» wahrzunehmen, die den menschlichen Körper durchdrang und umgab. Mit anderen Worten: Anders als moderne Psychologen erlebten sie unmittelbar, was sie zu wissen behaupteten. Fairerweise muß gesagt werden, daß unsere Ahnen auch weniger sahen als wir, denn unsere moderne kognitive Umwelt – das, was Pierre Teilhard de Chardin die «Noosphäre» genannt hat[3] – ist entschieden komplexer und gewährt uns ein Wissen, von dem sich unsere Vorfahren nichts träumen ließen.

Im Gegensatz zu Yogīs, Mystikern und Schamanen haben die Behavioristen mit einem leidenschaftlichen Engagement für das Goldene Kalb (oder Trojanische Pferd) der «Objektivität» absurderweise sogar so ein Alltagsphänomen wie das Bewußtsein tabuisiert. Doch das hat sie nicht daran gehindert, den Behaviorismus als allgemeine Lebensphilosophie anzudienen, als ob wir menschlich (das heißt sinnvoll) ohne Bewußtsein leben könnten. Doch wir, die wir das Ende des mechanistischen Paradigmas erleben, sind in der Lage, in der behavioristischen Philosophie nicht viel mehr als einen Verband auf den offenen Wunden zu sehen, die von der Vernichtung der traditionellen Religion und Spiritualität bewirkt wurden.

Zweifellos hat der Behaviorismus seine Meriten, wenn es um das Studium physiologischer Reaktionen und Prägungen auf der primitivsten Ebene psychischer Funktionen geht. Doch als allgemeinere Methode für das Studium der komplexen Dynamik unseres Innenlebens hat er sich als viel zu dürftig erwiesen. Ein befreundeter Psychologieprofessor hat mir erklärt, ich würde offene Türen einrennen – der wahre Übeltäter sei heute die reduktive Kognitionswissenschaft. Der Behaviorismus mag gegenwärtig an amerikanischen Universitäten auf eine Minderheit beschränkt sein, aber er treibt sein Wesen noch immer in anderen Teilen der Welt, die mit der Entwicklung der letzten zwanzig Jahre nicht Schritt gehalten haben. Überraschenderweise ist Indien eines jener Länder, die noch heute vom Geist des Behaviorismus heimgesucht werden – wie auch vom gleichermaßen lebensfernen Geist des Marxismus. Und was die Kognitionswissenschaft betrifft, die sich mit den Automatismen des Geistes befaßt, so enthält sie wenig, was sich als Beweis für das sich entwickelnde integrale Bewußtsein heranziehen ließe.

In Amerika und Europa jedenfalls stieß der Behaviorismus im Laufe der Zeit auf viel Kritik, und bald entwickelte sich die unvermeidliche Gegenbewegung. Daher hat der Begriff Bewußtsein seit den sechziger Jahren in der Psychologie wieder ein gewisses Ansehen gewonnen. Dies liegt zum Teil an Entwicklungen in den harten Wissenschaften (besonders in der Quantenphysik, was eher philosophisch gesinnte Physiker veranlaßt hat, sich über die Wechselbeziehung zwischen dem Beobachter und dem Beobachteten ihre Gedanken zu machen). Und zum anderen ist es die Folge der Faszination, die in den kulturkritischen sechziger und siebziger Jahren von psychoaktiven oder bewußtseinsverändernden Drogen ausging. Sie führten zu veränderten Zuständen von etwas, das angeblich nicht existierte.

In neuerer Zeit hat sich die Sprache der Seele wieder zu Wort gemeldet. Autoren wie Larry Dossey, Gary Zukav, June Singer, Sandra Ingerman, Michael Grosso, Aminah Raheem, William Barrett und Marilyn Chapin Massey haben unbekümmert den Begriff Seele verwendet.[4] Wir begegnen dem Wort Seele sogar im Titel von Büchern über Politik und Wirtschaft. C. G. Jung, der noch in der Blütezeit des Behaviorismus schrieb, nahm mit dem in Amerika einflußreichen Sammelband *Modern Man in Search of a Soul* die gegenwärtige Welle der «Seelenpioniere» um ganze sechs Jahrzehnte vorweg.[5]

Angesichts der wenig schmeichelhaften neueren Geschichte der Vorstellung und des Begriffs der Seele überrascht es doch, daß Autoren in jüngerer Zeit so wenig über ihren Gebrauch dieses Begriffs reflektieren. Dieser Mangel an Reflexion erweckt die falsche Vorstellung, das Wort sei ganz unzweideutig. Selbst wenn wir uns darin einig sind, daß es angemessen ist, den Begriff wiedereinzuführen, heißt dies nicht, daß wir ihn auch mit der erforderlichen Klarheit verwenden.

Die Bedeutung von Seele

Was also ist die Seele? Zunächst einmal können wir – ungeachtet der behavioristischen Verbannung des Wortes – feststellen, daß das Wort Seele sich ziemlich hartnäckig im allgemeinen Sprachgebrauch gehalten hat, wie Formulierungen wie «eine gute alte Seele», «keine Seele haben» (gefühllos sein), «ein seelenvoller Blick», «Seelengefährte», «ein Herz und eine Seele», «eine beunruhigte Seele», «seelenbewegende Musik» und so weiter zeigen.

Aus diesen Redewendungen geht hervor, daß «Seele» im großen ganzen den emotionalen oder fühlenden Aspekt unseres Wesens bezeichnet. Ein Synonym dafür ist folglich «Herz». Doch einige der erwähnten Formulierungen drücken mehr aus: Seele als Wesenheit. Dies entspricht am ehesten den traditionellen religiösen oder spirituellen Assoziationen, die mit dem Begriff verbunden sind. Das Wesen eines Dings ist sein Leben, und dies ist genau die etymologische Bedeutung von Seele und den entsprechenden Begriffen in verschiedenen Sprachen.

Das Wort Seele geht auf die germanische Grundform *saiwalô* zurück und ist verwandt mit dem englischen *soul* (altenglisch: *sawol*), dem isländischen *sala* oder *sal*, dem dänischen *sjæl*, dem schwedischen *själ*, dem finnischen *sielu* und dem niederländischen *ziel*. Möglicherweise ist das Wort auch ein ferner Verwandter des Sanskritbegriffs *sara*. All diese indoeuropäischen Bezeichnungen bedeuten soviel wie «wesentliche Qualität» oder «immaterielle Kraftsubstanz«.

In anderen Sprachen, vor allem im Griechischen, Lateinischen und Hebräischen, bedeuten die entsprechenden Begriffe für Seele soviel wie «Leben» oder «Atem». Das hebräische *nephesh* und das arabische *nafs* etwa stehen für «Leben». Das onomatopoetische hebräische Wort *ruah*, die griechischen Begriffe *psyche* und *pneuma* und das lateinische Wort *anima* bezeichnen in ihrer ursprünglichen Bedeutung den Atem. Diese primäre Assoziation weisen auch das lateinische Wort *spiritus* und der Sanskritbegriff *ātman* (gewöhnlich mit «Selbst» übersetzt) auf. In seinem Buch *The Origins of European Thought* weist R. B. Onians nach, daß unsere heutige Vorstellung von Seele von einer frühen kulturellen Matrix herrührt, die die Ägypter, Babylonier, Hebräer, Kelten, Slawen, Germanen, Inder und andere indoeuropäische Völker umfaßte.[6]

Die Assoziation von Seele mit Atem und Leben leitet sich fraglos von der empirischen Beobachtung ab, denn wenn ein Mensch im Sterben seinen letzten Atemzug macht, wird die Seele vom physischen Körper getrennt. Die Seele ist das belebende Prinzip, das das Feuer des Körpers in Gang hält, während der Körper allein fast so inaktiv wie ein Stein ist.

Tatsächlich gibt es im sogenannten primitiven Denken nichts, was nicht beseelt ist, und selbst ein scheinbar lebloser Stein ist von Leben oder Seele erfüllt. Die Anthropologen bezeichnen diese archaische Form der Wirklichkeitsbetrachtung als Animismus, wobei sie oft die Tatsache ignorieren, daß dies nicht bloß ein Glaube ist, sondern in erster Linie eine unmittelbare Erfahrung für die Volksstämme, die sie erforschen. Im übrigen gibt es anscheinend eine gewisse Form von Animismus sogar in der Quantenmechanik, die das vielleicht fortschrittlichste Produkt der theoretischen Phantasie der Neuzeit ist. Nach einigen Interpretationen der Quantenrealität besitzt jedes Teilchen auf der Welt ein gewisses Bewußtsein.[7] Diese Theorie, auch Panpsychismus genannt, ist überzeugend von dem deutschen Biologen Bernhard Rensch vertreten worden, der von der «protophänomenalen» Natur von Molekülen und Atomen spricht.[8]

Nach E. B. Taylor, einem der Pioniere der Anthropologie, gelangte die vorzeitliche Menschheit dazu, an eine Seele zu glauben, indem sie die Phänomene von Träumen ebenso wie den Einfluß des Atems auf Leben und Tod beobachtete.[9] Es gibt jedoch noch eine ganze Reihe anderer Erfahrungen, die die Existenz der Seele bestätigen und die bestimmten Volksstämmen ohne weiteres zugänglich waren und noch sind, und dazu gehört nicht zuletzt der ekstatische Zustand, der durch verschiedene Stammesrituale wie anhaltendes Trommeln und Tanzen erzielt wird. In diesen Zuständen erlebt man, wie das immaterielle Wesen eines Menschen den Körper verläßt.

Selbst der heutigen Menschheit sind Erfahrungen außerhalb des Körpers nicht fremd, auch wenn sie eher die Folge von traumatischen Erlebnissen wie Unfällen oder Operationen sind als das gezielte Ergebnis von Trancezeremonien. Die parapsychologische Literatur enthält zahlreiche Berichte über derartige Fälle, die eine faszinierende Lektüre bilden.[10]

Darüber hinaus gibt es den weitverbreiteten traditionellen Glauben, daß Hellseher – Menschen, die die Fähigkeit ererbt oder erworben haben, über das gewöhnliche Schwingungsspektrum hinauszusehen – die Seele, die sie als einen eher diffusen Doppelgänger des physischen Körpers beschreiben, tatsächlich sehen können. Zu diesem Thema gibt es eine reichhaltige anekdotische Literatur. Ein Freund von mir, der den tibetischen Buddhismus auf einer fortgeschrittenen Ebene praktiziert, hat mir erzählt, er habe vor mehreren Jahren bei einem seiner wöchentlichen Heilzirkel gesehen, wie ein Geist – der Mann einer seiner Studentinnen – den Raum betreten habe. Zunächst dachte mein Freund, der Mann habe sein Bewußtsein unbewußt projiziert, um bei ihnen zu sein. Dann hatte er das Gefühl, daß etwas Ernsteres passiert war. Ohne daß irgend jemand zum Zeitpunkt der Versammlung davon wußte, war dieser Mann offenbar am Steuer seines Wagens eingeschlafen, wurde bei dem folgenden Unfall herausgeschleudert und von einem Lastwagen überfahren. Er war sofort tot. Der Geist des Opfers war sich noch nicht bewußt, daß er gerade gestorben war, als er den Heilzirkel aufsuchte. Dank eines langen Trainings ist mein Freund in der Lage, sein Sehvermögen über die normale Reichweite hinaus auszuweiten, und Geister zu sehen ist für ihn nichts Ungewöhnliches.

Zweifellos gab es unter unseren Vorfahren ähnlich begabte Menschen, die die Vorstellung der Seele entwickelten. Ja, alles spricht dafür, daß Menschen in Gemeinschaften, die in größerer Nähe zur Natur leben, übersinnlicher sind als der Durchschnittsbewohner unseres modernen Großstadtdschungels. Wir sind so außengelenkt und streßgeplagt, daß wir nur selten lange genug innehalten, um etwas anderes als die gröbsten Formen der Existenz wahrzunehmen. Viele Menschen erinnern sich nicht einmal an ihre Träume, und das zeigt schon, wie verschlossen die Dimension des Übersinnlichen ist.

Während sich die Vorstellung von einer Seele in fast allen Kulturen finden läßt – sogar im Buddhismus gibt es eine Form dieses Glaubens –, interpretiert jede Kultur auf eigene Weise, was offenbar eine universale oder fast universale Erfahrung ist. Nur bei der gebildeten Bevölkerung unserer Zeit stehen Skeptizismus und Nihilismus derart im Vordergrund, daß die Seele nicht mehr Ehrfurcht und Staunen einflößt, sondern vielmehr ein gewisses Unbehagen. Vielen Menschen ist es peinlich, über die Seele zu sprechen, genauso wie es ihnen unangenehm ist, von Gott nicht nur bei irgendwelchen banalen Anlässen zu reden. Allerdings gibt es, wie gesagt, Anzeichen einer Renaissance der spirituellen Weltbetrachtung, in der diese metaphysischen Ungreifbarkeiten ihren angemessenen Platz einnehmen.

Das Prinzip der Unsterblichkeit

Die Erfahrung der Seele als lebeneinflößendes Prinzip des Körpers führte bald zu einer bedeutsamen Erkenntnis, die das Denken der meisten Kulturen auf der Erde beherrschen sollte, nämlich der, daß die Seele nicht nur nichtphysisch ist, sondern auch den Gesetzen, die den Bereich des Physischen bestimmen, nicht unterworfen. Insbesondere war man der Ansicht, die Seele würde nicht nur den materiellen Raum, sondern auch den Fluß der Zeit transzendieren. Es entstand der Glaube (oder die innere Gewißheit), daß die Seele den Tod des physischen Körpers überlebt. So kam es, daß sie als das unzerstörbare, unsterbliche Prinzip des Menschen angesehen wurde.

Höchstwahrscheinlich beruhte dieser Glaube ursprünglich auf subjektiven, hellseherischen Erfahrungen: Der Schamane oder Religionskundige sah, wie die Seele den Körper des Sterbenden verließ und dann ihre Reise in die Bereiche des

Geistigen fortsetzte. Oder der Schamane wurde Zeuge, wie die Seele eines Ahnen den Stamm während einer bedeutsamen Feier aufsuchte, oder er sah, wie eine bestimmte Seele in die Gebärmutter einer schwangeren Frau eindrang. Dies ist wahrscheinlich auch die Quelle des damit zusammenhängenden, in Stammesgesellschaften ziemlich weitverbreiteten Glaubens an die Reinkarnation. Wenn man sehen kann, wie Seelen sterbende Körper verlassen und in einen Fetus eindringen, dann ist es auch plausibel, daß ein und dieselbe Seele einen anderen Körper, ja Körper um Körper zu bewohnen imstande ist.

Diese Möglichkeit mag bereits den Neandertalern aufgegangen sein, weil sie ihre Toten sehr sorgsam und mit Waffen ausgestattet begruben – vielleicht um sie dazu zu ermutigen, nach dem Tod auf ihrer Reise ins Geisterreich weiterzuziehen, und sie gleichzeitig davon abzuhalten, in den Leichnam zurückzukehren und den Lebenden Ärger zu bereiten. Jahrtausende später entwickelten die Ägypter und unabhängig von ihnen auch die Tibeter ein formales Übergangsritual für ihre Toten. Diese Rituale sollen die Kontinuität des Bewußtseins während des gesamten Todesprozesses aufrechterhalten. Das tibetische *Bardo Thödol* und das ägyptische *Totenbuch* sind Reiseführer für die dahinscheidende Seele.

In seinem Kommentar zur deutschen Version von W. Y. Evans Wentz' Übersetzung des *Bardo Thödol* bemerkte C. G. Jung scharf, aber treffend: «Dem abendländischen Geiste ... klingt das Wort ‹psychologisch› immer, wie wenn man gesagt hätte ‹nur psychologisch›. Die ‹Seele› erscheint ihm irgendwie als etwas sehr Kleines, Minderwertiges, Persönliches, Subjektives und dergleichen mehr. Man braucht darum lieber das Wort ‹Geist›, indem man sich dabei stets den unausgesprochenen Anschein gibt, daß eine vielleicht wirklich sehr subjektive Aussage vom ‹Geist› gemacht sei, natürlich stets vom ‹allgemeinen›, sogar – wenn irgendmöglich – vom ‹absoluten› Geiste. Diese etwas lächerliche Anmaßlichkeit ist wohl eine Kompensation für die beklagenswerte Kleinheit der Seele.»[11]

Anscheinend ist der Prozeß der Reinkarnation – bei dem eine Seele in einen neuen Körper schlüpft – spontan und, nach den meisten Traditionen, außerhalb der Kontrolle des Individuums. Die großen Traditionen des Hinduismus, Buddhismus und Jainismus berufen sich auf ein besonderes universales Gesetz der moralischen Kausalität, um die Bewegung der Seele von einer Verkörperung zur nächsten zu erklären. Nach dieser Lehre wird das Leben der Seele nach dem Tod vom Karma des Individuums bestimmt. Das Sanskritwort *karma* bedeutet wörtlich «Tat». Es soll zum Ausdruck bringen, daß all unsere Taten Folgen haben. So schrieb Paulus an die Galater: «Denn was der Mensch sät, das wird er ernten.» Oder mit den Worten des Pythagoras, wie sie der neuplatonische Philosoph Iamblichos in seinem *Protrepticus* überliefert hat: «Da wir durch die Seele leben, muß gesagt werden, daß wir kraft dieser gut leben ... Wir sollten unser Heil in der Tugend als einem unversehrbaren Tempel suchen, damit wir nicht einer schändlichen Schmähung der Seele ausgesetzt sind im Hinblick auf unsere Gemeinschaft mit dem Leben und auf seine Fortsetzung.»[12]

Pythagoras' Interesse an einem tugendhaften Leben beruhte ganz einfach darauf, daß die Sünde die Seele schändet, während die Tugend sie erhebt. Und die Beschaffenheit einer Seele bestimmt die Beschaffenheit ihrer Lebensumstände, ihr Schicksal.

Die indischen Weisen haben klargemacht, daß zur Tat auch unsere Gedanken und Absichten gehören. Darum ist das Karma eine Manifestation der moralischen Folgen, die aus der Gesamtheit dessen entstehen, wie sich ein Individuum im Leben ausdrückt. Das Karma soll über die Qualität und Länge des Lebens nach dem Tod entscheiden, ebenso wie über die Qualität und Art des Körpers, mit dem sich die Seele verbindet. Der neue Körper wiederum bestimmt in gewissem Maß die

Qualität und die Art des Lebens der reinkarnierten Seele. Als die indischen Weisen nach dem Zweck dieses Zyklus von Verkörperung und Entkörperlichung gefragt wurden, erwiderten sie, er diene der spirituellen Reife, der Entdeckung, daß die Verkörperung unnötig sei, und der Erfahrung, daß das wahre Wesen eines Menschen raumlos, zeitlos und formlos sei. Für die Hindu-Weisen war er *atman*, die Seele jenseits der Psyche, das höchste Prinzip, das ewig außerhalb des Kosmos wohnt.

Gautama, der Buddha, der seinen eigenen klaren Weg der Selbstumwandlung formulierte, weigerte sich, über die höchste Wirklichkeit zu spekulieren. Besonders lehnte er die populäre Vorstellung von einer ewigen Seele ab, die von Körper zu Körper wandert, bis sie nach der Erleuchtung alle Formen der Verkörperung aufgibt. Doch sogar der Buddha bezeichnete das Nirvana – den wünschenswerten Zustand der «Auslöschung» der individuellen Seele – als «das Reich, in dem es weder Erde noch Wasser gibt, weder Feuer noch Luft . . ., kein Kommen oder Gehen, keine Dauer oder Vernichtung oder Hervorbringung . . ., ohne Unterstützung, ohne Fortsetzung, ohne Bedingung . . . das Ende des Leidens.» Er predigte auch den Wert der Tugend als Mittel zur Sicherung besserer Bedingungen für die künftige Verkörperung. Aber für ihn war der karmische Prozeß nicht das Wandern einer Seele von Körper zu Körper, sondern der Prozeß von Bedingungen, die Bedingungen bewirken, die Bedingungen bewirken, bis der gesamte Nexus im Augenblick der Erleuchtung aufgelöst wird. Für den Buddha war die Seele einer Inkarnation weder identisch mit der Seele der vorangegangenen Inkarnation noch ganz anders als sie – eine ziemlich komplizierte Auffassung des Prozesses der Wiedergeburt.

Die uralte Lehre der Seelenwanderung ist in die griechische Zivilisation, wo sie Metempsychose heißt, vielleicht durch die esoterischen Traditionen des Orphismus und des Pythagoreertums gelangt. Pythagoras, der Leonardo da Vinci der Antike, studierte in Babylon, Chaldäa und Ägypten. Wir wissen auch, daß einige Hindu-Weise Athen besucht und die Griechen mit ihrer Weisheit und ihren erstaunlichen Wundern beeindruckt haben. Nach Diogenes Laertius erinnerte sich Pythagoras an mehrere seiner Vorleben. So glaubte er, daß er bei einer früheren Geburt Aethalides, der Sohn von Hermes gewesen sei, der anschließend als Euphorbus, dann als Hermotimus und schließlich als der Fischer Pyrrhus auf Delos reinkarniert wurde. Hermes gewährte Pythagoras – in seiner Inkarnation als Aethalides – die Gabe, sich an die Route seiner Seelenwanderung zu erinnern.

Unter anderem soll Pythagoras gelehrt haben, daß menschliche Seelen sich in tierischen Körpern reinkarnieren können, angenehmerweise mit Ausnahme der wenigen Tierarten, die er als für Opferriten geeignet aufgeführt hat. Vielleicht erklärt dies die von Iamblichos erzählte Geschichte, in der Pythagoras einen Ochsen anwies, keine Bohnen zu essen, die bei den Pythagoreern als Nahrung tabu waren, woraufhin das intelligente Tier seinen Appetit auf Hülsenfrüchte gezügelt haben soll (und so als Opfer nicht mehr in Betracht kam).

Das Pythagoreertum war überaus einflußreich und wirkte sich besonders auf Platons Philosophie aus. Dessen Ideen gingen später im Neuplatonismus auf, der irgendwann im ersten Jahrhundert nach Christus aufkam und seinerseits die christliche Theologie beeinflußte. So war beispielsweise der Glaube an die Seelenwanderung ein integraler Bestandteil einiger frühchristlicher Gemeinden, vor allem der Anhänger des alexandrinischen Lehrers Origenes, des produktivsten Kirchenvaters. Doch diese Lehre wurde von der Kirche mit dem Bann belegt. Origenes selbst wurde auf dem Zweiten Konzil von Konstantinopel 553 n. Chr. als Ketzer verurteilt.

Doch es gibt sogar im Neuen Testament Aussagen, aus denen hervorgeht, daß Jesus selbst an die wiederholte Wiederkehr von Seelen glaubte. In einer bekannten Passage im Matthäus-Evangelium (16,13f.) fragt Jesus seine Jünger: «Wer sagen die Leute, daß der Menschensohn sei? Sie sprachen: Einige sagen, du seist Johannes der Täufer, andere, du seist Elia, wieder andere, du seist Jeremia oder einer der Propheten.» Frage und Antwort wären ohne den Bezug auf die Wiedergeburt unsinnig, und der Glaube an diese war offenbar weit verbreitet unter den Juden, die wie die Tibeter stets nach den Reinkarnationen ihrer großen spirituellen Lehrer suchten. Es ist eine merkwürdige und bedauerliche Schicksalswende, daß die Kirche schon früh diese mächtige Lehre mit ihrem Bann belegte. Vielleicht waren die Kirchenführer der Meinung, sie würde das Gefühl der Dringlichkeit unterminieren, das sie den Gläubigen einzuflößen versuchten. Denn wenn wir immer wiedergeboren werden, warum sollten wir dann schon jetzt mit dem geistlichen Leben beginnen?

Die Aussicht auf ein vielfaches Leben mindert zwar keineswegs die Bedeutung des gegenwärtigen, das die Chance bietet, den Zyklus der Wiedergeburten zu durchbrechen. Aber um motiviert zu werden, die gewaltige spirituelle Mühe auf sich zu nehmen, aus der bedingten Welt der Konsenstrance auszubrechen, muß ein Mensch zuerst vom Leiden, der Frucht aller Inkarnationen, überwältigt und vom Ideal der Befreiung oder, christlich gesprochen, vom Königreich Gottes angezogen werden. Und das ist immer eine Frage der spirituellen Reife.

Die Architektur der Seele

Wenn wir Heutigen im Hinblick auf das Wesen der Seele verwirrt sind, dann liegt das daran, daß dieser ererbte Begriff eine ziemlich bewegte Geschichte hat. Die christlichen Theologen haben uns eine Fülle von Interpretationen hinterlassen, und nun liegt es an uns, sie zu entwirren und ihren Sinn zu verstehen.

Platon und vor ihm Pythagoras haben gelehrt, daß die Seele dreigeteilt ist, und dieses Schema herrscht auch in christlichen theologischen Werken vor. Die drei Aspekte der Seele, die Energien, wie Platon sie nannte, sind der rationale Aspekt, der im Kopf angesiedelt ist, der erregbare Aspekt, der mit dem Herzen verbunden und die Quelle von Handeln und Bewegung ist, und der begehrliche oder wollüstige Aspekt, der die Quelle der gröberen Leidenschaften und Instinkte darstellt und nach der physischen Auslöschung verschwindet. Die Vielfalt menschlicher Persönlichkeiten erklärt sich aus den unterschiedlichen Mischungen dieser drei Komponenten der Psyche.

In den Epen Homers bedeutet *psyche* noch «Leben» und «verstorbenes Leben» oder die Existenz als Geist. Die Gleichsetzung der Psyche mit dem bewußten Leben rührt wahrscheinlich von den ionischen Philosophen her, und die Gleichsetzung mit dem höheren geistigen Leben erfolgte in Griechenland zuerst durch Sokrates. In seinem Dialog *Phaidon* bemerkt Platon, nur der rationale Teil der Seele – das *nous* – sei unsterblich. Dieser Ansicht war auch Aristoteles. Wie aus dem Dialog *Timaios* hervorgeht, glaubte Platon außerdem an eine Weltseele als Quelle der kosmischen Ordnung und Harmonie, und diese Anschauung vertraten anscheinend auch schon viele Vorsokratiker.

Für Platon war die Seele so etwas wie eine vom Körper getrennte Substanz, während sie für Aristoteles, der die mystischen Neigungen seines Lehrers nicht teilte, eine Form des lebenden Körpers darstellt. Aristoteles, der als Vater der westlichen Psychologie gilt, nannte in seinem Werk *Über die Seele* die Psyche die Entelechie oder «erste Vollendung der Seele eines natürlichen Körpers, der die Möglichkeit hat, zu leben», und er schrieb auch, daß die Seele «durch diese Vermögen bestimmt wird: Nähr-, Wahrnehmungs-, Denkvermögen und Bewegung.»

Sodann unterschied Aristoteles zwischen einem nährenden oder vegetativen Aspekt der Seele (durch den Pflanzen und Tiere wachsen und sich fortpflanzen), einem Bewegungsaspekt (der die Fortbewegung verursacht), einem begehrenden Aspekt (die Quelle von Verlangen und Willen) und einem rationalen Aspekt, dem Sitz von Vernunft und Intellekt. Nur der Mensch besitzt all diese Vermögen oder «Energien» der Seele. Die mittelalterlichen Scholastiker, die ihre Theologie auf den Grundmauern von Aristoteles' «heidnischer» Philosophie errichteten, kehrten zu einem dreigeteilten Modell der Psyche zurück und ließen die Aspekte des Begehrens und der Bewegung fallen.

Plotins Konzept der Seele kombinierte die homerische Vorstellung der Lebenskraft, die den Körper im Tod verläßt, mit der pythagoreischen und orphischen Ansicht, wonach die Seele eine spirituelle Weisheit ist, die aus der himmlischen Domäne in das Reich des Körperlichen hinabgestiegen und in der Lage ist, zu ihren höheren Ursprüngen zurückzukehren. Nach Plotin, der ein echter Animist war, reicht die Psyche von den Steinen bis zu Gott. In ihrer höchsten Ausdrucksform ist sie das überpersönliche *nous* und somit ebenso individuell wie kosmisch. Für ihn befand sich das *nous* eine Stufe unterhalb von Gott. Zuweilen unterschied Plotin zwischen dem *nous* und der Psyche und behauptete, ersteres gehöre einer höheren Ebene der hierarchischen Existenz an.

In diesem Sinne entspricht das *nous* nicht so sehr dem *ātman*, dem transzendentalen Selbst der Vedānta-Philosophen und -Weisen, als vielmehr dem *buddhi*, der Weisheit, die in der Hindu-Metaphysik als höchster Aspekt der menschlichen Persönlichkeit angesehen wird. Mit Hilfe dieser höheren Intelligenz können wir das leuchtende transzendentale Selbst erkennen. In der *Katha-Upanishad*, einem alten Sanskritwerk über den vedantischen Yoga, findet man die folgende erstaunliche Metapher: Der Körper ist der Wagen; die Sinne sind die ungebärdigen Rosse; der niedere Verstand *(manas)* bildet die Zügel; der höhere Verstand *(buddhi)* ist der Wagenlenker; und das Selbst ist der Herr des Wagens. Dieses Bild verweist auf eine Hierarchie miteinander verbundener psychischer Vermögen. Wir müssen uns bewußt sein, daß es Tausende von Jahren dauerte, ehe dieses integrierte Modell der Seele aufkam.

Eine ähnliche Leistung stellt die Upanischaden-Lehre von den fünf «Hüllen» *(kosha)* der Seele dar. Nach der *Taittirīya-Upanishad*, die weit über dreitausend Jahre alt ist, gibt es fünf Ebenen menschlichen Funktionierens:

1. *annamaya-kosha*	Hülle aus Nahrung (d.h. der physische Körper)
2. *prānamaya-kosha*	Hülle aus Atem (auch das «ätherische Doppel» oder «Plasmakörper» genannt)
3. *manomaya-kosha*	Hülle aus Verstand (d.h. die niederen geistigen Funktionen)
4. *vijñanamaya-kosha*	Hülle aus Intelligenz (d.h. die höheren geistigen Funktionen des Urteilsvermögens und der Weisheit)
5. *ānandamaya-kosha*	Hülle aus Glückseligkeit (d.h. der Aspekt der Persönlichkeitsstruktur, der in Zuständen der Ekstase offenbart wird)

Diese Hüllen oder Körper umgeben die unsterbliche Seele, das transzendentale Selbst, das ein immerwährendes Bewußtsein ohne Gegenstand ist. Die praktische Spiritualität des Yoga ist darauf ausgerichtet, diese Hüllen zu «durchdringen», bis das Selbst in seinem ursprünglichen Glanz aufscheint. Diese Erkenntnis gilt als höchste Erleuchtung oder Befreiung, die nie verlorengehen kann. Die Hüllen zu durchdringen bedeutet, daß man sich nicht mit ihnen identifiziert, als wären sie das transzendentale Selbst. Aber dieser Desidentifikation muß die bewußte Erfahrung jeder Hülle (oder jedes Schwingungsfelds) in der Meditation vorausgehen. Dies ist kein rein intellektueller Akt.

Wir wissen aus unserer Alltagserfahrung auf der körperlichen Ebene, wie leicht es ist, mit unserem materiellen Körper zu verschmelzen, bis wir uns fälschlicherweise mit ihm identifizieren. Dieser Fehler wird genauso leicht auf subtileren Ebenen der Existenz begangen, wie man sie in der Meditation und in ekstatischen Zuständen erlebt. Jede Form der körperlichen Identifikation ist auch eine Form der Unterjochung, die ihre eigene Leidenserfahrung mit sich bringt. Selbst auf der Ebene der Glückseligkeitshülle ist die ausschließliche Identifikation mit der Glückseligkeit letztlich beschränkend und somit eine Form des Leidens. Nur die Selbst-Identifikation – das heißt die Erkenntnis des überbewußten Selbst oder Geistes als unserer wahren Natur – ist befreiend.

Heute begegnen wir der Vorstellung, wonach die Psyche ein vielstöckiges Gebäude ist, fast überall in der esoterischen oder okkulten Literatur. Die meisten dieser Doktrinen über multiple «subtile Körper» stammen direkt oder indirekt aus der Hindu-Metaphysik, oft auf dem Weg über die Theosophie. Die umfassendste Sammlung derartiger Lehren ist J. J. Poortmans 1978 erschienenes vierbändiges Werk *Vehicles of Consciousness.*[13] Ein bedeutendes Werk ist auch G. R. S. Meads Buch *The Doctrine of the Subtle Body in Western Tradition*, eine weitere theosophische Publikation, die zuerst 1919 erschien.[14] An dieser Stelle sollte darauf hingewiesen werden, daß zahlreiche Überlieferungen zum Thema Seele eher spekulativ sind, als daß sie auf Erfahrung beruhen, und das ungeheure Material – das aus Berichten aus erster Hand wie aus theoretischen Ausführungen besteht – wartet noch auf seinen Einstein, der es einer allgemeinen Theorie der Seele zuführt.

Die Vorstellung, daß die Seele mehr als eine Ebene der Existenz umfaßt, hat sogar auf eher konservative Stränge des modernen Denkens einen nachhaltigen Einfluß ausgeübt. So hat

Sigmund Freud die Psyche in drei Abschnitte unterteilt: in unbewußt, vorbewußt und bewußt. In seiner Pionierarbeit über die psychoanalytische Traumdeutung hat Freud Carl du Prel zustimmend zitiert: «Die Frage, was die Seele ist, erheischt offenbar eine Voruntersuchung darüber, ob Bewußtsein und Seele identisch seien. Gerade diese Vorfrage nun wird vom Traume verneint, welcher zeigt, daß der Begriff der Seele über den des Bewußtseins hinausragt, wie etwa die Anziehungskraft eines Gestirns über seine Leuchtsphäre.»[15]

Während die Denker der Antike also den Nachweis erbringen wollten, daß die Seele einer höheren Dimension – *nous* oder *buddhi* – angehört, ging es Freud und seinen Schülern darum zu erhärten, daß die Seele auch ihre niederen Regionen hat. Heute ist die Transpersonale Psychologie bestrebt, beide Orientierungen zusammenzubringen: den höheren oder transpersonalen Geist und den großenteils verleugneten «Schatten» der Psyche.

In ihrem Buch *Soul Return* (dt.: *Die Rückkehr der Seele*) stellt die transpersonale Psychologin Aminah Raheem fest: «Ich habe den Eindruck gewonnen, daß sich die Person vom Seelenzentrum nach außen entwickelt, in fortschreitenden Persönlichkeitsschichten, die sich um sie herum bilden.»[16] Und Raheem fährt fort: «Idealerweise wären diese beiden Kräfte – die Seele und die Persönlichkeit – in einer gemeinsamen Absicht miteinander verbunden und aufeinander abgestimmt, wobei die Persönlichkeit als Vehikel fungiert, durch das die Seele ihren Zweck und ihre Bestimmung voll und ganz manifestieren könnte.»

Aussagen wie diese veranschaulichen, daß sich in der Psychologie der Kreis geschlossen hat. Sie ist nicht mehr nur verbales Wissen *(logos)* über die Psyche, sondern der Beginn einer Weisheitslehre, die die Menschen zur Entdeckung der spirituellen Bereiche der Existenz führt. Sie ist wieder – zumindest für einige ihrer Vertreter – die sokratische *therapeia* der Seele, die uns in unserem Unterfangen unterstützt, das luzide Wachsein zu praktizieren. Was Sokrates sich erhoffte und worauf transpersonale Psychologen abzielen, ist die Wiedergewinnung der Ganzheit der Seele. Sokrates, der nicht nur ein philosophisch gesinnter Intellektueller, sondern auch ein großer Mystiker und Visionär war, lehrte, daß die Seele als das unsterbliche Prinzip in uns gepflegt und gestärkt werden müsse und daß dies die eigentliche Aufgabe eines Menschenlebens sei, das mit luzidem Wachsein oder Aufmerksamkeit gelebt werde.

Zum Schluß eine passende Bemerkung von C. G. Jung, der die Hülle der Psychologie bis an ihre Grenzen trieb und den Boden für die heutige Transpersonale Psychologie bereitete: «Die Psyche ist der Angelpunkt der Welt und nicht nur etwa die eine große Bedingung, daß es eine Welt überhaupt gibt, sondern sie bedeutet darüber hinaus einen Eingriff in die vorhandene Naturordnung, von dem niemand mit Sicherheit zu sagen wüßte, wo dessen letzte Grenzen zu finden wären.»[17]

5

Wer oder was ist der Geist?

Der Atem des Geistes

Als Kind hat mich die Vorstellung des Heiligen Geistes sehr verwirrt. Ich konnte nicht begreifen, warum die Apostel, auf deren Köpfe der Heilige Geist in Form einer Flamme herabgestiegen war, nicht Feuer fingen. (Im übertragenen Sinne taten sie es natürlich.) Ich verstand auch nicht, wie sich der Heilige Geist zuweilen als wunderschöne Taube manifestieren konnte. Mir gefiel zwar das Bild, aber es war für mich völlig unsinnig. Als Teenager warf ich diese und die meisten anderen christlichen (protestantischen) Glaubensvorstellungen, die ich von meinen Eltern übernommen hatte, über Bord und schrieb einen Aufsatz, in dem ich mich mit Selbstprüfungsfragen zur Existenz Gottes herumschlug. Hätte ich damals das Augustinus-Motto *credo ut intelligam* («Ich glaube, damit ich verstehe») gekannt, hätte ich es ganz bestimmt als irrational abgelehnt. Noch weniger Sympathie hätte ich Tertullians *credo quia absurdum* («Ich glaube, weil es absurd ist») entgegengebracht. Ich bemühte mich eifrig, ein für mich befriedigendes rationales System zu konstruieren; der bloße Glaube an die eine oder andere Doktrin war mir nicht mehr möglich.

Ein Onkel, der mich bis dahin sehr gefördert hatte, mißverstand die Absicht meines Aufsatzes völlig und tadelte mich dafür, daß ich meine philosophische Suche in den Atheismus abgleiten ließ. Offenbar empfand er meine radikalen Fragen als bedrohlich. Dabei tendierte ich eher zum Agnostizismus als zum Atheismus: Wir könnten doch nichts über eine Göttlichkeit wissen, die per definitionem über das Begreifen des Verstandes hinausging. Mein Onkel, der ansonsten ein vernünftiger Mensch war, weigerte sich unerklärlicherweise, mir bei diesem Thema länger zuzuhören, so daß ich das Mißverständnis nicht klären konnte. Ich hätte ihm so gern sagen wollen, auch wenn ich die Existenz Gottes (insbesondere die einer göttlichen Vaterfigur) nicht durch Beweise erhärten könne, trüge ich doch in meinem Herzen ein Gefühl der Gewißheit – im Unterschied zum doktrinären Glauben – hinsichtlich der Existenz einer spirituellen Dimension des Seins.

Diesem Dilemma – den Geist intuitiv zu erfahren, aber keine intellektuelle Rechtfertigung für diese innere Gewißheit zu finden – konnte ich mich viele Jahre lang nicht entziehen. Ich denke, viele Menschen, die sich der Begrenztheit des bloßen Glaubens bewußt geworden sind, befinden sich in der gleichen Lage. Sie haben zwar das Gefühl, daß es über und jenseits der materiellen Existenz noch etwas gibt, aber sie haben keine intellektuelle Klarheit bezüglich dieser fundamentalen Intuition. Da ihnen die philosophische Leidenschaft fehlt, die sie dazu drängen würde, das Wesen von Wissen, Glauben und Intuition zu untersuchen, bleiben sie in metaphysischer Hinsicht desorientiert.

Mein philosophisches Denken erfuhr einen entscheidenden Umschwung, als ich auf die Behauptung der Mystik stieß, der Geist könne in gewisser Weise erfahren, genauer, erkannt werden. Dieses Erkennen bestehe in einer Identifikation mit dem Geist, der kein Objekt, sondern unser innerster subjektiver Kern sei. Ich konnte sofort die Gültigkeit dieser Behauptung akzeptieren. Sie entsprach einfach meiner eigenen Intuition, und ich hatte auch keinen Grund, die Aussage so vieler Menschen aus verschiedenen Kulturen und Zeitaltern anzuzweifeln. Den Geist zu erkennen, statt um ihn herumzudenken, wurde ein Leitmotiv in meinem Leben. Nach meiner Begegnung mit den mystischen Traditionen Indiens, die von *brahman, ātman, purusha* oder *dharmakāya* sprechen, unterließ ich es meist, das Wort Geist zu verwenden, auch wenn die Wirklichkeit, für die es steht, mich nach wie vor persönlich und philosophisch sehr interessiert.

Wie der Begriff der Seele hat auch der des Geistes eine wechselvolle Entwicklung hinter sich. Sie spiegelt sich in seiner Lexikondefinition wider. In *Random House Webster's College Dictionary* werden vierundzwanzig verschiedene Bedeutungen aufgeführt. Die wichtigsten sind:

1. Lebensprinzip
2. Seele
3. Bewußtsein, Verstand, Intellekt, Intelligenz
4. Wille, motivierendes Prinzip
5. Geist oder übernatürliches Wesen (z. B. ein Engel)
6. wesentlicher Stil, wie in Zeitgeist

Wegen seiner verschiedenen prosaischen Anwendungsmöglichkeiten (vor allem im Sinne von «Alkohol») benutzen wir das Wort Geist in der Alltagssprache freizügiger als das Wort Seele. Doch unser Verständnis der metaphysischen Bedeutung des Begriffs ist genauso unklar wie im Falle des Begriffs Seele. Wenn wir den Wurzeln nachgehen, wie wir das im vorigen Kapitel getan haben, gelangen wir auf ein ganz anderes Gebiet der Welterfahrung, nämlich auf das des Mythos und der Symbolik.

Beginnen wir diesen historischen Überblick beim hebräischen Erbe, dem Fundament, auf dem das Christentum errichtet wurde. Das Alte Testament verwendet für Geist den Begriff *ruah*. Er bedeutet wörtlich «Wind» und taucht in diesem Sinne oft in der Bibel auf. Im übertragenen Sinne kann er auch den «Wind» im Menschen bezeichnen, das heißt, den Atem. Wind wie Atem sind unsichtbare Kräfte, die doch an ihren Wirkungen zu erkennen sind: Der Wind läßt Zweige schwanken und Blätter herumwirbeln oder entwurzelt gar ganze Bäume; der Atem kann die Flamme einer Kerze löschen oder bei der Mund-zu-Mund-Beatmung das Leben in einem anderen Menschen wiedererwecken. Für die alten Hebräer war die unsichtbare Kraft von Wind und Atem eine überzeugende Metapher für den Geist, der ebenfalls unsichtbar ist, aber die Augen eines Menschen aufleuchten läßt und den Körper belebt.

Im Buch Mose 1,2 finden wir eine erste Verbindung der natürlichen mit der theologischen Bedeutung von *ruah*. Hier heißt es in archetypisch mythologischer Sprache, der Atem/Geist Gottes schwebte über dem Urgewässer. Der Geist Jahwes ist seine göttliche Schöpferkraft, sein göttlicher Wille oder Name (da im archaischen Denken Name und Wille gleichwertig sind). Diese Vorstellung wurde später in den Sprüchen Salomos (8,22) aufgegriffen, wo es heißt, Gott habe die Weisheit (hebräisch: *hokma*, griechisch: *sophia*) schon besessen, bevor er die Welt erschuf. Diese ganze Vorstellung stellt eine bemerkenswerte Parallele zur Idee der *shakti* in der Hindu-Metaphysik dar, der schöpferischen Potenz des Göttlichen. Einige Bibelgelehrte meinen, Frau Weisheit sei möglicherweise eine subtilere Version einer alten hebräischen Göttin, die Jahwes göttliche Partnerin war. Diese Vorstellung ist von zentraler Bedeutung für die kabbalistische Lehre der Shekinah. Im späteren Denken jedenfalls wird Gott ausdrücklich als singulär dargestellt, und daher muß man sich seinen (weiblichen) Geist nicht als getrennt von ihm vorstellen. Gleichermaßen ist *shakti* (die transzendentale weibliche Kraft) eins mit *shiva* (der transzendentalen männlichen Kraft).

Wenn wir uns dem Neuen Testament zuwenden, sehen wir, daß Paulus im ersten Korintherbrief (1,24) Christus mit «Gottes Kraft und Gottes Weisheit» gleichsetzt. Bei den Kirchenvätern rückte die Weisheitstradition noch stärker in den Vordergrund. Viele von ihnen behielten die christologische Gleichsetzung von Paulus bei, aber einige – besonders im 2. Jahrhundert der Bischof Irenäus, bekannt wegen seines Buches *Adversus haereses* – identifizierten die Weisheit mit dem Heiligen Geist. Andere, wie Johannes, hielten sich lieber an das theologische Idiom des göttlichen Wortes *(logos)*, hinter dem die altehrwürdige Autorität von Mose 1 (1,3: «Es werde Licht») steht. Angesichts dieser vielfachen Interpretationslinien dürfen uns die daraus resultierende terminologische Verwirrung und die entsprechenden endlosen theologischen Debatten einst und heute nicht überraschen.

Die vielleicht wertvollste Erkenntnis in der gesamten Geschichte des christlichen Denkens besteht darin, daß der göttliche Geist irgendwie jedem Menschen innewohnt und sich als «unser» individueller Geist ausdrückt. Bei den indischen Weisen bildete die gleiche Erkenntnis den Ausgangspunkt für eine unglaubliche Vielfalt philosophischer Positionen. Auf der Grundlage ihrer extensiven mystischen Praxis hielten sich die indischen Denker an die Gleichung «göttlicher Geist = menschlicher Geist» mit einem Eifer, an den keine andere intellektuelle oder spirituelle Tradition heranreicht. Zum Glück habe ich ihre Weisheitslehren schon früh entdeckt, und sie halfen mir, die Leere zu füllen, die mein Bruch mit dem Christentum im Alter von vierzehn Jahren hinterlassen hatte. Denn außerhalb des Schoßes einer religiösen Tradition existiert der Geist nicht in unserer überaus säkularisierten Kultur. Dazu der bedeutende protestantische Theologe Paul Tillich: «Es war eine der unglücklichsten Folgen der Intellektualisierung des geistigen Lebens, daß das Wort ‹Geist› verlorenging und durch ‹Intellekt› ersetzt wurde und daß das Element der Vitalität, das im Geist vorhanden ist, von ihm getrennt und als unabhängige biologische Kraft verstanden wurde. Der Mensch wurde so in einen blutlosen Intellekt und eine sinnleere Vitalität gespalten. Das verbindenden Mittelglied, die geistige Seele, in der Vitalität und Intentionalität vereint sind, wurde nicht mehr gesehen.

Am Ende dieser Entwicklung war es für den reduktiven Naturalismus leicht, Selbstbejahung und Mut von der rein biologischen Vitalität abzuleiten. Aber im Menschen gibt es nichts ‹rein Biologisches›, ebensowenig wie es etwas ‹rein Geistiges› gibt. Jede Zelle seines Körpers partizipiert an seiner Freiheit und seiner Geistigkeit, und jeder Akt seiner geistigen Tätigkeit wird von seiner Vitalität genährt.»[1]

Die Hindu-Perspektive

Wäre ich Tillichs Werk in meiner Jugend begegnet, hätte ich mich möglicherweise mehr auf das Christentum eingelassen. So aber erzeugte die indische Spiritualität eine ganz natürliche Resonanz in mir, zuerst durch das Prisma der verwandten Traditionen von Yoga, Sāmkhya und Vedānta und dann im Lichte des Buddhismus und Jainismus ebenso wie der archaischen Spiritualität des Rigveda, die mich auch heute noch fasziniert und inspiriert. Der Rigveda, der als älteste noch existierende Schrift der Welt gilt, ist eine Sammlung von 1028 Hymnen, die in einer frühen Sanskritform abgefaßt sind.[2] Viele Hymnen sind in einer komplexen poetisch-mythologischen Sprache gehalten und verweisen auf ein mystisches Wissen höherer Ordnung. Sie sind die philosophische Grundlage der Upanischaden, der «Himalajas der Seele», wie ein Übersetzer diese Texte rühmte.

In den Upanischaden, deren älteste auf den Anfang des zweiten Jahrtausends v. Chr. zu datieren ist, finden wir die ersten klaren Aussagen über die mystische Lehre der All-Identität. Nach dieser Lehre gibt es nur eine transzendentale Wirklichkeit, *brahman* genannt («das, was unermeßlich ist»), die jenseits von «Name und Form» *(nāma-rūpa)* liegt und unfaßlich ist. Diese dem manifesten Universum zugrundeliegende Singularität ist vollkommen identisch mit dem Kern, Grund,

Höhepunkt oder der letzten Tiefe des Menschen, dem *ātman* («Selbst»). Diese Identität ist der Dreh- und Angelpunkt des Vedānta, der herausragendsten metaphysischen Tradition im Hinduismus. In der Yoga-Tradition finden wir die gleiche Idee im Begriff des *purusha*. Die Etymologie dieses Begriffs ist nicht sicher – er kann soviel wie «der, der in der Stadt [des Körpers] ruht» bedeuten –, aber seine metaphysische Bedeutung ist klar: Er bezeichnet den «nichtlokalen» transzendentalen Geist. Es gibt zwar Unterschiede zwischen der vedantischen Idee des *ātman* und der Yoga-Vorstellung des *purusha*, aber sie sind in diesem Zusammenhang irrelevant.

Relevant hingegen ist die Tatsache, daß *ātman* ursprünglich «Atem» bedeutete. Daher finden wir im Rigveda (X, 16,3) die Zeile *suryam cakshuh gacchatu vatam ātma*: «Möge das Auge zur Sonne gehen, der Atem *(ātma = ātman)* zum Wind.» In der berühmten Schöpfungshymne (Rigveda X, 129) erfahren wir, daß vor der Schöpfung das Eine «atemlos atmete» (*anid avatam*). Der Kosmos ist gleichsam ein Ausatmen dieser Singularität – eine Vorstellung, die rund dreitausend Jahre später von Plotin wiederholt wurde, dem vielleicht bedeutendsten mystischen Philosophen der europäischen Antike.

Außerdem ist der *ātman* das ewige Subjekt jenseits des menschlichen Ich. Bestenfalls ist das Ich eine entstellte Form des *ātman*, schlimmstenfalls ein Feind. Die Weisen der Upanischaden verbrachten wie die vedischen Seher vor ihnen ihr Leben damit, jene höchste Singularität, den ewigen Geist, hinter der Welt der Vielfalt (und Vieldeutigkeit) oder jenseits der platonischen Schattenhöhle zu erkennen.

Jede religiöse oder spirituelle Tradition hat ihre eigene Definition des Geistes, aber dies ist nicht der Ort für eine vergleichende Untersuchung, die ein eigenes Buch erfordern würde. Von grundlegender Bedeutung ist der Umstand, daß alle großen spirituellen Traditionen der Welt – mit der bemerkenswerten Ausnahme des Hīnayāna-Buddhismus – eine oder mehrere Begriffe besitzen, die das bezeichnen, was in der christlichen Tradition Geist genannt wird. Ohne daß ich die Gültigkeit anderer Erklärungen ausschließen möchte, lehnt sich meine Erklärung des Geistes entschieden an die idealistische Metaphysik des Advaita-Vedānta und des Mahāyāna-Buddhismus an. Für mich ist also der Geist die höchste Wirklichkeit (die einzige, die es gibt) aus der Sicht des Individuums. Diese Sicht weist eine kognitive Verzerrung auf, die bewirkt, daß die singuläre Wirklichkeit jedem Menschen als einzigartig erscheint, was eine Täuschung ist. Solange wir wissen, daß es nur einen Geist und nicht viele Geister gibt (wie in der Sāmkhya-Philosophie), ist die Verwendung des Begriffs Geist nicht weiter gefährlich. Dieser Einschränkung eingedenk, erkläre ich ferner, daß der Geist translokal (die Raumzeit transzendierend, doch keine von ihr getrennte separate Einheit), überbewußt (nicht bloß unbewußt, aber auch nicht bewußt im Sinne einer impliziten Unterscheidung zwischen Subjekt und Objekt), transpersonal (nicht bloß unpersönlich, aber auch nicht persönlich) und überaus glückselig ist (nicht bloß Abwesenheit von Leiden, aber auch nicht Glück, das aus einer bedingten Ursache resultiert).

Da dieser singuläre Geist die einzige Realität ist (alles andere ist entweder eine falsche Darstellung von ihm oder eine Halluzination), muß er außerdem notwendigerweise unser wahres Wesen sein. Wenn er unser wahres Wesen ist, dann sind wir gegenwärtig in einem Traum (oder Alptraum) befangen, in dem wir uns irrtümlicherweise mit den Bildern identifizieren, die wir aus freien Stücken erzeugen. Und wenn er unser wahres Wesen ist und wir gegenwärtig träumen, dann wohnt uns die Fähigkeit inne, uns spontan an uns zu erinnern. Mit anderen Worten: Wir sind ganz und gar fähig zur Selbsterkenntnis. Dies ist eigentlich die grundlegende Botschaft aller spirituellen Traditionen.

Im tiefstmöglichen Sinne verstanden, meint die bekannte

Maxime des delphischen Orakels – *gnothi se auton*, «kenne dich selbst» – genau dies: Kenne dich selbst (dein Selbst) als die einzige Realität, die es gibt. Die entsprechende Sanskritversion lautet *atmanam viddhi*, was sowohl bedeutet »kenne dich selbst» als auch «kenne *das* Selbst», wobei dieses Selbst nichts anderes als der transzendentale Geist ist.

Selbstkenntnis, die zur eigentlichen Selbsterkenntnis führt, ist das Wesen des spirituellen Lebens, das heißt, eines Lebens, das von Prinzipien geleitet ist, die die Selbsterkenntnis ermöglichen. Um dies klarzustellen: Das spirituelle Leben hat nicht nur mit Selbstverbesserung, persönlicher Entwicklung, Visionen, Ekstasen, okkulten Kräften, Energien, Medien, Biofeedback oder Kristallen zu tun. Das spirituelle Leben ist nicht bloß ein moralisches Leben, das einfach nur dem Guten und dem Sieg über das Böse gewidmet ist. Es ist etwas weitaus Radikaleres intendiert: das Transzendieren von Gut und Böse durch das Transzendieren der Ich-Persönlichkeit im Kontext des luziden Wachseins oder der Aufmerksamkeit.

Den Geist leben

Ich möchte an dieser Stelle betonen, daß spirituelles Leben stets verkörpertes Leben ist. Das bedeutet, daß es die tranzendentale Einheit des Geistes auf den Boden der Tatsachen holen muß. Das heißt, spirituelles Leben ist ein Leben vom Standpunkt des Geistes aus, der in allem und jedem das gleiche ist. In moralische Begriffe übersetzt bedeutet dies, daß man Mitgefühl, Freundlichkeit, Großzügigkeit, Geduld und alle anderen großen Tugenden, wie man sie beispielsweise im Bodhisattva antrifft, uneingeschränkt kultiviert. Im Mahāyāna-Buddhismus sind Bodhisattvas jene, die die Einheit aller Wesen verstanden haben und sich auf der Basis der Weisheit mit anderen austauschen. Sie verhalten sich, als gäbe es keinen Unterschied zwischen ihnen und anderen, und erweisen anderen in jeder möglichen Weise Gutes. Auf diese Weise häufen sie für sich selbst Verdienste (oder günstige Energie) an, die sie dann dem Wohlergehen anderer widmen. Sie behalten nichts für sich selbst, und sogar hinter ihrem innersten Bestreben, die Erleuchtung zu erlangen, steht das selbstlose Motiv, ihre Fähigkeit zu verbessern, anderen Wesen zu helfen. Ihr einziger Wunsch ist es, die Erleuchtung aller Wesen herbeizuführen. Diese Lebensweise heißt Geist der Erleuchtung (Bodhichitta).

In seinem um 700 entstandenen Werk *Bodhicaryāvatāra* (Eintritt in das Leben zur Erleuchtung) rühmt der buddhistische Lehrer Shāntideva das Ideal des Bodhisattva folgendermaßen:

> Daher ist das Gute stets schwach, groß dagegen die Kraft des Bösen und schrecklich. Welches andere Gute als das Denken an die vollständige Erleuchtung könnte sie überwinden? (I, 6)

> Eben dies ist das Heilsame, das die großen Weisen in ihrer viele Zeitalter langen Betrachtung gefunden haben, weil das mühelos voll entwickelte Glück (der Buddhaschaft) die unermeßliche Flut der Wesen (aus dem Ozean des Leidens) heraustreten läßt. (I, 7)

> Wer die hundertfachen Leiden des Daseins überwinden will, wer von den Wesen die Übel fortnehmen und die vielhundertfachen Seligkeiten genießen will, darf niemals das Erleuchtungsdenken (bodhichitta) aufgeben. (I, 8)

> Sobald einer dieses Denken unverwandten Geistes für die Erlösung der ganzen Wesenwelt aufnimmt, schwellen ihm, selbst in Schlaf und häufiger Zerstreuung, die ununterbrochenen Ströme des Verdienstes äthergleich an. (I, 18/19)

Woher sollte ein Guter kommen, der gleich ihm den nach Glück gierenden, vielfach gequälten Wesen Sättigung an jedem Glück verschafft und alle Schmerzen lindert, ja die Verblendung beseitigt? Woher ein solcher Freund? Woher ein solches Verdienst? (I, 29/39)

An der Erlösung der Geschöpfe aus dem Leid des Kreislaufs finde ich Gefallen. Ich finde Gefallen an der Bodhisattvanatur und der Buddhanatur der Erretter. (III, 2)

Ein Heilkraut für die Kranken möge ich sein, und ein Arzt möge ich sein und ein Pfleger für sie, bis die Krankheit nicht wiederkehrt. (III, 7)

Allen Lebewesen habe ich diesen Körper nach ihrem Belieben überlassen. Mögen sie mich immerdar schlagen, mögen sie mich schmähen, mit Staub bedecken, mögen sie spielen mit meinem Leib, ihn verlachen, verspotten. Ich habe ihnen den Leib übergeben, was kümmert es mich? (III, 12/13)

Die mich verleumden und die mir schaden, die mich verspotten, mögen sie alle die Erleuchtung erlangen. (III, 16)

Möge ich den Schutzlosen ein Beschützer sein, ein Führer den Reisenden, denen, die zum anderen Ufer wollen, ein Boot, ein Damm, eine Brücke, eine Lampe für die, die eine Lampe brauchen, ein Bett für die, die ein Bett brauchen, ein Diener für alle Lebewesen, die einen Diener brauchen (III, 17/18)

Wie ein Blinder in Unrathaufen eine Perle finden dürfte, ist mir, ich weiß nicht wie, dieses Erleuchtungsdenken aufgegangen. (III, 27)

– dies Elixier, das entstanden ist, um den Tod der Wesen zu vernichten, dieser unerschöpfliche Schatz, der die Dürftigkeit der Wesen beseitigt. (III, 28)

– dies beste Heilmittel, das die Krankheiten der Wesen heilt, der Baum, der die von den Irrfahrten auf den Wagen des Daseins ermatteten Wesen ausruhen läßt. (III, 29)[3]

Christlich gesprochen leben Bodhisattvas stets in der Gegenwart des Göttlichen, und all ihre Taten sind vom Geist der *agape* (der selbstlosen Liebe) und der *caritas* (der selbstlosen Nächstenliebe) inspiriert. Ihr geistiges Heldentum kennt keine Grenzen, und freiwillig verzichten sie auf den Eintritt in die Buddhaschaft, so daß sie im Laufe von zahllosen Äonen alle anderen Wesen zu Frieden, Freude, Harmonie und der Erfüllung der höchsten Bestimmung des Menschen führen können. Bodhisattvas versuchen stets, das Beste aus anderen herauszuholen, indem sie sie an ihre eigene innere Buddha-Natur erinnern und sie ermahnen, das luzide Wachsein zu praktizieren. Wie so oft hat William James ins Schwarze getroffen, als er erklärte: «Die Heiligen, die auf diese Weise existieren, mögen, in ihrer unendlichen menschlichen Güte, prophetisch sein. Nein, unzählige Male haben sie sich als prophetisch erwiesen. Indem sie die, denen sie begegnen, trotz der Vergangenheit, trotz aller Erscheinungen als wertvoll behandeln, regen sie sie dazu an, wertvoll zu sein, verwandeln sie sie auf wundersame Weise durch ihr leuchtendes Beispiel und durch den Anspruch ihrer Erwartungen. Von diesem Standpunkt aus können wir einräumen, daß die Menschenfreundlichkeit, der wir in allen Heiligen begegnen und die wir in manchen Heiligen im Übermaß antreffen, eine wahrhaft schöpferische soziale Kraft ist, die dazu neigt, ein gewisses Maß an Tugend zu verwirklichen, das sie allein als möglich anzunehmen bereit ist. Die Heiligen sind Autoren, *auctores*, Verstärker der Güte.»[4]

Wenn wir einem derartigen Edelmut mißtrauen, dann nur, weil unsere gegenwärtige Zivilisation durch eine wahnwitzige Mißachtung des spirituellen Potentials unserer Spezies gekennzeichnet ist. Die Massenmedien feiern das falsche Heldentum von Verbrechen und Sport, Reichtum und Macht und anderer «berichtenswerter» Produkte einer Kultur von Vergnügungssüchtigen, die immer auf der Jagd nach Unterhaltung sind, aber keinen Sinn für Freude, Weisheit, Freundlichkeit und Liebe haben. Wer diesen unglücklichen Zustand erkennt, kann nichts Besseres tun, als die Werte des Bodhisattva, des buddhistischen Heiligen, in allen persönlichen Beziehungen, zu Hause wie am Arbeitsplatz, zu verkörpern. Nur wenn eine hinreichende Zahl von Männern und Frauen von einem wahrhaft philosophischen Standpunkt her lebt, wie dies im Eingangskapitel erklärt wurde, ist eine entscheidende Wende zum Besseren in unserer kränkelnden Gesellschaft möglich – mehr noch: das Überleben der Menschheit kann davon abhängen.

6

Die Kraft der Phantasie

Lob der Imagination

Die Imagination (Einbildungskraft oder Phantasie) ist für den Verstand das, was der Atem für den Körper ist. Ohne Imagination wären wir zu einem rein instinkthaften Leben verdammt. Wir würden noch immer nackt herumlaufen, keine Ahnung vom Feuer haben und ständig auf Nahrungssuche sein. Wir hätten nicht einmal genügend Grips, um einfache Unterstände zu bauen, mit denen wir uns vor den Elementen schützen.

Ohne Imagination hätten wir nie das erste Wort gesprochen, von grammatikalisch richtigen Sätzen ganz zu schweigen. Wir hätten auch nicht die heilenden Eigenschaften von Pflanzen entdeckt. Wir hätten überhaupt keine Ahnung davon, daß wir durch Zermahlen von Steinen und Pflanzen farbige Pigmente erzeugen können, mit denen wir unsere Körper zu bemalen und unsere Behausungen zu verzieren in der Lage sind. Es gäbe keine Höhlenmalereien, keine byzantinischen Ikonen und keine chinesischen Landschaftsbilder, nicht Leonardo da Vincis Abendmahl und seine Mona Lisa, weder Botticellis Geburt der Venus noch Michelangelos Jüngstes Gericht, nicht Dürers Holzschnitte oder Rembrandts Porträts, weder van Goghs Sonnenblumen noch Picassos Guernica und keine Disney-Comics.

Es gäbe kein Stonehenge, keine Pyramiden, keine chinesische Mauer, kein römisches Kolosseum, kein Taj Mahal und keine Kathedrale von Notre Dame, keinen Eiffelturm, kein Empire State Building, keine Golden Gate Bridge. Es gäbe auch keine Venus von Willendorf, keine Sphinx, keine Totenmaske von Tut-anch-amun, keine Venus von Milo, weder Michelangelos David noch Rodins Denker.

Ohne Imagination könnten wir nicht schreiben und hätten keine Literatur – von den indischen Veden bis zu den sumerischen Tontafeln und den ägyptischen Hieroglypheninschriften, dem Pali-Kanon, dem *Tao Te King*, der *Ilias* und der *Odyssee*, der Bibel, dem Koran, der Kabbala, dem *Popol vuh* der Maya und Äsops Fabeln, den Schriften von Platon, Aristoteles, Euripides, Augustinus, Thomas von Aquin, Dante, Shakespeare, Chaucer, Dickens, Tolstoi, Dostojewski, Goethe, Thoreau, Emerson, Whitman, Joyce, Sartre, den Geschwistern Brontë und Gertrude Stein.

Es gäbe auch kein Trommeln, keine gregorianischen Gesänge, keine Bach-Kantaten oder Händel-Oratorien, keine Mozart-, Beethoven- oder Tschaikowsky-Symphonien, keine Klavierkonzerte von Chopin, keine Wagner-Opern, Strauß-Walzer, keine Operetten von Gilbert und Sullivan, keine Strawinsky-Ballette und keine Volkslieder, keinen Jazz, keine Beatles-Songs, kein «Sternenbanner».

Ohne Imagination gäbe es ganz bestimmt keine Fahrzeuge mit Rädern, keine Glühbirnen, keine Mikrowellenherde, keine Kühlschränke, keine Radios, keine Fernsehapparate, keine Telefone, keine Faxgeräte, keine Computer, keine Autos, keine Motorboote, keine Flugzeuge, keine Raumschiffe, keine Teilchenbeschleuniger, keine Radioteleskope oder die zahllosen anderen technischen Erfindungen, die im Guten wie im Schlechten für unser heutiges Leben so typisch sind.

Hätten wir keine Imagination, würden wir uns weder um die Kranken kümmern noch unsere Toten begraben. Jedes soziale Empfinden und Mitgefühl würde uns fehlen. Es gäbe keine Gedanken an das Jenseits, und wir würden niemals über unsere Existenz nachdenken. Es gäbe keine Philosophie, keine Psychologie, keine Politik (was manche für einen Segen halten könnten), keine Geschichte, keine Linguistik, keine Mathematik und keine Naturwissenschaften. Ohne Phantasie wäre ein Leben des luziden Wachseins völlig unmöglich.

Wie wir uns die Imagination vorstellen – Die beiden westlichen Traditionen

Die Imagination ist somit von grundlegender Bedeutung für das menschliche Leben. Sie ist der Motor der Gesellschaft und der Kultur, und sie festigt unsere individuelle Existenz. Aber was ist die Imagination? Es gibt keine allgemeingültige Definition. Das Wort Imagination wird gegenwärtig in mindestens vier verschiedenen Bedeutungszusammenhängen gebraucht:

1. Die Fähigkeit, geistige Bilder von Dingen zu formen, die gegenwärtig nicht erlebt werden («Ich sehe das Gesicht meines verstorbenen Mannes noch ganz deutlich vor mir») oder nie erlebt worden sind («Ich stelle mir einen feuerspeienden grünen Drachen vor»), und der damit verbundene konkrete Vorgang.
2. Die Fähigkeit, die schöpferische Arbeit anderer zu verstehen und zu schätzen, so etwa, wenn wir eine Kinderzeichnung bewundern oder die Schönheit einer mathematischen Formel würdigen.
3. Eine konkrete Idee oder ein konkretes Bild (meist poetisch gebraucht).
4. Eine phantastische Vorstellung, Vermutung.

In der westlichen Philosophie haben sich viele Denker – im Rückgriff auf Platon – für die vierte Definition entschieden und damit eine ganze Traditionslinie des Mißtrauens gegen die Imagination begründet. Platon hat die Imagination offenbar mit der Mutmaßung und dem Raten gleichgesetzt, also mit dem Gegenteil des sicheren Wissens, für das er sich vor allem interessierte. Wahrnehmbare Objekte, behauptete Platon, könnten uns nie echtes Wissen vermitteln, weil sie ständigem Wandel unterworfen seien. Nur das unwandelbare Wesen eines Dings könne echtes Wissen liefern. Daher, lehrte Platon, müßten wir die wesentlichen Eigenschaften betrachten, die ähnliche Objekte gemeinsam hätten. Dies war genau die Aufgabe der Philosophie, wie er sie sich vorstellte.

Platon hat auch behauptet, daß die Dichtkunst, die nur die großen ewigen Ideen oder Formen nachahme, kein wahres Wissen vom Wesen der Dinge offenbaren könne und daher der Philosophie weit unterlegen sei. Darum sei der Dichter nur in der Lage, Gefühl und Vernunft miteinander zu vermischen. Ja, in seinem berühmten Werk *Der Staat* geht Platon sogar so weit, vorzuschlagen, die nachahmenden Dichter sollten aus dem idealen Staat verbannt werden, weil sie die Wahrheit verdrehten. Diese Ansicht erwies sich im westlichen Denken als sehr einflußreich und langlebig, da sie mit der traditionellen christlichen Einstellung gegenüber der Imagination übereinstimmte.

So gab sich im 17. Jahrhundert auch der französische Philosoph und geniale Mathematiker Blaise Pascal, ein äußerst phantasiebegabter Mann, mit der vierten platonischen Option zufrieden und tat die Imagination als «Meisterin von Irrtum und Falschheit» ab. Pascals Einschätzung war vielleicht allzusehr von seiner Lektüre der Bibel beeinflußt, in der es heißt: «Das Dichten und Trachten des menschlichen Herzens ist böse von Jugend auf» (1. Mose 8,21).

Aber eine derart negative Interpretation wird kaum der Kraft der menschlichen Phantasie gerecht, die sich zum Guten wie zum Bösen wenden kann. Im Laufe der Menschheitsgeschichte war die Imagination für zahllose segensreiche Leistungen und echte Heldentaten ebenso wie für unsägliche Zerstörung und Not verantwortlich. Die gleiche Imagination, die die Anästhesie, das Penicillin, die Antihistamine, die Akupunktur und die Homöopathie entdeckt hat, erfand auch das Schießpulver, die Kernwaffen, die biologische Kriegführung, Formen der Folter und den elektrischen Stuhl. Um es mit dem britischen Dichter Percy Bysshe Shelley zu sagen: Die Imagination kann «das großartige Instrument des moralisch Guten» sein – aber nur, wenn wir sie richtig zu nutzen wissen.

Pascal selbst bewies Phantasie im besten Sinne, als er die Rechenmaschine und die hydraulische Presse erfand und mit seiner Wahrscheinlichkeitstheorie und seinem Beitrag zur Differentialrechnung die Mathematik vorantrieb. Darüber hinaus sind seine *Pensées* ein immerwährender Tribut an die menschliche Imagination in ihren literarischen und philosophischen Ausdrucksformen.

Aristoteles, Platons genialer Schüler, vertrat einen ganz anderen Standpunkt als sein Lehrer. Er erblickte in der Imagination ein allgegenwärtiges geistiges Vermögen, Bilder aus Sinneseindrücken zu schaffen (was der oben erwähnten ersten Definition entspricht). Er stellte somit die Imagination zwischen Gefühl und Vernunft. Viele Denker folgten ihm darin, vor allem im 17. Jahrhundert der englische Philosoph Thomas Hobbes und ein Jahrhundert später der deutsche Philosoph Immanuel Kant. Hobbes, der mechanistische Erklärungen allzusehr liebte, sah in der Imagination «nichts als die verkümmerte Vernunft». Seiner Ansicht nach zeugt unsere Erfahrung der objektiven Welt die Erinnerung, die wiederum zu Urteilskraft und Phantasie führt. Die Phantasie bringe die Dichtung und die anderen Künste hervor. Während er überhaupt nichts gegen die Dichtung hatte – immerhin machte er sich mit sechsundachtzig Jahren noch an eine Versübersetzung der *Ilias* und der *Odyssee*! –, hielt er es für notwendig, die Imagination mit Hilfe der Vernunft zu steuern.

Kant, dessen *Kritik der reinen Vernunft* ein Meisterwerk der abstrakten Imagination ist und eine neue Ära der Philosophie einleitete, sprach von der Einbildungskraft als «einer blinden, obgleich unentbehrlichen Funktion der Seele, ohne die wir überall gar keine Erkenntnis haben würden, der wir uns aber selten nur einmal bewußt sind«.[1] Er wies der Imagination zwei miteinander verwandte Rollen zu. Erstens vervollständige sie den Eindruck der Sinne. Wenn wir ein Haus betrachten, können wir eigentlich nur einen Teil davon erkennen, weil wir weder um es herumschauen noch seinen Boden sehen können. Doch unsere Imagination konstruiert für uns ein vollständiges Bild des Hauses. Tatsächlich erlaubt uns diese ständige geistige Konstruktionsarbeit, uns einigermaßen gut und sicher in unserer Umwelt zurechtzufinden. Kant bezeichnete diese spezielle Funktion des Geistes (oder der «Seele», wie er sagen würde) als reproduktive Einbildungskraft. Zweitens kombiniere die Einbildungskraft all unsere verschiedenen geistigen Darstellungen oder Abbilder der Welt zu einem einheitlichen Ganzen. Diese Funktion nannte er die produktive Einbildungskraft. Ohne sie wäre unsere Erfahrung völlig zusammenhanglos und sinnlos. Laut Kant entsteht das Genie aus der Kombination von Imagination und Vernunft. Er notierte auch, daß die im Dienste des Wissens angewandte Imagination gewissen Beschränkungen unterworfen, die künstlerische Imagination dagegen ungebunden oder frei sei.

Kants Theorie der Imagination war außerhalb des Kreises professioneller Philosophen nie populär. Literarische Geister ließen sich eher durch Samuel Taylor Coleridges Theorie der Imagination inspirieren. Er stellte die echte Imagination der Phantasie gegenüber, «einem Modus der Erinnerung, die sich von der Ordnung von Zeit und Ort emanzipiert hat». Wie Kant unterschied er zwischen zwei Arten von Imagination: der primären Imagination (die Kants produktiver Imagination entspricht), die jede Wahrnehmung synthetisch zusammensetze, und der sekundären Imagination, die die Quelle der künstlerischen Kreativität sei. In seinem Werk *Biographia Literaria* erklärte Coleridge, die sekundäre Imagination «löst auf, verwischt, zerstreut, um neu zu erschaffen». Ihr Zweck sei es, durch Idealisierung zu vereinen. Er stellte die Wahrheit enthüllende künstlerische Kreativität (Imagination) über die in den Wissenschaften, der Mathematik oder Philosophie anzutreffende Imagination. Damit stellte er die weitverbreitete Ansicht früherer europäischer Denker auf den Kopf, derzufolge die Künste den Wissenschaften und der Vernunft unterlegen sind.

Coleridge war dem Geist der Romantik verpflichtet. In gleicher Weise rühmte Johann Gottlieb Fichte in seiner *Wissenschaftslehre* die Kunst als Erfüllung der Philosophie. Und Novalis formulierte kühn: «Die Poesie ist das echt absolut Reelle.»

Dann kam der englische Philosoph und Psychologe Gilbert Ryle und lehnte die allgemein geltende Vorstellung ab, die Imagination sei ein einheitliches Ganzes. Vielmehr, behauptete er, sei das, was wir mit Imagination meinen, nicht ein einzelnes geistiges Vermögen, sondern aus mehreren inneren Vorgängen zusammengesetzt: Einbildung, Mutmaßung, Phantasie, Verstellung, Verkörperung und so weiter. Seiner radikalen Ansicht nach war der Gedanke einer geistigen Imagination völlig überflüssig. Diese Vorstellung gefällt all jenen, die gern alles demontieren und allen Versuchen einer Synthese mißtrauen.

Wenn die Imagination mit der Wirklichkeit in Konflikt gerät, könnte dies eher einen Vorteil als einen Verlust bedeuten. Dies war Jean-Paul Sartres Position. In seinem Buch *Die Imagination* vertrat er die Ansicht, daß wir durch die Imagination die innere Freiheit des Bewußtseins erkennen. Das ist ein zentraler Gedanke in Sartres existentialistischer Philosophie.

Das philosophische Gedankengut über die Imagination ist unglaublich komplex. Sicher ist nur, daß weder die platonische noch die aristotelische Traditionslinie der Interpretation der Imagination völlig ausreicht. Daher bemüht sich eine Handvoll zeitgenössischer Philosophen, vor allem der Deutsche Hans-Georg Gadamer, um ein besseres Verständnis dieser geheimnisvollen geistigen Fähigkeit. Und so geht das Philosophieren, seinerseits ein Produkt der Imagination, wie schon seit Tausenden von Jahren weiter.

Vorstellung und Imagination

Was ist nun das Wesen der Einbildungskraft, der Phantasie, der Imagination? Letzterer Begriff geht auf das lateinische Wort *imago* zurück, das «Bild» bedeutet. Während ein Bild entweder äußerlich oder innerlich sein kann, steht die Imagination für das geistige Verfertigen von Bildern oder den psychischen Prozeß des Vorstellens. Wir nehmen die Welt, wie sie ist, nicht in ihrem Rohzustand wahr. So, wie wir nun einmal beschaffen sind, müssen wir vielmehr unsere sinnlichen Wahrnehmungen in geistige Darstellungen übersetzen, so daß sie Daten für unser Bewußtsein werden können. Wir stellen, heißt das, Bilder oder Abbilder her.

Die Würzburger Schule der Psychologie, die sich allein auf die introspektive Analyse berief, behauptete, es gebe so etwas wie ein bilderloses Denken. Ganz anders sahen dies Edward Bradford Titchener und sein Lehrer Wilhelm Wundt, der Begründer der modernen experimentellen Psychologie im 19. Jahrhundert. Nach 1920 wurde ihre strukturelle Psychologie, die sich ebenfalls mit der Introspektion begnügte und einen zu engen Horizont hatte, in Amerika vom Funktionalismus und Behaviorismus und in Deutschland von der Gestaltpsychologie abgelöst.

Geistige Bilder sind nicht bloß visuell. Wie der Psychologe P. McKeller in seinem Buch *Experience and Behavior* erklärte, gibt es auch Bilder, die Hören, Bewegung, Geschmack, Geruch, Schmerz und Temperatur einbeziehen.[2] Das visuelle Bild kommt am häufigsten vor (97 Prozent), dicht gefolgt vom Hörbild (93 Prozent). Am seltensten treten Bilder auf, die sich auf Schmerz (54 Prozent) und Temperatur (43 Prozent) beziehen. Daher überrascht es nicht, daß sich Methoden zur Verbesserung der geistigen Vorstellung auf visuelle Bilder konzentrieren. Aber wir würden ebenfalls profitieren, wenn wir bewußter auf Hörbilder zurückgreifen würden (die Klänge von Beethovens Pastorale, Kirchenglocken oder das Rascheln der Blätter in einer sanften Brise).

Der geistige Prozeß des Vorstellens umfaßt sowohl konkrete Bilder im Geist wie bildartige Gedanken oder Vorstellungen, die zwar auf dem inneren Bildschirm nicht eigentlich gesehen werden, aber dennoch irgendwie als gegenwärtig empfunden werden und sich jederzeit zu einer visuellen Vorstellung entwickeln können. Wenn wir zum Beispiel an den Präsidenten der USA denken, haben wir ein Bild von ihm, sehen wir ihn als Gestalt vor uns. Wir verbinden mit ihm bestimmte körperliche Merkmale und emotionale Eigenschaften, und wir könnten ihn wahrscheinlich gut genug beschreiben, um ein ausreichend ähnliches Bild für ein Steckbriefplakat zu produzieren. Manche Menschen sind außerdem in der Lage, die Augen zu schließen und einen einigermaßen getreuen geistigen Schnappschuß von ihm vor sich zu sehen.

Diese Fähigkeit, visuelle Bilder mit großer Anschaulichkeit, Deutlichkeit und erheblichem Detailreichtum zu erhalten, nennt man eidetisches Vorstellen oder fotografisches Gedächtnis. Es kommt häufig bei kleinen Kindern vor, aber ziemlich selten bei Erwachsenen. Nikola Tesla, einer der vergessenen Helden der Wissenschaft aus der Zeit um die Jahrhundertwende, hatte diese Form der Imagination in einem Höchstmaß entwickelt. Er hat außerordentliche Beiträge auf dem Gebiet der Elektrizität geleistet. Willis Harman schrieb über ihn: «Nikola Tesla ist den meisten Menschen kaum ein Begriff. Doch ohne Teslas Entdeckungen und Erfindungen wäre der typische

Haushalt des Industriezeitalters kaum das, was er heute ist. Wenn Sie alle Spuren von Teslas Beiträgen in Ihrem Haus beseitigen würden, müßten Sie das elektrische Stromnetz eliminieren, an das Ihre Steckdosen angeschlossen sind, die Ihre Geräte mit Strom versorgen. Sie müßten auch viele dieser Geräte eliminieren, angefangen bei Ihrem Fernseher und Ihrem Radio sowie bei allen Leuchtstoffröhren.»[3]

Tesla war offenbar zu einer derart intensiven Visualisierung oder inneren Vorstellung imstande, daß er seine elektrischen Apparate testen konnte, ohne sie bauen oder auch nur entwerfen zu müssen. Er ließ sie in seiner Phantasie laufen, schaltete sie regelmäßig ein und stellte die Abnutzungserscheinungen nach vielen Stunden eines rein in der Imagination stattfindenden Probelaufs fest. Er verbesserte seine hypothetischen Maschinen, indem er die entsprechenden Veränderungen in seiner geistigen Vorstellung vornahm. Wenn er sich auf diese Weise von der Leistungsfähigkeit seiner Erfindung überzeugt hatte, machte er sich schließlich daran, sie zu bauen. Seine mentalen Simulationen erwiesen sich stets als zuverlässig. Über die gleiche erstaunliche Fähigkeit der Visualisierung verfügen auch einige Meditationsmeister der tibetischen buddhistischen Tradition, die in der Lage sind, komplexe und außergewöhnlich anschauliche innere Bilder von verschiedenen Gottheiten und deren Milieus herzustellen. Von manchen dieser Meister heißt es, sie könnten das Weiße in den Augen dieser innerlich konstruierten Darstellungen von Göttern und Göttinnen aus dem tibetischen Pantheon sehen. Sie sind auch in der Lage, diese Vorstellungen stundenlang aufrechtzuerhalten und sich in dieser Zeit tiefer und tiefer in die geheimnisvolle, vielschichtige Welt des Bewußtseins hineinzubegeben.

Andere tibetische Yogis sind in der Lage, durch bildliche Vorstellung soviel Körperwärme zu erzeugen, daß sie nackt auf Himalajaberggipfeln sitzen und dabei nasse Kleider auf ihrer bloßen Haut trocknen und den Schnee um sich herum schmelzen können. Da diese außergewöhnliche Leistung auf Film festgehalten wurde, wissen wir, daß dies nicht bloß eine Legende oder Wunschdenken ist. Allerdings sind nur wenige von uns zu derartigen Dingen imstande, und darum möchte ich mich hier auf den ersten Typus der Imagination konzentrieren, die Form der Phantasie also, die es uns gestattet, existierende Vorstellungen miteinander zu kombinieren, so daß wir neue Vorstellungen erschaffen können.

In seinem 1900 erschienenen *Essai sur l'imagination créatrice* unterschied der französische Psychologe Théodule Ribot zwischen drei Ebenen der Imagination, die den drei individuellen psychischen Entwicklungsstufen entsprechen:

1. *Imagination ébauchée* («grobe Imagination»), die Träume, fließende Bilder, Phantasien, vage Hoffnungen umfaßt.
2. *Imagination fixée* («fixierte Imagination»), die sich mit Mythen, abstrakten Theorien und der künstlerischen Kreativität befaßt.
3. *Imagination objectivée* («objektive Imagination»), die die beim Erfinden eingesetzte praktische Imagination ist.

Ribot bewertete die objektive, praktische Imagination am höchsten. Zweifellos würde er in den meisten heutigen Technikfreaks Sympathisanten für seine Ansicht finden. Doch die am häufigsten vorkommende Form der Imagination ist der erste Typus, und dabei besonders die Imagination des Träumens. Hier ist unsere Imagination aller Voraussicht nach entfesselt und demonstriert ihre ungeheure Vielseitigkeit. Wir müssen auch keine großen Philosophen oder Romanautoren sein, um diese Form der Imagination zu praktizieren, sondern bloß lernen, uns auf diesen natürlichen Quell der geistigen Kreativität zu konzentrieren.

Die Phantasiewelt der Träume

Unsere Imagination löst sich aus ihrer konventionellen Verankerung, wenn wir bestimmte psychedelische Drogen wie LSD nehmen. Dann wird unsere Erfahrungswelt auf den Kopf gestellt und von innen nach außen gestülpt. Dann können Tische laufen, Vorhänge sich zu menschenähnlichen Gestalten verdrehen, bei Farben spezifische Töne assoziiert werden. Wir werden in jene Spiegelwelt versetzt, die Lewis Carrol so anschaulich in *Alice im Wunderland* (1865) dargestellt hat.

Zum Glück müssen wir keine potentiell oder tatsächlich schädlichen Drogen nehmen, um unsere Imagination zu befreien. In dem schläfrigen Zustand kurz vor dem Einschlafen sind wir imstande, das Bildpotential des Geistes zu erschließen. Wenn wir die Augen zumachen und unseren Geist in den Schlaf hineingleiten lassen, können wir das sehen, was die Psychologen hypnagoge Phänomene nennen. Der Begriff hypnagog ist von den griechischen Wörtern *hypnos,* «Schlaf», und *agogeus,* «Leiter», abgeleitet. Dieser Typus des Vorstellens wird als halluzinatorisch oder quasihalluzinatorisch bezeichnet und nimmt den Bereich zwischen Wachsein und Schlaf ein. Im dritten Jahrhundert hat der syrische neuplatonische Philosoph Iamblichos festgestellt, daß wir kurz vor dem Erwachen aus dem Schlaf manchmal Stimmen hören oder «einen hellen und sanften Lichtschein» sehen können. Einigen Forschern zufolge erlebt ein Drittel der erwachsenen Bevölkerung hypnagogische Phänomene, und bei Kindern treten sie erwartungsgemäß viel häufiger auf. Die meisten Erwachsenen sind sich dieser Phänomene kaum bewußt, so, wie wir dazu neigen, uns an unsere Träume nicht zu erinnern, und manchmal glauben, wir hätten nicht oder noch nie geträumt. Hypnagogische Phänomene sind abstrakte Formen, konkrete Objekte, natürliche Szenen, bekannte und unbekannte Menschen ebenso wie phantastische Wesen.

Ich weiß noch, wie ich mich als Dreizehn-, Vierzehnjähriger mit diesen Bildern vor dem Einschlafen befaßt habe. Die leuchtenden, ständig sich verändernden und immer geheimnisvollen Muster, die ich sah, hatten mich neugierig gemacht, und ich wollte wissen, ob ich sie bewußt beeinflussen konnte. Vage erinnere ich mich daran, daß das Ergebnis negativ ausfiel. Mehr Glück hatte ich bei richtigen Traumbildern, die sich gelegentlich einigermaßen meinen bewußten Absichten fügten. Die hypnagogischen Phänomene sind fast so etwas wie Dampf, der aus dem Gehirn quillt. Daher sind einige Forscher zu der Schlußfolgerung gelangt, daß derartige Bilder strenggenommen nicht zum Bereich der menschlichen Imagination gehören. Aber der hypnagogische Zustand kann bestimmt durch Biofeedbacktraining kultiviert und für die phantasievolle und kreative Tätigkeit wie für therapeutische Zwecke nutzbar gemacht werden.

Wenn wir in die REM-Phase *(rapid eye movement)* oder in den paradoxen Schlaf – besser bekannt als Träumen – eintreten, befinden wir uns auf der Ebene der vollentwickelten Imagination. Es ist zwar schwierig, im Traumschlaf ein Beobachterbewußtsein zu behalten, aber es ist möglich. Tatsächlich ist dies eine konkrete Yoga-Übung – Traum-Yoga genannt – in der tibetischen Tradition des Vajrayāna-Buddhismus. Dazu der buddhistische Lehrer Tarthang Tulku: «Träume sind ein Reservoir des Wissens und der Erfahrung, doch oft werden sie als ein Vehikel zur Erkundung der Wirklichkeit ignoriert. Im Traumzustand ruht unser Körper zwar, doch wir sehen und hören, bewegen uns und sind sogar in der Lage zu lernen. Wenn wir den Traumzustand nützen, ist es fast so, als ob unser Leben verdoppelt würde.»[4]

Die Kunst des bewußten Träumens wird nach und nach von westlichen Wissenschaftlern wieder erlernt, die von luzidem Träumen sprechen. Laut Stephen LaBerge, der auf diesem Forschungsgebiet Pionierarbeit geleistet hat, ist luzides Träumen «die Vereinigung zweier getrennter Elemente, des Träumens und des Bewußtseins». Er berichtet, wie er selbst das luzide Träumen anwedete, um seine Dissertation zu überarbeiten.[5] In einem späteren Buch, *Exploring the World of Lucid Dreaming*, stellt er zahlreiche praktische Methoden vor, wie der Verstand in den paradoxen Zustand versetzt werden kann, wach zu bleiben, während man einschläft, und wie sich dieser Zustand zur Verbesserung der Kreativität nutzen läßt. «Träume», schreibt LaBerge, «können eine fabelhafte Quelle der Kreativität sein.»[6] Er definiert Kreativität als «die Anwendung der Imagination zur Erzeugung von etwas Neuem, von einem Kunstwerk bis zu einer Hausaufgabe».[7] Bereits 1867 schrieb H. de Saint-Denys ein Buch mit dem Titel *Dreams and How to Guide Them*, worin er von seinen Experimenten mit hypnagogischem Sehen und luzidem oder bewußtem Träumen berichtete. Im Jahre 1619 gelangte Descartes ungewollt zu seiner großen Entdeckung, wie er die Einheit der Wissenschaften nannte, und zwar in einer Reihe von drei Träumen, die durch Wachsein unterbrochen waren. Während er träumte, wurde er sich plötzlich des Traums bewußt und deutete ihn sogar, bevor er wieder in den vollen Wachzustand gelangte.

Aber luzides Träumen hat eine tiefere Bedeutung, als nur nützlich für die Kreativität zu sein. Es beweist, daß luzides Wachsein sich über den Wachzustand hinaus auf andere Bewußtseinszustände ausweiten läßt. Die Erleuchtung ist höchstes Wachsein in *allen* Bewußtseinszuständen.

Seit Jahrtausenden erkennt man die kreative Kraft der Träume und nützt sie für praktische Zwecke. Ohne die reiche Phantasiewelt der Träume wären Literatur und Künste schon längst verödet. Diese Welt wurde wiederentdeckt und zu einem therapeutischen Instrument entwickelt durch Sigmund Freud, dessen *Traumdeutung* (1900) noch immer eine faszinierende Lektüre darstellt. Die Imagination führt ein blühendes Leben in unseren Träumen und enthält oft wichtige Botschaften für uns, wenn wir uns nur die Mühe machen, sie wahrzunehmen.

Die Traumdeutung selbst ist eine Aufgabe, die Phantasie erfordert. Die vielen populären Ratgeber zur Do-it-yourself-Traumdeutung sind eine Beleidigung für die wunderbare Imagination, die für die Erzeugung von Träumen verantwortlich ist. Darauf hat schon Carl Gustav Jung hingewiesen: «Die Deutung von Träumen und Symbolen verlangt einige Intelligenz. Sie läßt sich nicht mechanisieren und dummen, phantasielosen Köpfen eintrichtern. Sie fordert eine stets wachsende Kenntnis der Individualität des Träumers ebenso wie eine stets wachsende Selbsterkenntnis auf seiten des Interpreten . . . Selbst jemand, der über einen hochentwickelten Intellekt verfügt, kann sehr in die Irre gehen, weil er nicht gelernt hat, seine Intuition oder sein Gefühl einzusetzen . . .»[8]

Jung, der mehr als jeder andere Mensch seiner Zeit die Rolle der Imagination in unserem Leben verstand, entwickelte eine Therapietechnik, die die Imagination höchst effektiv einsetzt und die eine Ähnlichkeit mit gewissen kontemplativen Praktiken des Ostens aufweist. Seine «aktive Phantasie» ist eine Technik, die den Zugang zu den potenten Bildern der Psyche gestattet. Die erste Stufe dieser Methode, die dem bewußten Träumen ähnelt, besteht darin, daß man ohne Zensur alle bildlichen Vorstellungen beobachtet, die das Unbewußte in jedem beliebigen Augenblick oder in Reaktion auf einen bestimmten Gedanken oder eine bestimmte Stimmung produziert, die man erforschen möchte. Indem man die Aufmerksamkeit auf das entstehende Bild fixiert, ändert sich dieses Bild, und es werden neue Bilder geschaffen, die sorgfältig festgehalten werden müssen. Idealerweise sollten sie schriftlich aufgezeichnet oder in Form von Zeichnungen, Gemälden, Skulpturen oder sogar im Tanz ausgedrückt werden. Auf der zweiten Stufe dieses Prozesses muß man mit dem Bewerten beginnen, das heißt, den von der Psyche erzeugten bildlichen Vorstellungen Sinn und

Bedeutung verleihen. Auf diese Weise lassen sich das Bewußtsein und das Unbewußte vereinen, und damit wird die Persönlichkeit zur Ganzheit gebracht. Jung verglich diese Leistung mit einem Wasserfall, der Oben und Unten verbindet.

Die heilende Kraft der Phantasie

Heute bedienen sich fortschrittliche Ärzte der Imagination beim Kampf gegen die Krankheit. Einer der ersten, der sich die Imagination auf diese Weise zunutzte machte, war O. Carl Simonton, der Direktor des Simonton Cancer Center in Fort Worth, Texas. Simonton und seine Frau Stephanie forderten ihre Patienten auf, sich bildlich vorzustellen, wie ihre Krebszellen von weißen Rittern oder Engeln angegriffen oder von Ratten vernichtet würden.[9] Die positiven Ergebnisse dieser Visualisierungen haben viele ihrer konservativeren Kollegen verwirrt und verärgert.

Der in Beverly Hills praktizierende Psychotherapeut William Fezler hat ein ganzes System von Visualisierungen entwickelt, das er seinen Patienten unter Hypnose eingibt – ebenfalls mit ausgezeichneten Ergebnissen. In seinem Buch *Creative Imagery* schreibt Fezler: «Sie besitzen die Kraft der Phantasie. Es geht nur darum, wie Sie diese Kraft entwickeln. Viele Menschen beklagen sich bei mir darüber, sie hätten ‹miserable› Phantasien. Im Grunde haben sie bloß nicht gelernt, die rechte Seite ihres Gehirns richtig einzusetzen.»[10]

Fezler erklärt den Mechanismus, der der Imagination und der Visualisierung zugrunde liegt, folgendermaßen: «Sie nehmen ‹Wirklichkeit› großenteils genauso wahr wie ein Bild auf einem Fernsehbildschirm. Das Fernsehbild setzt sich aus Tausenden winziger ‹Bits› oder Punkte zusammen, die in ihrer Kombination das Gesamtbild ergeben. Klänge, Geschmacks-, Geruchs- und Tastempfindungen sind ebenfalls das Ergebnis einer Kombination Tausender von ‹Bits› aus Wellenfrequenzen, chemischen Konfigurationen und elektromagnetischen Mustern.

Sie können die Bits im gleichen Muster und in der gleichen Anordnung abrufen, wie Sie sie empfangen haben, oder Sie können sie in neuen Kombinationen abspielen ... Die Kraft Ihrer Phantasie und bildlichen Vorstellung ist eine Funktion Ihrer Fähigkeit, diese aufgezeichneten sensorischen Bits abzurufen. Jede Vorstellung erfordert es, daß Sie die einmal in Ihrer Großhirnrinde aufgezeichneten sensorischen Bits abrufen. Je mehr Bits Sie abrufen können, desto anschaulicher wird Ihr Bild sein.»[11]

Und je klarer das geistige Bild ist, desto mehr wirkt es sich anscheinend auf die Körperchemie, die Physiologie und sogar auf das Verhalten aus. Der beste Beweis für die Kraft der Phantasie ist der sogenannte Placebo-Effekt. Der Arzt Martin L. Rossman hat in seinem Buch *Healing Yourself* über das folgende bekannte medizinische Experiment berichtet, das 1961 durchgeführt wurde.[12] Damals wurde bei Patienten, die an Brustschmerzen (Angina pectoris) litten, eine relativ unbedeutende Arterie in der Brust abgebunden, damit mehr Blut durch die Arterien strömte, die den Herzmuskel versorgen. Bei vielen, wenn auch nicht bei allen Patienten verbesserte sich das körperliche Wohlbefinden erheblich. Bei jenem Experiment wurden die Patienten entsprechend anästhesiert, und dann wurde ein kleiner chrirurgischer Schnitt vorgenommen, aber die Wunde wurde sofort wieder zugenäht, ohne daß irgendein weiterer Eingriff erfolgte. Bemerkenswerterweise wurden diese Patienten genauso von ihren Brustschmerzen befreit wie die Patienten, die sich der tatsächlichen Operation unterzogen!

Aber das innere Vorstellungsvermögen hat nicht nur die Kraft, Krebszellen zu vernichten, den Blutkreislauf zu verbessern, den Blutdruck zu senken, Suchtabhängigkeit zu beheben, unerwünschte Erinnerungen zu tilgen und ein schwaches

Selbstvertrauen zu stärken, sondern es kann auch einen Menschen töten. Dies demonstriert die Geschichte eines Patienten, der völlig von seinem Krebs geheilt wurde, nachdem ihm ein neues «Wundermittel» verabreicht worden war. Er blieb so lange beschwerdefrei, bis er in der Zeitung las, daß das Mittel überhaupt keine Wirkung habe. Kurz darauf ist er an Krebs gestorben.

«Mir wurde bewußt», schreibt der Jungianer und Psychoanalytiker Albert Kreinheder in seinem Buch *Body and Soul*, «daß jeder Schmerz, jede Krankheit, jedes Symptom einen damit verbundenen psychischen Gehalt hat. Das ist der symbolische Teil. Auf diese Weise nimmt unsere Phantasie die Krankheit oder das Symptom wahr.»[13] Die Wahrnehmung seiner arthritischen Schmerzen war für ihn «eine Art Dämon oder Gott, der mir nahe zu sein wünschte». Als er mit seinem Schmerz sprach, wurde sein Körper von Wärme erfüllt. «Ich erlebte sie als ein Wesen, als eine Intelligenz, nicht nur als eine Energie. Ich wußte auch, daß es sich bewußt war, daß ich es wahrnahm. Es war, als ob ein Strom göttlicher Liebe meinen Körper liebkoste.»[14]

Wenn wir uns auf den symbolischen Aspekt einer Krankheit oder eines Symptoms konzentrieren, sehen wir die wunderbare Kraft der Phantasie in uns am Werk. Dies ist auch unser Tor zu Wohlbefinden und Glück. Kreinheder schließt daraus: «Die Phantasie ist real.»

Die Zähmung der Imagination

Im 19. Jahrhundert erblickte der englische Gesellschaftskritiker John Ruskin in der Imagination «das Sesam-öffne-Dich für eine riesige, endlose Höhle, in der ein unerschöpflicher Schatz von reinem Gold verstreut ist». Albert Einstein teilte diese Ansicht, als er einräumte: «Phantasie ist wichtiger als Wissen.»

Weil die Imagination eine so gewaltige Kraft darstellt, müssen wir sie verstehen und Verantwortung für sie übernehmen. Das luzide Wachsein ist gezähmte Imagination.

Wie die Geschichte der menschlichen Zivilisation immer wieder zeigt, üben wir die Imagination allzu leicht auf falsche Weise aus, womit wir uns selbst und anderen Schaden zufügen und die Erschaffung einer wahrhaft menschlichen Gesellschaft behindern. Kein Geringerer als der französische Kaiser Napoleon Bonaparte hat erklärt: «Die Menschheit wird von ihrer Phantasie beherrscht.» Wir wissen nur zu gut, wie Napoleons Phantasie beschaffen war!

Mary Shelleys Geschichte von Viktor Frankenstein, der ein Monster erschuf, das seine Frau und seinen besten Freund umbrachte, veranschaulicht, was passieren kann, wenn wir der Phantasie freien Lauf lassen, ohne an die möglichen Folgen zu denken. Einige Autoren haben in Robert Oppenheimers Beteiligung an der Entwicklung der ersten Atombombe eine beunruhigende moderne – reale – Parallele zum Frankenstein-Mythos erblickt. Zu seinem Entsetzen mußte Oppenheimer 1945 die Zerstörung von Hiroshima erleben. Er und seine Kollegen in Los Alamos wollten zwar ein für allemal den Krieg beenden, verbreiteten aber nur den nuklearen Wahnsinn und brachten auf entsetzliche Weise – in Sekundenbruchteilen – rund 130 000 Männer, Frauen und Kinder um, was Oppenheimer zu dem Bekenntnis veranlaßte: «Die Physiker haben den Sündenfall kennengelernt.»

Die zügellose Imagination kann man in der Schizophrenie am Werk sehen. Ich habe einmal einen Anhalter mitgenommen, der sich als harmloser Schizophrener erwies. Im Laufe einer zehnminütigen Fahrt produzierte sein Geist mehr faszinierende und unterhaltsame Ideen, als ich sie in all den akademischen Diskussionen vernommen hatte, an denen ich jemals teilnahm. Aber sie waren alle unheimlich unzusammenhängend. In gewisser Hinsicht ist die Imagination der Schizophrenen ihre Hölle. Wahnsinn wie Genialität gehen auf die Imagination zurück. Wie Shakespeare im fünften Akt von *Ein Sommernachtstraum* schrieb:

> Wahnwitzige Poeten und Verliebte / Bestehn aus Einbildung . . . / So gaukelt die gewalt'ge Einbildung; / Empfindet sie nur irgendeine Freude, / Sie ahnet einen Bringer dieser Freude; / Und in der Nacht, wenn uns ein Graun befällt, / Wie leicht, daß man den Busch für einen Bären halt!

Unsere geistigen Bilder sind also alles andere als passive Bewohner unseres Geistes. Sie nehmen aktiv Einfluß auf uns. Je lebhafter ein Bild ist, desto stärker wird es sich auf unseren Körper, unseren Geist und unser Verhalten auswirken. Dabei spielt es kaum eine Rolle, ob dieses Bild in der Wirklichkeit verankert oder rein aus der Phantasie abgeleitet ist. Wenn wir nur stark genug an ein Bild oder an eine Vorstellung glauben, beziehen wir daraus Kraft und Mut. Als der Dalai Lama gefragt wurde, warum er dem Leben gegenüber so optimistisch sei, erwiderte er, er fühle sich wohl dabei. Natürlich können wir annehmen, daß hinter seiner Antwort noch viel mehr steckt, auch wenn sie in ihrer Einfachheit absolut sinnvoll ist.

Der positive Einfluß der bildlichen Vorstellung auf die körperliche und emotionale Gesundheit und auf die Heilung findet zunehmend Anerkennung. Das gilt auch für die Rolle von Phantasie und Visualisierung im Sport. Michael Murphy (Mitbegründer des Esalen Institute) und Rhea A. White (Gründerin des Exceptional Human Experience Network) haben zusammen ein faszinierendes Buch geschrieben mit dem Titel *In the Zone: Transcendent Experience in Sports.*[15] Es dokumentiert die Geheimwaffe vieler Sportler, die Spitzenleistungen vollbringen können, nämlich die Visualisierung. So hat sich beispielsweise Lee Evans, Olympiasieger und Weltrekordhalter über vierhundert Meter, bei seinem Training für die Olympischen Spiele von 1968 jeden Schritt seiner vierhundert Meter immer wieder bildlich vorgestellt. Auch der Hürdenläufer und Olympiasieger David Hemery hat für sein Rennen in seinen Gedanken und Träumen geprobt und nicht bloß während seiner Trainingsstunden.

Der Boxchampion Rocky Marciano zog sich vor einem großen Kampf bis zu drei Monate lang völlig zurück. Er lebte und atmete nur für die bevorstehende Meisterschaft, wobei er ständig seinen Gegner vor sich sah und sich auf die Sekunde nach dem ersten Gong des Kampfes konzentrierte. Der Quarterback Fran Tarkenton absolvierte vor einem Spiel ganze Spielblöcke im Kopf. Der Bodybuilder Arnold Schwarzenegger gestaltete seinen außergewöhnlichen Körperbau in Übereinstimmung mit seiner genauen geistigen Vorstellung. Murphys und Whites Buch führt noch zahlreiche andere Fälle dieser Art auf.

Es gibt auch weniger spektakuläre Beispiele für die Wirkung geistiger Bilder in unserem Alltagsleben. Wenn wir etwa die Vorstellung in uns schaffen und hegen, daß wir eine bestimmte Aufgabe erledigen oder ein Ziel erreichen können, wird uns das sicher viel eher gelingen, als wenn wir auf diese Hilfe verzichten. Seit Emmet Fox' Bestseller *Power Through Constructive Thinking* 1932 erschien, hat eine wahre Flut ähnlicher Bücher versucht, uns die Kunst des «positiven Denkens» beizubringen, die eigentlich die Kunst der konstruktiven Imagination ist.

Die Stärke der Imagination und der Bilder läßt sich ohne weiteres an den Metaphern erkennen, die wir in der Alltagssprache verwenden. Ein hervorragendes Beispiel sind Diskussionen, die wir für eine Form von Krieg halten. So sagen wir: «Sie können doch nicht ernsthaft diese Position *verteidigen*», «Er hat ihr Argument *angegriffen* und absolut *zunichte gemacht*« oder «Ihre Kritik hat *getroffen*». Auseinandersetzungen werden wie

Kriege «gewonnen» oder «verloren». Mehr noch: Unsere bildlichen Vorstellungen können sogar unsere Körpersprache beeinflussen – etwa, wenn wir zornig das Kinn vorrecken oder die Brust wie ein Hahn aufblähen. Wenn ein Streit außer Kontrolle gerät, können aus der Metapher des Krieges leicht konkrete Akte der Aggression entstehen.

Ein weiteres gutes Beispiel dafür, wie sich ein geistiges Bild in einer kräftigen metaphorischen Sprache manifestieren kann, die dann unser Verhalten (oft negativ) beeinflußt, ist die weitverbreitete Vorstellung, Zeit sei Geld. Daher sagen wir: «*Verschwende* nicht meine Zeit», «Darauf kann ich jetzt keine Zeit *verwenden*», «Sie haben viel Zeit in dieses Projekt *investiert*», «Er lebt von *geborgter* Zeit».

Die Wirklichkeit, in der wir leben, ist das Netz unserer Vorstellungen von der Wirklichkeit. Wir nehmen einen metaphorischen Raum ein, eine «virtuelle Realität», die wir selbst hergestellt haben. Dies ist ein wirklich wichtiger Gesichtspunkt, den es zu begreifen gilt, und zwar nicht bloß auf eine abstrakte Weise, sondern mit dem Bauch. Das ist eine sehr ernüchternde Erkenntnis! Sobald wir uns dieser Tatsache bewußt sind – und uns dazu verpflichten, es weiterhin zu sein –, können wir die ungeheure Macht erkennen, die unsere Vorstellungen über uns und andere haben. Dann können wir auch damit beginnen, mehr Verantwortung für sie zu übernehmen. Insbesondere sind wir imstande die Gewohnheit abzulegen, negative Metaphern zu verwenden, die andere bloß verletzen und ohnmächtig machen und die wie Zeitbomben sind, die nur darauf warten, vor unseren Augen zu explodieren. Zum Beispiel können wir uns so schädliche Formulierungen sparen wie «Er ist ein Nichtsnutz», «Sie ist bloß eine blöde Blondine», «Es sind absolut verrückte Typen» und so weiter.

Die Sprache ist eines der mächtigsten Produkte der Imagination. Sie kann ein lindernder Balsam oder eine vernichtende Waffe sein. Daher müssen wir uns der Aufgabe stellen, die

Sprache mit wahrer Kreativität einzusetzen, damit sie eine segensreiche Wirkung hat.

Wenn Ideen zu rigiden Glaubenssystemen erstarren, nennen wir sie Ideologien. Sie haben eine gewaltige Macht. Ideologien wie der Marxismus, der Kapitalismus oder der christliche Fundamentalismus werden deshalb so mächtig, weil sie immer wieder die gleichen Bilder in den Köpfen der Menschen auslösen, bis sie ihre Imagination völlig erobert haben. Am Ende fallen niemandem mehr Alternativen zum Status quo ein, weil alle die glitzernden ideologischen Bilder in ihren Köpfen mit der Wirklichkeit verwechseln. Analysieren Sie einmal die Sprache irgendeines Politikers, und Sie werden dieses Prinzip in Aktion erleben. Die Werbung funktioniert auf die gleiche ruchlose Weise.

Wie entziehen wir uns dem verhängnisvollen Einfluß von Ideologien? Nur indem wir uns der Bedeutung der Imagination in unserem Leben bewußt werden und auf unseren individuellen Bilderfundus zurückgreifen. Wir müssen den Glauben an unser eigenes kreatives Potential entwickeln und daraus die Gestaltung unseres Lebens ableiten.

Anders gesagt: Wir müssen lernen, ein bißchen mehr wie unsere Genies zu werden, die per definitionem ganz unabhängige Geister sind. Genies sind Menschen, denen kreative Imagination in höchstem Maße verliehen ist. Sie fühlen sich gezwungen, die Welt nach ihrem eigenen Bild zu formen, statt sich von der Welt prägen zu lassen. Sie besitzen einen ungeheuren Glauben an den kreativen Prozeß, der in ihnen am Werke ist. Sie sind die wahren Revolutionäre.

Die meisten von uns sind weder Genies noch Schizophrene. Doch wir alle besitzen immense kreative Fähigkeiten – mehr, als wir uns in der Regel zutrauen. Wir müssen nur unser angeborenes Phantasievermögen erschließen. Vergessen wir nicht Thomas Alva Edisons berühmte Worte: «Genie ist ein Prozent Inspiration und neunundneunzig Prozent Transpiration.» Edison hat auch gesagt: «Phantasie ist nicht ein Talent einiger Menschen, sondern die Gesundheit jedes Menschen.»

Die spirituelle Imagination

Inzwischen ist klargeworden, daß die Imagination unser Leben beherrscht und unser Schicksal gestaltet. Es hängt in einem beträchtlichen Maße von unseren Leitbildern ab, ob wir Bürgermeister einer Kleinstadt oder Präsident eines ganzen Landes, Arbeitnehmer oder Arbeitgeber, Verbrecher oder Heiliger werden. Zu allen Zeiten hat es Menschen gegeben, die der Meinung waren, das höchste Ziel, auf das wir unsere Imagination richten können, sei die Verwirklichung unseres spirituellen Schicksals. Das sind die Gottsucher, Adepten, Mystiker und Schamanen aller Kulturen und Zeitalter. Sie glauben, erst wenn wir unser wahres Selbst oder den Geist, der jenseits der Ich-Persönlichkeit liegt, entdeckt haben, könnten wir vernünftig und mitfühlend in dieser Welt leben.

Der große Mystiker Meister Eckhart hat im 13. Jahrhundert in einer seiner deutschen Predigten erklärt, die Psyche oder Seele besitze einen reichen Vorrat an Bildern. Aber diese Bilder trennten den Menschen vom Göttlichen. Sogar das Bild von Gott als Dreifaltigkeit sei beschränkt, und nur wenn sich die Seele von allen Vorstellungen abwende, könne sie das formlose Göttliche erkennen, das reines Sein sei. Eckhart: «Du sollst Gott ungeistig lieben, das heißt so, daß deine Seele ungeistig sei und entblößt aller Geistigkeit; denn, solange deine Seele geistförmig ist, solange hat sie Bilder. Solange sie aber Bilder hat, solange hat sie Vermittelndes; solange sie Vermittelndes hat, solange hat sie nicht Einheit noch Einfachheit. Solange sie nicht Einfachheit hat, solange hat sie Gott (noch) nie recht geliebt; denn recht zu lieben hängt an der Einhelligkeit. Daher soll deine Seele allen Geistes bar sein, soll *geistlos* dastehen. Denn, liebst du Gott, wie er *Gott*, wie er Geist, wie er Person und wie er Bild ist – das alles muß weg. ‹Wie denn aber soll ich ihn lieben?› – Du sollst ihn lieben, wie er ist ein Nicht-Gott, ein Nicht-Geist, eine Nicht-Person, ein Nicht-Bild, mehr noch: wie er ein lauteres, reines, klares Eines ist, abgesondert von aller Zweiheit. Und in diesem Einen sollen wir ewig versinken vom Etwas zum Nichts. Dazu helfe uns Gott. Amen.»[16]

Das Transzendieren aller Vorstellungen – was für eine bemerkenswerte Erkenntnis! Eckhart, der ein hohes Amt in der christlichen Kirche bekleidete, bewegte sich mit seinen kühnen theologischen Formulierungen auf gefährlichem Boden. Im Gegensatz dazu mußten die indischen Mystiker nie unter derartigen klerikalen Beschränkungen leiden. Seit der Zeit des Rigveda, der bis ins dritte Jahrtausend v. Chr. zurückreicht, konnten sie frei und ungehindert vom unvorstellbaren, undenkbaren Einen sprechen und schreiben.

Die Imagination spielte auch eine große Rolle im Denken und Werk eines anderen bemerkenswerten deutschen Mystikers, dem Jakob Böhmes (1575–1624), der von Beruf Schuhmacher war.[17] Er erblickte in der Imagination den Willen Gottes, den kosmogonischen Trieb und die Kraft, die zur Bildung und Schöpfung des Universums führte. Er nannte sie den «göttlichen Zauber». Das Göttliche an sich sei ein bildloses «ewiges Nichts», und so sah (und erlebte) es auch Eckhart. Gottes Imagination wirke auf allen Ebenen der kosmischen Existenz – vom Mikrokosmos bis zum Makrokosmos. Alles, was sich erfahren lasse, sei vom Zauber der göttlichen Magie *(imago magia)* gewoben, und für Böhme ist diese Vorstellungskraft sowohl die «Mutter» als auch die «Tochter» der Heiligen Dreifaltigkeit. Mit anderen Worten: Die Imagination ist ebenso schöpferische Ursache wie erschaffenes Ergebnis.

Weil die Imagination nicht bloß auf der höchsten Ebene der

kosmischen Existenz, der Ebene des Schöpfers, gegenwärtig sei, könne sie ebenso konstruktiv wie destruktiv angewendet werden. Die Imagination sei nicht nur das Auge, das die Ewigkeit offenbare, sondern auch der Spiegel, in dem sich das endliche Selbst sehen und sich in sein eigenes Bild verlieben könne. Daher habe die Perversion der Imagination Luzifers Sturz aus seinem engelhaften Dasein verursacht und ebenso Adam aus dem Paradies getrieben.

Getreu dem zutiefst optimistischen Geist aller mystischen Traditionen, lehrte Böhme, daß wir nicht auf ewig verdammt sind, sondern unsere Seele durch den rechten Gebrauch der Imagination retten können.

Wenn wir uns in unserer Imagination vom Göttlichen, dem Bereich des Lichts, ab- und der relativen Finsternis der materiellen Welt zuwenden können, dann sind wir auch imstande uns durch unsere Imagination neuerlich mit dem Göttlichen zu verbinden und dadurch das verlorene Paradies in uns selbst zurückzugewinnen. Wenn wir unsere Imagination auf die höchste Wirklichkeit richten, haben wir konkret daran teil. Wir sind zwar immer in sie eingetaucht, aber durch unsere Imagination bauen wir eine bewußte Brücke zwischen uns und dem Göttlichen und werden damit aktive Teilnehmer am göttlichen Spiel. In einer Metapher, die an gewisse Passagen der Upanischaden erinnert, spricht Böhme vom «Essen» Gottes. Indem wir das Göttliche «essen» oder trinken, werden wir ihm wesensgleich. Somit verstand Böhme die Imagination als die verwandelnde Kraft des Glaubens, durch die wir uns mit dem Göttlichen oder der höchsten Wirklichkeit identifizieren können.

Diese magische Funktion der Imagination liegt aller spirituellen Arbeit zugrunde, denn nur wenn wir uns aus unserer gegenwärtigen Lage in den spirituellen oder transzendentalen Bereich versetzen, können wir uns zu seinem «Bild» entwickeln.

Es ließe sich eine ganze Geschichte der Mystik aus der Perspektive der Imagination und ihrer Transzendenz in den höchsten Zuständen der ekstatischen Erhebung schreiben, und Indien würde eine herausragende Rolle in einer derartigen Darstellung spielen. Wie der indische Zweig der Menschheit schon vor langer Zeit erkannte, ist der Geist oder die Imagination das Seil, an dem wir auf das höchste Plateau unserer Psyche klettern können, jenseits der Wolken der Unwissenheit. Aber sobald wir dieses Plateau erreicht haben und uns zum letzten Aufstieg auf den sonnenbeschienenen Gipfel, das *sanctum sanctorum*, anschicken, müssen wir unser Seil und unser Klettergerät (Körper und Geist) zurücklassen. Der amerikanische Psychiater Gerald Epstein hat dazu in der Zeitschrift *Re-Vision* bemerkt: «Ich behaupte, daß man ohne die Anwesenheit der Dimension der Imaginaton in der menschlichen Existenz nicht die Anwesenheit des Heiligen begreifen kann – dessen, was transzendent und immanent ist. Das Heilige hängt mit der Ganzheit der Erfahrung zusammen und läßt sich nicht durch einen Prozeß, der fragmentiert, verstehen. Das Heilige ist eine Erfahrung, keine logische Aussage. Viele Menschen, die ihre Imagination öffnen, erfahren eine gewisse Verbundenheit mit der Heiligkeit, und irgendwie . . . gibt es einen organischen Zusammenhang zwischen heilig und heilen. Die Imagination ist der Katalysator.»[18]

Wir sind geheilt, wenn wir geheiligt werden, wenn wir uns wieder mit dem Geist verbunden haben *(religare)*. Gesundheit, Ganzheit und Heiligkeit sind bloß verschiedene Worte für den gleichen Seinszustand, der jenseits des Verstehens ist. Aber wie ich bereits gesagt habe: Nach unserem Aufstieg zum Gipfel der Existenz müssen wir wieder ins Tal des gewöhnlichen Lebens absteigen, wobei wir die Gaben des Wahren, Schönen und Guten mitbringen.

Fortan besitzen wir die Kraft, aus der Fülle und der Leere jener höchsten Singularität zu leben, die wir «Geist», «transzendentales Selbst», «göttlicher Funke», *«ātman»* oder «Seins-

Bewußtsein» nennen können. Nun, da unser menschliches Schicksal sich erfüllt hat, können wir auch die geringste Übung unseres Willens oder unserer Imagination dem höchsten Glück aller anderen Wesen widmen. Darin besteht unsere Freude.

7

Die richtige Anschauung

Die Wirklichkeit des Unsichtbaren

«Sehen ist Glauben.» Dieses bekannte Sprichwort, das bezeichnend für eine materialistische Haltung ist, hat durchaus seine nützlichen Seiten. Doch es ist bestenfalls eine Halbwahrheit. Eine bedeutendere Wahrheit kommt in der umgekehrten Behauptung zum Ausdruck: «Glauben heißt sehen.» Denn wie ich im vorigen Kapitel ausgeführt habe, legen unsere Vorstellungen und vorgefaßten Meinungen großenteils unsere Wahrnehmungen fest, und zwar oft bei Dingen, die von höchster Bedeutung sind. Wenn wir zum Beispiel glauben, das Ende der Welt sei nahe, werden wir jede Lebenserfahrung, jede echte und jede vermeintliche Tatsache dieser Überzeugung anpassen. Folglich werden wir uns so verhalten, als stünde das Ende der Welt tatsächlich bevor. Zur ersten Jahrtausendwende verkauften oder verschenkten die Christen überall ihre Besitztümer und ihre persönliche Habe und gingen in die Berge, um sich auf die Wiederkunft Christi vorzubereiten. Ihr voreiliges Handeln sorgte für ein beträchtliches Chaos während ihres Exodus und noch mehr nach der gewaltigen Enttäuschung. Unsere heutige Gesellschaft ist gegenüber einem derartigen Irrationalismus keineswegs immun, wie die Nazis im Dritten Reich, die erzwungenen Massenselbstmorde in Jonestown und der Fanatismus und Terrorismus der japanischen Aum-Shinrikyo-Sekte zur Genüge bewiesen haben.

Zu allem Übel lassen sich diejenigen, die sehr starke Überzeugungen haben, nicht so ohne weiteres davon abbringen. (Ich meine wirklich Überzeugungen, nicht echten Glauben, der von einem tiefen Vertrauen in die unsichtbare Wirklichkeit, die «immanente Ordnung», zeugt.) Im Gegenteil – die Psychologen kennen seit langem ein seltsames Phänomen bei «wahren Gläubigen»: Ihre liebgewonnenen Überzeugungen sind durch gegenteilige Beweise nicht nur nicht zu erschüttern, sondern können dadurch sogar noch verstärkt werden. Wiederholt haben Führer der Zeugen Jehovas ein definitives Datum für das eschatologische Ereignis der Wiederkehr des Herrn prophezeit. Als der Jüngste Tag zum festgelegten Datum nicht eintrat, empfanden die Sektenmitglieder eine noch größere Verbundenheit mit ihrem Glaubenssystem, statt sich betrogen zu fühlen und an ihrem Glauben irre zu werden. Die Führer fanden eine bequeme Ausrede für ihr Versagen als Propheten und nannten der Schar der Gläubigen ein neues Datum, auf das sie sich einstellen sollten. Die Psychologen erklären dieses paradoxe Verhalten mit Hilfe der Theorie der kognitiven Dissonanz, die 1957 erstmals von Leon Festinger formuliert wurde. Der Grundgedanke dieser Theorie besagt, daß wir dazu neigen, jede Dissonanz zwischen einander widersprechenden Ideen wegzurationalisieren.[1] Der Fall der Zeugen ist ein ziemlich dramatisches Beispiel der kognitiven Dissonanz und der Devise «Glauben heißt sehen». Aber wenn wir einmal unser Alltagsleben genauer untersuchen würden, könnten wir zu unserer Überraschung feststellen, wie häufig unsere Überzeugungen oder Vermutungen ins Spiel kommen, wie sehr sie die Art und Weise festlegen, in der wir mit einem Menschen oder einer Situation umgehen, und wie das wiederum die Qualität einer Beziehung oder das Ergebnis einer Situation bestimmt – und wie schwer es uns fällt, unsere liebgewonnenen Überzeugungen zu ändern.

Eine konstruktive Möglichkeit, mit Überzeugungen umzugehen, besteht darin, sie als unsere kleinen und großen Vorstellungen von den Dingen anzusehen. Die Überzeugung, daß wir unser Gehalt am Ende des Monats bekommen werden, würde ich eine unbedeutende Überzeugung nennen, es sei denn, wir wissen, daß die Firma pleite ist. Das gilt auch für die Überzeugung, daß wir aus der Lektüre von Shakespeare oder der Bibel immer etwas Neues erfahren können. Beide Überzeugungen sind mit einer vernünftigen Erwartung verbunden, die auf vergangener Erfahrung basiert. Sie enthalten keine bedeutenderen metaphysischen Annahmen.

Dagegen ist die Überzeugung, daß wir nach dem Tod in den Himmel kommen, um mit unseren verstorbenen Verwandten und Freunden wiedervereint zu sein, eine wesentliche Überzeugung. Das gilt auch für den Glauben an einen Schöpfergott oder an den Sinn des Lebens. Und bedeutsam ist auch die Überzeugung, daß der Homo sapiens vor zehntausend Jahren erschaffen wurde – nach einer Gallup-Umfrage vom Juni 1993 glauben dies überraschenderweise 47 Prozent (!) der erwachsenen Amerikaner. Um eine derartige Überzeugung zu hegen, muß unser Glaube schon beachtliche Hürden nehmen. Und von diesem Glaubenstypus soll hier die Rede sein.

Zunächst einmal tritt der Glaube auf, wenn das Wissen fehlt. Je weniger wir einer Sache sicher sind, notierte Michel de Montaigne vor vierhundert Jahren, desto mehr Energie wenden wir für unseren Glauben auf. Manche Menschen verspüren sogar den irrationalen Drang zu glauben, wenn der Gegenstand ihres Glaubens nicht nur unbewiesen, sondern auch nicht plausibel ist. Im dritten Jahrhundert hat dies in Karthago der Theologe Tertullian in seinem bekannten Ausspruch *credo quia impossibile*, «Ich glaube, weil es unmöglich ist», zum Ausdruck gebracht. Er hat auch gesagt: *Credo quia absurdum est,* «Ich glaube, weil es absurd ist». Und Augustinus hat bemerkt: *Credo ut intelligam*, «Ich glaube, um zu verstehen».

Wir können einen derartigen Irrationalismus nur verstehen,

wenn wir uns darüber im klaren sind, daß wir etwas glauben, weil uns unsere Überzeugungen einen gewissen persönlichen Gewinn verschaffen. Selbst wenn eine Überzeugung unlogisch ist, können wir uns dabei wohl fühlen – etwa, wenn wir weiterhin an den Mythos vom Weihnachtsmann glauben, selbst wenn wir unter dem weißen Bart das Gesicht eines Familienmitglieds oder eines Freundes erkannt haben. Oder eine Überzeugung kann andere Überzeugungen, die wir haben, stützen. Wenn wir beispielsweise an die Existenz von Engeln glauben, könnten wir vergleichsweise leicht daran glauben, daß jeder von Kindheit an einen Schutzengel hat. (Das ist nur ein praktisches Beispiel – ich will hier nicht die Existenz von Engeln in Frage stellen.) Diese allzumenschliche Neigung veranlaßte Caesar in *Der Gallische Krieg* zu schreiben: «Gewöhnlich glauben die Menschen das gern, was sie wollen.» Und mit ähnlichen Worten hat dies auch Seneca zum Ausdruck gebracht.

Der ewige Skeptiker Bertrand Russell nannte die Glaubensvorstellungen eines Menschen eine «Wolke aus bequemen Überzeugungen, die mit ihm ziehen wie Fliegen an einem Sommertag».[2] Weniger bissig und eher poetisch hat Emerson diese Wahrheit formuliert, als er sagte: «Ein Mensch trägt Überzeugungen, wie ein Baum Äpfel trägt.»[3] Und wie wir wissen, sind einige Äpfel verfault, während sie noch immer an ihren Zweigen hängen. Ja, einige der abgefallenen Äpfel werden weitere Apfelbäume der gleichen Sorte hervorbringen. Das heißt, wir neigen dazu, uns durch unsere Überzeugungen zu verewigen. Wenn wir weise sind, werden wir daher unsere Überzeugungen sorgfältig inspizieren, uns von denen trennen, die bloß die negativen Züge unserer Persönlichkeit weitergeben würden, und entschieden die kultivieren, die einen inneren Wert haben und unser Schicksal positiv gestalten.

Manche Überzeugungen sind offenkundig falsch – das heißt, sie entsprechen nicht der Wirklichkeit – und können sehr destruktiv sein. George Bernard Shaw hat ganz klar erkannt, daß der Glaube schädlicher sein kann als der Unglaube.[4] Manche Menschen glauben allen Ernstes, daß wir nicht auf der Oberfläche der Erde leben, sondern in ihrem hohlen Inneren – und dies trotz aller Satellitenfotos von unserem wunderschönen blauen Planeten, von den filmisch festgehaltenen Flügen zu anderen Planeten und zum Mond ganz zu schweigen. Diese Überzeugung ist zwar schrullig, aber relativ harmlos, es sei denn, sie würde einen militanten Kreuzzug gegen all jene auslösen, die das nicht glauben. Eine absolut schädliche Überzeugung, die nicht auf Fakten basiert, ist hingegen der schauerliche Glaube an die Überlegenheit der weißen Rasse oder eines Teils von ihr. Wir haben die entsetzliche Vernichtungswut dieser Überzeugung im völkermordenden Wahnsinn des Dritten Reichs, in der Apartheid in Südafrika und in der Institution der Sklaverei erlebt. Die Vorstellung von der Überlegenheit der Weißen erhebt wieder zunehmend ihr häßliches Haupt in der amerikanischen Gesellschaft und anderswo auf der Welt und trägt ihrerseits zum Rassismus farbiger Menschen bei.

Was sollen wir jedoch von denen halten, die – wie gewisse christliche Fundamentalisten – glauben, es sei wünschenswert, einem kranken Menschen die medizinische Behandlung vorzuenthalten, selbst wenn dies den sicheren Tod bedeutet, da eines Menschen Schicksal immer in den Händen Gottes liege? Und wie stehen wir zu der Überzeugung, es sei richtig, todkranken Menschen zu helfen, Selbstmord zu begehen, um ihr Leiden zu beenden? Oder wie begegnen wir dem Problem der Abtreibung? Das sind schwierige Fragen, die es erfordern, sich mit den eigenen Glaubensvorstellungen auseinanderzusetzen. Sie rühren an den Kern unserer Grundanschauung vom Leben, die großenteils bestimmt, wer wir sind.

Es ist kein Geheimnis, daß unsere heutige Gesellschaft sich nur deshalb in einem derartigen moralischen Aufruhr befindet, weil der wissenschaftliche Materialismus in den letzten hundertfünfzig Jahren stetig das Glaubenssystem ausgehöhlt hat, das unseren Vorfahren einst einen sinnvollen Rahmen für das Verstehen des Lebens bot. Gleichzeitig hat der Fortschritt in der Kommunikation zwischen verschiedenen Kulturen und Traditionen einen wild um sich greifenden Pluralismus aufkommen lassen, der viele Menschen in ein moralisches und philosophisches Niemandsland versetzt. Da sie über den Zaun ihrer überkommenen Religion hinausgewachsen sind, können sie in andere abgezäunte Parzellen hineinsehen und damit «vergleichend» umgehen. So vertiefen sich Christen in die Kabbala, Juden lesen die *Bhagavad Gita*, Hindus die Bibel, und so weiter. Unsere heutige Taschenbuchkultur stellt uns die heiligen Schriften der ganzen Welt zur Verfügung. Und die Menschen sind verwirrter als je zuvor!

Ein scharfes Auge für das Glück

Der richtige Glaube – oder die *richtige Anschauung*, wie ich fortan sagen werde – ist daher von eklatanter Bedeutung.

Siddhartha Gautama, der Begründer des Buddhismus, hat dies vor 2500 Jahren erkannt. Sein edler achtfacher Pfad zur Erleuchtung beginnt mit der richtigen Anschauung. Was meinte er damit? In seiner ersten Predigt, dem «Sutra, das das Rad der Lehre ins Rollen bringt», wandte sich der Buddha an eine Gruppe von fünf Asketen und sprach von den «fünf Gruppen des Begreifens».

Dabei handelt es sich um den materiellen Körper, die Empfindung, Wahrnehmungen, Kognitionen (Gedanken und Gefühle) und das Bewußtsein. Aus diesen Faktoren setzt sich dem Buddhismus zufolge die menschliche Persönlichkeit zusammen. Sie sind von Leiden erfüllt, weil sie an sich unbeständig sind. Das heißt, sie sind Verfall und Tod unterworfen und können kein wahres Glück erzeugen. Mit anderen Worten: Sie sind unserer ungeteilten Aufmerksamkeit nicht wert.

Die Art und Weise, wie wir die Welt sehen, ist auch die Art und Weise, wie wir uns selbst sehen. Daher hat unsere Ansicht von der Welt weitreichende Konsequenzen. Sie kann uns entweder in Wahn, Abhängigkeit und Unglück oder zu geistiger Klarheit, Freiheit und Glück führen. Der Buddha interessierte sich nicht für bloße Meinungen, sondern für die stärksten Erkenntnisse, derer Menschen fähig sind und mit denen unser Leben steht oder fällt. In seiner Analyse ging er direkt auf die zentralen Fragen des Menschseins ein. Denn wer möchte kein Glück haben? Doch bezeichnenderweise suchen wir nach ihm genau in jenen Dingen, die der Buddha richtigerweise als unbeständig bezeichnete und die daher nicht in der Lage sind, Glück zu bringen.

Er interessierte sich nicht für die Beschaffenheit der Welt an sich, sondern nur für unsere *Erfahrung* der Welt, für das, was uns letztlich beeinflußt. Die menschliche Persönlichkeit, erkannte er, ist in sich instabil, ohne ein dauerhaftes Identitätszentrum, und daher eine Quelle des Leidens. Er bestritt natürlich nicht, daß wir auch Lust und Freude im Laufe unseres Lebens erfahren können, aber sie sind stets vergänglich. Je mehr wir uns an eine freudige Erfahrung klammern, desto mehr setzen wir uns Frustration und Enttäuschung aus.

Die Hindu-Mystiker gelangten zur gleichen Schlußfolgerung. Aber sie verwiesen auch auf ein ewiges Selbst jenseits der Persönlichkeit, das, einmal verwirklicht, nicht enden wollendes Glück bringe. Der Buddha hingegen weigerte sich, über ein solches immerwährendes Selbst zu spekulieren. Er suchte seine Schüler von metaphysischem Denken («Glauben») abzuhalten und forderte sie statt dessen auf, sich auf die naheliegende Aufgabe zu konzentrieren: die Machenschaften der Persönlichkeit mit dem Auge der Weisheit zu durchdringen und dann die Haltung der Unabhängigkeit oder des Nichtanhaftens zu kultivieren. Er sprach vom Zustand des vollkommenen Wachseins oder der Buddhaschaft mit paradoxen Begriffen. So sagte er: Das Wesen, das das Nirvāna erlangt hat, existiert weder, noch existiert es nicht. Er/sie/es ist jenseits des geistigen Begreifens und der Beschreibung.

Genaugenommen bedeutet die richtige Anschauung im Buddhismus das Verstehen der vier edlen Wahrheiten: daß die bedingte Existenz leidet, daß das Leiden im Verlangen und im Unwissen wurzelt, daß das Leiden überwunden werden kann und daß der edle achtfache Pfad der allmählichen Selbstverwandlung das Mittel zur Überwindung des Leidens ist. In anderer Hinsicht bedeutet richtige Anschauung auch das Aufgeben dessen, was die Buddhisten verkehrte Anschauungen *(viparyaya)* nennen, nämlich die Suche nach Dauer im Vergänglichen, nach Glück im Leiden, nach einem stabilen Selbst in dem, was als Nicht-Selbst charakterisiert ist, und nach dem Schönen im Häßlichen.

Über die richtige Anschauung im obigen Sinne kann man auch in dieser Form sprechen: Weisheit ist weitreichendes Verstehen, die tiefe Einsicht in das Wesen der Existenz oder das Erkennen des großen Zusammenhangs, das einen Menschen veranlaßt, in Übereinstimmung mit einem derartigen Verstehen zu handeln. Viele Dichter haben gesagt, Weisheit sei aus Leiden geboren. Sie kristallisiert sich aus der menschlichen Erfahrung heraus, aber nur bei denen, die in der Lage sind, über ihre Erfahrung nachzudenken. Letzten Endes ist die Weisheit im Selbstverständnis verwurzelt – daher die Aufforderung des delphischen Orakels: «Kenne dich selbst!» Aber wenngleich die Weisheit dem Leiden entspringt, ist sie in ihrer höchsten Form doch auch das Mittel, das Leiden zu beenden. Und diese Botschaft verbindet viele spirituelle Traditionen – vor allem Buddhismus, Hinduismus, Jainismus, Taoismus, Gnostik und mystisches Christentum. «O ihr Bettelmönche, einst und jetzt», sagte der Buddha, «ich lehre nur eines: das Leiden und die Beendigung des Leidens.» In spirituellen Dingen war er ein absoluter Pragmatiker. Daher sprechen seine Lehren uns Heutige so sehr an. Sie schärfen unseren Blick für die menschliche Existenz, indem sie uns liebgewordene Vorstellungen und Illusionen durchschauen lassen. Sobald wir gelernt haben, den feinen, aber überaus wichtigen Unterschied zwischen Vergnügen und wahrem Glück zu erkennen, können wir leicht sehen, wie sehr unser Leben vom Leiden erfüllt ist. Dies wiederum verleiht uns den Schwung, nach einem Ausweg zu suchen, den Wunsch nach Befreiung *(mumukshutva)* zu verspüren, wie es traditionell heißt. Zunächst einmal ist Befreiung die Freiheit von den falschen Anschauungen, die uns in den vielen Formen des Leidens gefangenhalten, auf die sich die Menschen anscheinend so gut verstehen.

Nach Eric Klinger, Professor für Psychologie an der University of Minnesota, haben wir an einem sechzehnstündigen Tag etwa viertausend einzelne Gedanken.[5] Während eines Lebens von siebzig Jahren ergibt das insgesamt etwa hundert Millionen Gedanken! Wir wären wahrscheinlich entsetzt, wüßten wir, wie viele dieser Gedanken in ausgefahrenen (karmischen) Gleisen ablaufen und damit unseren Zustand des Leidens aufrechterhalten. Wenn wir echtes Glück und wahre Freiheit erleben wollen, müssen wir dafür sorgen, daß unsere Gedanken mehr zählen! Dazu bedarf es zunächst einer klaren und realistischen Vorstellung vom Leben. «Wo keine Offenbarung ist, wird das Volk wild und wüst», heißt es in den Sprüchen Salomos (29,18). Die gefährliche Krise unserer gegenwärtigen westlichen Zivilisation mit ihren weltweiten Auswirkungen ist ein Zeichen dafür, daß es uns an der Offenbarung, der Anschauung fehlt – an der *richtigen* Anschauung.

Die Wiederherstellung der richtigen Anschauung ist die wichtigste Aufgabe, vor der der einzelne und die Gesellschaft heute stehen. Sie ist die große Herausforderung für ein Leben, das dem luziden Wachsein gewidmet ist. Über den sozialen Aspekt dieses Problems hat der Sozialwissenschaftler Duane Elgin geschrieben: «Wir können eine Zukunft nicht bewußt erschaffen, die wir uns nicht vorgestellt haben. Wenn unsere kollektive Vorstellungskraft schwach und fragmentiert ist, dann ist unsere Fähigkeit, eine brauchbare und sinnvolle Zukunft zu errichten, entsprechend geschwächt. Um uns bewußt zu entwickeln, brauchen wir eine klare Vorstellung von einer mitfühlenden Zukunft, die uns eine begeisterte Teilnahme am Leben abverlangt. Die Reichhaltigkeit und Reichweite unserer gesellschaftlichen Anschauung ist ein direktes Maß unserer zivilisatorischen Reife.»[6]

Außerdem hängt die Tiefe unserer gesellschaftlichen Anschauung – das heißt, der Anschauung, die unsere Gesellschaft ausführlich informiert – von der *spirituellen* Reife unserer Gesellschaftsvisionäre, von ihrem persönlichen Grad an Wachsein und ihrem Maß an Weisheit ab. Solange sie weiterhin das wahre Wesen unserer gegenwärtigen Krise mißverstehen, die eine spirituelle Krise ist, und sich bloß mit technischen Lösungen begnügen, sieht die Zukunft der Menschheit düster aus. Was bleibt also Ihnen und mir zu tun übrig? Wir können nicht umhin, Mitspieler in dem sich entfaltenden zivilisatorischen Drama zu sein. Ganz gleich, ob wir politisch aktiv sind oder nicht – unsere primäre Herausforderung und Pflicht als Individuen besteht darin, die richtige Anschauung in unserem eigenen Leben leidenschaftlich zu kultivieren. Indem wir die richtige Anschauung in die Praxis umsetzen, gestalten wir nicht nur unser eigenes Schicksal positiv, sondern beeinflussen in immer mehr sich erweiternden Kreisen auch unsere Mitmenschen auf günstige Weise. Willis Harman, einer der großen praktischen Visionäre unserer Zeit, hat dazu bemerkt: «Aufgrund der wechselseitigen Vernetztheit aller Geister mit dem universalen Geist können wir sicher sein, daß die Arbeiten, die uns zugewiesen sind, höchst wirkungsvoll die fundamentale Krankheit der Welt beheben werden, zu der Hunger und Armut, Seuchen und Kriege gehören. Wir brauchen keine Angst zu haben, daß wir nicht die wirklichen Interessen anderer fördern, wenn wir unsere eigenen wirklichen Interessen verfolgen.»[7] Mit wirklichen Interessen meint Harman das Führen eines Lebens, das von Frieden, Harmonie, Freude und mitfühlendem Handeln zum Segen anderer erfüllt ist. *Wirklich* ist dieses Interesse, weil wir unser eigenes Wohlbefinden fördern, wenn wir das physische, geistige, moralische und spirituelle Wohlergehen anderer betreiben. Vor allem trägt die richtige Anschauung dem Vernetztsein aller Wesen und Dinge Rechnung. Sie ist ökologisch im tiefsten Sinne: eingedenk des Universums als unseres «Hauses» (griechisch *oikos*), in dem alle Wesen nahe Verwandte sind und in dem es keine Fremden oder Feinde gibt.

8

Intuition – die andere Form des Wissens

Intuitive Anstöße

Manchmal, wenn das Telefon klingelt, weiß ich schon, wer anruft, bevor ich den Hörer abnehme. Nach den Aussagen meiner Freunde und Bekannten zu urteilen, scheint dies eine ziemlich weitverbreitete Erfahrung zu sein. Als meine Söhne heranwuchsen, verspürte ich oft plötzlich das dringende Bedürfnis, nach ihnen zu schauen, gerade rechtzeitig, um eine Verletzung oder ein kleines Unglück zu verhindern. Ich könnte mir vorstellen, daß es viele Eltern gibt, die hin und wieder das gleiche erlebt haben.

Vor vielen Jahren vereinbarte eine mir sehr nahestehende Frau mit einem ihr völlig Fremden, einen Familienangehörigen aus einem Land hinter dem Eisernen Vorhang herauszuholen. Ich war damals gerade im Büro und hatte keine Ahnung, daß diese Unterredung stattfand, aber plötzlich hatte ich ein ungutes Gefühl im Zusammenhang mit ihr. Ich rief sie an, um zu hören, ob es ihr gutging. Als sie mir erzählte, was sie vorhatte, warnte ich sie davor – ich würde erst wieder auflegen, wenn sie mir versprochen hätte, sie würde sich die Angelegenheit noch einmal gründlich überlegen. Am Ende gelangte sie selber zu dem Schluß, es wäre für alle Beteiligten am besten, wenn sie den riskanten Plan fallenließ, der kaum eine Chance auf Erfolg hatte.

Am 17. Oktober 1989 sollte ich von Lake County in Kalifornien, wo ich lebe, nach Oakland in der Bay Area fahren, und von dort weiter über die Bay Bridge nach San Francisco. Im letzten Augenblick sagte ich ab. Als genau an diesem Tag die Schockwellen des Erdbebens von San Francisco mein zweihundert Meilen entferntes Haus erschütterten, wußte ich, warum ich wegen dieser Fahrt so ängstlich gewesen war. Aufgrund meiner Route hätte ich die Bay Bridge wahrscheinlich etwa zu dem Zeitpunkt überquert, als das Erdbeben mit einer derart verheerenden Kraft zuschlug, daß ein Abschnitt der Brücke einstürzte. Anscheinend habe ich generell einen sechsten Sinn für bevorstehende Erdstöße. Oft verkünde ich meiner Frau, ich hätte wieder so ein «Erdbebengefühl», um dann innerhalb der nächsten paar Tage ein lokales Beben zu erleben oder davon zu erfahren.

Schleicher und Springer

Die Intuition, und dazu gehören auch Vorahnungen der geschilderten Art, ist offenbar ein universales menschliches Phänomen. Ihr Vorhandensein beweist unter anderem, daß wir vielschichtige Wesen sind. Wenn wir die Intuition in unserem Leben nicht am Werk sehen, dann nicht deshalb, weil sie nicht existiert, sondern weil wir sie einfach nicht bemerken. Wir alle bedienen uns der Intuition, obwohl manche von uns dies häufiger und vielleicht auch überzeugter tun als andere.

Warum bemerken wir die Augenblicke der Intuition nicht so leicht? Dieser blinde Fleck ist kulturell bedingt. Unsere westliche Zivilisation legt großen Wert auf rationales Denken, und folglich neigen wir dazu, Beispiele einer nichtrationalen Geistestätigkeit geringzuschätzen und zu ignorieren. Außerdem verleugnen wir gern unsere intuitiven Fähigkeiten ebenso wie die anderer Menschen. Das läuft auf die Unterdrückung eines ganz bedeutsamen Aspektes des Geistes hinaus. Daher bleibt die Intuition bei den meisten von uns eine großenteils unentwickelte Fähigkeit.

Allerdings ist nicht jeder, der für die intuitive Funktion des Geistes blind ist, unbedingt auch ein hartgesottener Rationalist. Manche Menschen lassen aktiv nichtrationale Denkweisen in ihrem Leben zu, ohne deswegen ein schlechtes Gewissen zu haben oder verlegen zu sein. Sie wissen, daß sie überwiegend intuitive Denker sind, und sie sind über diesen Umstand glücklich und zufrieden. Übrigens ist es ganz falsch anzunehmen, daß Frauen intuitiver wären als Männer. Vielleicht haben sie weniger Hemmungen im Hinblick auf die Intuition und machen daher mehr Gebrauch davon, aber beide Geschlechter besitzen die gleiche Anlage zur Intuition. Falsch ist es offenbar auch, die Intuition schlicht mit der rechten Hirnhälfte gleichzusetzen, worauf ich gleich kommen werde.

In seinem Buch *The Intuitive Edge* (dt.: *Die Kraft der Intuition*) schreibt der Psychologe Philip Goldberg, Experimente hätten gezeigt, daß Männer ein geringfügig besseres räumliches Vorstellungsvermögen hätten, während Frauen eher ein Gefühl für Zusammenhänge besäßen, und das betreffe auch das Verstehen nonverbaler Informationen und das Deuten eines Gesichtsausdrucks.[1] Goldberg betont freilich, daß es sich dabei um statistische Unterschiede und nicht um absolute Werte handle. Weston Agor, Professor für Verwaltungswissenschaft an der University of Texas in El Paso, hat bei einer Erhebung, die dreitausend Manager umfaßte, bei den intuitiven Fähigkeiten eine Durchschnittstrefferquote von 6,9 bei Frauen und 6,3 bei Männern festgestellt.[2] Allerdings sind Agors Forschungsergebnisse unter Beschuß geraten, weil nicht ganz klar war, was er mit seinem Fragebogen testen wollte. Wenn die Wissenschaft die Intuition zu sezieren versucht, um ihre Arbeitsweise zu studieren, erweist sie sich als ziemlich schwer faßbares Thema.

Bei unseren Denkstilen können wir zwischen Schleichern und Springern unterscheiden, wie ich das nenne. Die Schleicher sind jene Menschen, deren geistige Prozesse linear dahinkriechen, erst diesen Weg, dann jenen erkunden, ohne sicher zu sein, jemals zu einer endgültigen Schlußfolgerung zu gelangen. Die Springer hingegen sind wie Känguruhs – sie können und werden die Richtung im Nu ändern, um auf nichtlineare, intuitive Weise ans gewünschte Ziel zu gelangen.

Für extrem rationale Typen ist die Intuition etwas Unangenehmes, das anscheinend ihr gesamtes Weltbild bedroht. In gewisser Weise tut sie das auch, denn gerade die Existenz der Intuition widerspricht der fundamentalen Überzeugung von Rationalisten, daß authentisches Wissen *nur* dem korrekten Denken entspringen kann. Nach der rationalistischen Interpretation der Wirklichkeit gibt es lediglich zwei Möglichkeiten, zur Wahrheit zu gelangen: Deduktion oder Induktion. Die Deduktion schließt vom Allgemeinen auf das Besondere, indem sie eine bestimmte Wahrheit von einem allgemeinen Prinzip ableitet: «Alle Menschen sind Säugetiere. Sokrates ist ein Mensch. Also ist Sokrates ein Säugetier.» Die Induktion dagegen leitet ein allgemeines Prinzip aus bestimmten Wahrheiten ab: «Äpfel, Regentropfen, Meteoriten und Bomben fallen auf die Erde. Daher neigen alle Dinge dazu, auf die Erde zu fallen (das Gesetz der Schwerkraft).»

Nach der allgemein herrschenden Meinung beruht der Erfolg der Wissenschaft weitgehend auf induktivem Denken. Doch manche rationalistischen Philosophen, wie David Hume und in neuerer Zeit Karl Popper, stellen die Gültigkeit der Induktion als einer korrekten Möglichkeit des Wissens in Frage oder bestreiten sie rundweg. Popper, ein berühmter Wissenschaftsphilosoph, hat erklärt: «Man wird sich also wohl daran gewöhnen müssen, die Wissenschaft nicht als ein ‹System unseres Wissens›, sondern als ein System von Hypothesen aufzufassen, d. h. von grundsätzlich unbegründbaren Antizipationen, mit denen wir arbeiten, solange sie sich bewähren, ohne daß wir sie als ‹wahr› oder auch nur als ‹mehr oder weniger sicher› oder ‹wahrscheinlich› ansprechen dürfen.»[3] Wenn die Wissenschaft ein «System von Antizipationen» ist, dann muß die Intuition eindeutig dem Denken gleichgestellt werden, und das eröffnet selbst für Rationalisten ganz neue Aussichten. Die Intuition sollte sie in Verlegenheit bringen – aber eher wegen ihres Reichtums, denn die Intuition eröffnet den Zugang zu einem riesigen Wissensspeicher, der dem analytischen Verstand weitgehend verschlossen ist. Das rationale Denken trottet mühsam von A nach B nach C nach D. Der mit dieser Form des Denkens verbundene Prozeß läßt sich am besten mit einer Treppe aus flachen Stufen vergleichen, die man eine nach der andern nimmt, während es möglich ist, mit großen Schritten ein paar Stufen auszulassen und das obere Ende rascher zu erreichen.

Die Intuition ist ein derartiges Voranspringen. Sie ist unmittelbar und stellt Wissen plötzlich zur Verfügung, ohne merkliche Zwischenschritte, wie es der Verstand verlangt. Für die Rationalisten ist dies beängstigend, weil sie davon ausgehen, daß Wissen nach und nach und den Gesetzen der Logik folgend erworben werden muß. Sie neigen dazu, dem intuitiven Prozeß zu mißtrauen, und daher verbannen sie ihn im allgemeinen aus ihrer Arbeit und ihrem Leben. Aber mit Sicherheit haben selbst Rationalisten intuitive Gedankenblitze, auch wenn sie sie lieber ignorieren, verleugnen, einfach umbenennen («Zufallstreffer») oder rasch vergessen.

Auf der anderen Seite gibt es jene Menschen, die behaupten, nur durch die Sinne könne man gültiges Wissen erwerben. Das sind die eingefleischten Empiriker, für die sozusagen gilt: «Sehen ist Glauben.» Aber einen Großteil unseres Wissens gewinnen wir nicht durch unsere Sinne, sondern er wird auf der Basis der zahllosen Vorstellungen konstruiert, die wir in unseren Köpfen mit uns herumschleppen. Von diesen Vorstellungen wird unser Nervensystem gesteuert. Wir haben eine Vorstellung vom Ozean, selbst wenn wir in Wirklichkeit nicht am

Meer gewesen sind und nie die frische Meeresbrise gerochen oder das Salzwasser geschmeckt haben.

Weder der reine Rationalismus noch der reine Empirismus liefert eine brauchbare philosophische Erklärung dafür, wie das Leben wirklich funktioniert. Beiden fehlt etwas ganz Entscheidendes. Der sinnliche Input und die rationalen Begriffe sind bloß die Spitze des Eisbergs. Die große Masse dieses Eisbergs ist ins Wasser des Unterbewußten, des Unbewußten und der transpersonalen Bande des Bewußtseins eingetaucht. Und hier wird der Großteil unseres Wissens abgeleitet und verarbeitet.

Da die Intuition ein integraler Teil der menschlichen Natur ist, verleugnen die Rationalisten oder Empiriker auch einen wichtigen Aspekt ihrer selbst, wenn sie die Intuition verleugnen. Genaugenommen verleugnen sie den Großteil des Geistes, der unter der Oberfläche der bewußten Wahrnehmung liegt. Im Grunde mißtrauen sie sich selbst. Der Intuition zu vertrauen heißt, uns selbst zu vertrauen. Dazu die Psychotherapeutin Frances Vaughan:

«Hinter allen Emotionen steht das Wissen der Intuition, das uns zur vollen Erfahrung des inneren Kerns des Seins führen kann. Je mehr wir bereit sind, uns dem ganzen Bewußtseinshorizont zu öffnen, der uns potentiell zur Verfügung steht, desto authentischer können wir unser Leben leben.

Wenn wir uns für die wache Intuition engagieren, engagieren wir uns für die Wahrheit. Dies impliziert eine Bereitschaft, der noch leisen Stimme zu lauschen, die wir als wahr erkennen können, auch wenn uns nicht gefällt, was sie sagt. Das bedeutet auch die Bereitschaft, uns so zu kennen, wie wir sind, alle Verstellungen und Masken fallen zu lassen, ganz gleich, wie wirkungsvoll unsere Schauspielkunst in bezug auf andere auch sein mag.»[4] Die Intuition ist ein überaus wichtiger Bestandteil eines Lebens, das dem luziden Wachsein gewidmet ist. Ohne sie können wir die Aufgabe der psychischen Integration nicht bewältigen, die dem spirituellen Leben zugrunde liegt. Wir müssen erst einmal zu schätzen lernen, wie großartig wir für das Abenteuer des Menschenlebens ausgestattet sind. Wir sind mit allen möglichen Fähigkeiten geboren, die dazu da sind, daß wir sie pflegen und anwenden. In seinem monumentalen Werk *The Future of the Body* (dt.: *Der QuantenMensch*) hat Michael Murphy eine ganze Menge dieser Fähigkeiten erfaßt, die – mit den Worten Shakespeares – zeigen, «wie schön der Mensch ist»[5].

Die große Wende

Irgendwann einmal war die Intuition das primäre Erkenntnisvermögen, und diese Funktion erfüllt sie noch immer bei bestimmten Volksstämmen, die die alten Wissensformen nicht aufgegeben haben, nur um kopflastige Denker zu werden. Seit der europäischen Aufklärung und dem Aufstieg von Rationalismus und Technik verläßt man sich immer mehr auf den analytischen Intellekt und setzt gleichzeitig die anderen Vermögen des Geistes zum Erwerb von Wissen herab. Die Wissenschaftsideologie – Wissenschaftlichkeit genannt – hat den Verstand *(ratio)* zu einem goldenen Kalb gemacht und alle anderen Methoden des Wissens verdrängt. Die Wissenschaftler haben ihre Entdeckungen und die sich daraus ergebenden Wunder der Technik als greifbare Beweise für den immanenten Wert des Rationalismus vorgelegt. Allerdings werden die Schattenseiten des wissenschaftlichen Fortschritts allmählich immer deutlicher sichtbar, etwa in der globalen Umweltverschmutzung, der Atombombe, dem radioaktiven Abfall und den schädlichen Nebenwirkungen elektromagnetischer Felder.

Infolgedessen erscheint die übertrieben rationale Vorgehensweise der Wissenschaft inzwischen weniger verlockend oder überzeugend. Wissenschaftliche Untersuchungen darüber, wie Wissenschaftler tatsächlich zu ihren bedeutendsten

Erkenntnissen gelangen, haben außerdem in der Tat enthüllt, daß die «irrationale» Kraft der Phantasie eine bedeutsame Rolle beim Prozeß des Entdeckens spielt. Gleichermaßen wichtig sind die Hinweise von Sozialwissenschaftlern auf die «irrationalen» Elemente, die den Wissenschaftsbetrieb steuern – vom Fälschen von Daten, damit sie zu einer Theorie passen, bis zum Druck auf Kollegen, die andere Meinungen als das Establishment vertreten.

Zum Glück erlebt die Intuition langsam, aber sicher ein Comeback. Das spiegelt sich in der zunehmenden Zahl von Publikationen, Vorlesungen und Workshops zu diesem Thema und zu dem damit nahe verwandten Thema der Kreativität wider. 1994 habe ich beim Start der Zeitschrift *Intuition* mitgewirkt, die inzwischen viele Leser gefunden hat, aber auch von einem Industriellen im Ruhestand, der von der Intuition fasziniert ist, finanziell großzügig unterstützt wird. Sein Interesse spiegelt die wachsende Anerkennung der Intuition als ein wertvolles Instrument für den Erwerb und die Erzeugung von Informationen in der Welt der Wirtschaft wider – wohl dem letzten Bereich, den man mit «Schwachköpfigkeit» verbinden würde. Psychologen, die sich mit der Funktionsweise des Managerverstands befassen, bestätigen, daß die besten Manager die Gabe der Intuition besitzen – also Menschen mit «Ahnungen» sind, «aus dem Bauch heraus denken» oder einen «sechsten Sinn» haben.

Wirtschaftliche Situationen können außerordentlich komplex sein, und das rationale Denken ist nur selten in der Lage, all die Variablen herauszuarbeiten, die erkennen lassen, was in jedem Augenblick vorgeht. Aber selbst wo dies möglich ist, erlauben die komplexen Verhältnisse kaum verläßliche Vorhersagen. Wir haben vielleicht alle Komponenten einer Situation analysiert, sind aber kaum in der Lage, das große Ganze sinnvoll zu erfassen. Um dieses Puzzle wieder zusammensetzen zu können, brauchen wir ein kompetenteres Erkenntnisvermögen als das bloße Denken. Somit stellt die Welt der Wirtschaft einen idealen Testbereich für den intuitiven Denker dar, der schlicht weiß. Wo das vernunftmäßige Schließen versagt, kann ein intuitiver Gedankensprung die Rettung sein. Gute Manager müssen gute intuitive Denker sein, auch wenn sie dies vielleicht nicht immer wissen oder sich nicht als solche bezeichnen.

In ihrem *Intuition Workbook* erwähnt Marcia Emery den Fall eines Managers, der sich viele Monate lang mit der Neuorganisation seiner Belegschaft herumgeschlagen hatte.[6] Eines Tages, als er sich mit einem völlig anderen Problem beschäftigte, tauchten plötzlich Bilder in seinem Kopf auf, die ihm klar zeigten, wie das Organisationsrätsel zu lösen war. Ein anderer leitender Mitarbeiter führte ein Bewerbungsgespräch mit dem idealen Kandidaten für eine Position, vertagte aber unerklärlicherweise die Entscheidung, weil er noch immer seine Zweifel im Hinblick auf den Bewerber hatte. Dies erwies sich als berechtigt, als der Manager von dritter Seite erfuhr, daß der Bewerber dazu neigte, streitsüchtig und übellaunig zu sein. Emery führt noch viele weitere Beispiele an, und vermutlich könnte jede Managerin oder jeder Manager ähnliche Geschichten zum besten geben.

Willis Harman, der verstorbene Präsident des Institute of Noetic Sciences in Sausolito, Kalifornien, hat mir gegenüber in einem Gespräch einmal erklärt, die immer stärkere Anerkennung der Nützlichkeit der Intuition führe zu einer radikalen Neubewertung der Rolle der Wirtschaft. In einem Vortrag, den er 1988 auf der IMI-Konferenz über Intuition in der Wirtschaft gehalten hat, nannte Harman das gegenwärtige Interesse an der Intuition bei Wirtschaftsführern «eine verschlüsselte Botschaft, die auf eine grundlegende Umwandlung der globalen Gesellschaft hindeutet».[7] Die Intuition stellt auch einen integralen Aspekt der anspruchsvollen geistigen Arbeit von Mathematikern und theoretischen Physikern dar. Kein Geringerer als Albert Einstein hat eingestanden, daß er bei der Formulierung seiner Relativitätstheorie Gedankensprünge gemacht habe, die weit über die experimentelle Beweisführung oder die bekannten Fakten hinausgingen.

Der Physiker Heinz Pagels hat erklärt: «Ein Großteil der kreativen Arbeit in der Physik vollzieht sich nach dieser Methode, die die Intuition dem allerersten Schritt zuweist, ein nichtrationaler, aber verifizierbarer Aspekt wissenschaftlicher Kreativität.»[8]

Die Quantenphysik hat den rationalen Verstand an seine Grenzen vorstoßen lassen und dabei die Grundlagen der Newtonschen Physik erschüttert. Statt in der Wissenschaft ein Unternehmen zur Ausrottung des Geheimnisses zu sehen, verstehen sie immer mehr Physiker als eine besondere Begegnung mit dem ewigen Geheimnis der Existenz an sich. So hat beispielsweise der britische Physiker Harold Schilling offen vom «Mysterium der Glorie wie der Unergründlichkeit des Seins» gesprochen.[9] Für ihn und viele andere Physiker besitzt das Universum nicht nur eine räumliche Ausdehnung, sondern auch Tiefe um Tiefe oder «Innerlichkeit», wie er es nennt.

Genau wegen dieses Zusammenfallens von Innen und Außen konnte Fred Alan Wolf – ein Wissenschaftler, der die theoretische Physik aufgab, um sich der Dichtung zu widmen und sich mit dem Heiligen zu befassen – erklären: «Das Studium der Quantenphysik hat mich erkennen lassen, daß sie ebenso eine psychologische wie ein physikalische Wissenschaft ist.»[10] Natürlich werden wir nie zum Grund dieses Geheimnisses vordringen, auch wenn wir durch die Erfahrung (das Experiment), das Denken und nicht zuletzt durch die intuitive Imagination immer neue Ebenen der Existenz erkennen können, die unser Wissen und Staunen erweitern und vertiefen.

Wenn schon «kühle» Wirtschaftsführer und «nüchterne» Wissenschaftler die Intuition hinzuziehen, dann können das alle anderen Menschen auch. Ich glaube, der Bann, in den der extreme Rationalismus unsere westliche Gesellschaft gezogen hat, ist gebrochen. Entscheidend ist, daß er genau dort gebrochen ist, von wo er ausgegangen war – in den Naturwissenschaften, allen voran in der Physik. Auch wenn die neue Stimmung (lies: das Paradigma), die heute in wissenschaftlichen Kreisen zu spüren ist, noch ziemlich zurückhaltend ist, besteht kein Zweifel daran, daß sie sich halten wird. Ja, sie wird sich noch verstärken und unsere gesamte Kultur durchdringen. Unter anderem können wir erwarten, daß sie eine radikale Neubewertung der Intuition mit sich bringen wird.

Wie funktioniert die Intuition?

Laut einigen Fachleuten ist das rationale Denken eine Tätigkeit der linken Hirnhälfte, während die Intuition mit der rechten Seite des Gehirns verbunden ist. Doch dies ist eine unglückliche Vereinfachung, die von den Leuten stammt, die das Modell des geteilten Hirns populär gemacht haben. Neuere wissenschaftliche Ergebnisse und Denkmodelle legen die Vermutung nahe, daß das Gehirn eher so etwas wie ein Hologramm ist, in dem das Gedächtnis nicht lokalisiert oder in der einen *oder* der anderen Hirnhälfte untergebracht ist, sondern im gesamten Gehirn präsent ist. Alles spricht dafür, daß komplexe Prozesse wie die Intuition und das Denken beide Hirnhälften umfassen.

Diese holographische Theorie des Gehirns wurde von Karl Pribram formuliert, Professor für Neuropsychologie an der Stanford University.[11] Pribrams Modell ist zwar weiterhin umstritten, bietet aber einen Ausweg aus dem Gestrüpp der unzureichenden orthodoxen Hirntheorien und wird daher von vielen avantgardistischen Forschern bevorzugt. Wenn das Gehirn nun ein Hologramm ist, wo Informationen in jedem Teil gespiegelt statt in einem exakt festgelegten Gebiet gespeichert werden, erkennen wir ohne weiteres, wie das spontane Wissen der Intuition möglich sein kann, wie wir einen unmittelbaren Zugang dazu haben, der keine Kettenreaktion erfordert, die Informationen von einem Neuron zum andern weiterleitet, bis wir uns dieser Informationen bewußt sind.

Diese Theorie erklärt freilich nicht, wie wir ein intuitives Wissen von etwas haben können, das wir nie erfahren haben. Denn zur Intuition gehört auch das riesige Gebiet der sogenannten übersinnlichen kognitiven Fähigkeiten wie die des Hellsehens und der Vorahnung. Während die Wissenschaft beim Verstehen dieser Prozesse hinterherhinkt, haben die esoterischen Traditionen schon seit langem ihre eigenen Antworten gegeben. Vielleicht müssen wir uns unser ganzes Sein – ja, selbst den Kosmos – als ein Hologramm vorstellen und zugeben, daß das Bewußtsein irgendwie in all das verwoben ist. Es gibt sogar ein wissenschaftliches Modell, das dies auf rudimentäre Weise erklärt: die Theorie der Holobewegung des Nobelpreisträgers David Bohm. Er behauptet, das Bewußtsein sei in die gesamte holographische Struktur des Universums verwoben, und bemerkte, daß ganz in der Tiefe das Bewußtsein der Menschheit eins sei. Wenn wir uns völlig darüber klargeworden sind, daß der Kosmos und das Gehirn aus einem Guß sind, werden wir vielleicht auch erkennen, daß wir nicht Milliarden ausgeben müssen, um ferne Planeten zu erkunden oder zum nächsten Stern zu fliegen, sondern daß wir Psychokosmonauten sein können, wie es frühere Yogīs waren. Schon die alten Griechen meinten, daß Mikrokosmos und Makrokosmos ein und dasselbe seien. Es sieht immer mehr danach aus, daß sie recht hatten.

Der rationale Verstand freilich wird solche Vorstellungen für wenig sinnvoll halten. Sie erfordern einen intuitiven Sprung. Denken funktioniert durch Spaltung. Wir sprechen treffend von Haarspalterei. Die Intuition dagegen ist eine Fusion. Sie synthetisiert und integriert Informationen ganz rasch. Der amerikanische Philosoph Dane Rudhyar hat einmal gesagt, die beste Definition von Intuition sei «holistische Wahrnehmung». Intuition, erklärte er, beruhe auf einem Prozeß der Identifikation, durch die ein gegebenes Ganzes – ein unbelebtes Objekt oder ein Lebewesen – mit einer bestimmten Eigenschaft gleichgesetzt werde. Rudhyar hat dies auf folgende Weise veranschaulicht: «Intuitiv weiß man, daß etwa ein Mensch ehrlich ist. Das heißt, daß der Mensch und die Ehrlichkeit auf eine besondere Weise als identisch erkannt worden sind. Die Eigenschaft – Ehrlichkeit – hat sich über die Vorstellung von diesem Menschen gelegt und ist mit ihr eins geworden.»[12]

Rudhyar glaubte, daß sich alle Intuitionen auf diese Weise erklären ließen. Diesen Standpunkt vertrat im Grunde auch der große französische Philosoph Henri Bergson. In seinem Buch *Die beiden Quellen der Moral und der Religion* stellte Bergson Überlegungen darüber an, wie die Intelligenz ins Leben eines Insekts als Instinkt und ins Leben des Menschen als Denken Eingang gefunden habe. Er schrieb: «Es ist richtig, daß die Intuition sich degradieren mußte, um Instinkt zu werden; sie hatte sich am Interesse für die Gattung hypnotisiert, und was sie an Bewußtsein bewahrt hatte, hatte eine somnambule Form angenommen. Aber ebenso wie der tierische Instinkt von einem Saum von Intelligenz umgeben blieb, so behielt die menschliche Intelligenz eine Aureole von Intuition.»[13]

Diese «Aureole von Intuition», schlug Bergson vor, müßten wir pflegen, wenn wir mehr Ganzheit oder Gesundheit erlangen wollten, als sie sich durch reinen Intellektualismus und Rationalismus erzeugen ließen. Die Intuition übersteige den Intellekt, wie sie auch den Instinkt übersteige. Bergson erinnert uns daran, daß die Intuition im Spiel der Evolution vom Intellekt verlangte, sich über die Stufe des reinen Instinkts hinauszubegeben. Der Instinkt gleicht dem Somnambulismus insofern, als in ihm das Bewußtsein schläft. Die Intuition ist für Bergson der Instinkt, der zur Ebene des Selbstbewußtseins aufgestiegen und zur wahren Distanzierung gegenüber der Welt der Objekte und ihrer Forderungen imstande ist.

Aufgrund der zentralen Bedeutung der Intuition in Bergsons Denkgebäude wurde seine Methode als eine Form des philosophischen Intuitionismus bezeichnet. Nicht selten wurde dieses Etikett benutzt, um Bergsons Einstellung als antiwissenschaftlich und bloß metaphysisch abzutun. Während Bergson in der Tat nicht vor der Metaphysik zurückschreckte, hatte er doch einen gesunden Respekt vor den Wissenschaften und glaubte, sie müßten auf die gleiche Basis gestellt werden wie die Metaphysik. Wie auch immer – jedenfalls hat dieser kreative Denker moderne Philosophen auf die Intuition aufmerksam gemacht.

Die Wissenschaft und der Blitz der Intuition

Albert Einstein, den viele für das größte wissenschaftliche Genie unseres Jahrhunderts halten, gelangte zu seiner berühmten Relativitätstheorie nicht durch mühsames lineares Denken, sondern durch einen Gedankenblitz. Seine Intuition ging nicht nur über die verfügbaren Beweise hinaus, sondern war seinerzeit nicht einmal durch Experimente zu verifizieren. Doch heutzutage ist die Relativitätstheorie einer der Eckpfeiler der Physik.

Die Vorstellung, Intuition und Wissenschaft seien nicht miteinander vereinbar, ist eindeutig falsch. Obwohl viele Wissenschaftler sich für völlig rationale Menschen halten und behaupten, ihr wissenschaftliches Interesse sei frei von derart «irrationalen» Unreinheiten wie der Intuition, sind sie in der Praxis an erster Stelle Menschen und erst an zweiter Wissenschaftler. Das heißt, sie sind nicht nur irrationalen Modi unterworfen (vor allem Emotionen, Begierden, Vorurteilen usw.), sondern auch zu kleinen und großen intuitiven Sprüngen fähig.

Ohne derartige Sprünge würden wir noch immer die Äste für unsere selbstgebauten Behausungen mit Steinäxten abschlagen. Ja, die Erfindung der Steinaxt selbst war das Ergebnis eines Sprungs der Imagination. Sie war ein genauso kühner und weitreichender Sprung wie Archimedes' Entdeckung des später nach ihm benannten physikalischen Prinzips. Archimedes, der als größter Wissenschaftler der klassischen Antike bezeichnet worden ist, erhielt von seinem Herrn und Gönner Hieron II., dem Herrscher von Syrakus, einen schwierigen Auftrag. Hieron hatte eine Krone aus reinem Gold bekommen, aber da er ein mißtrauischer Mensch war, forderte der Tyrann Archimedes auf herauszufinden, ob die Krone tatsächlich ganz und gar aus dem seltenen, kostbaren Metall hergestellt oder mit irgendeinem minderen Metall legiert worden war.

Archimedes kannte das Gewicht einer Volumeneinheit Gold und hätte die richtige Antwort leicht geben können, wäre er nur imstande gewesen das Volumen der Krone zu messen. Doch ein Einschmelzen des Schatzes kam ebensowenig in Frage, wie ihn zu einem Barren zusammenzufügen. Aber da Archimedes nun einmal ein Genie war, fiel ihm blitzartig eine Lösung ein, während er ein Bad nahm. Er stellte fest, daß sein Körper den Wasserspiegel steigen ließ, als er sich in die Badewanne setzte. Und da hatte er sein berühmtes Heureka-Erlebnis. Plötzlich kam ihm der Gedanke, daß das Volumen des verdrängten Wassers dem Volumen der eingetauchten Teile seines Körpers entsprach. Er mußte also nichts weiter tun, als die Krone in eine bekannte Menge Wasser zu geben, um Hierons Frage zu beantworten. Nachdem er Archimedes' Testergebnisse erhalten hatte, ließ der Tyrann den betrügerischen Goldschmied hinrichten.

Der geniale französische Mathematiker Henri Poincaré hat unter anderem die Theorie der Fuchsschen Funktionen entwickelt. Bei einigen Problemen gelang es ihm nicht, eine Lösung zu finden. Er war froh, daß er seine Arbeit wegen einer geologischen Exkursion unterbrechen mußte. Als er die Fahrt antrat, fielen ihm aus heiterem Himmel die Lösungen ein. Er hatte zwar keine Zeit, sie gleich zu überprüfen, war sich aber völlig sicher, daß sie richtig waren.

Von einem ähnlichen Aha-Erlebnis berichtete er im Hinblick auf ein anderes schwieriges mathematisches Problem. Tagelang hatte er schon daran gearbeitet, dann nahm er sich frustriert einen Tag frei, um am Strand spazierenzugehen. Wieder fand er die Lösung, als er es am wenigsten erwartete. Auch bei vielen weiteren Gelegenheiten kamen intuitive, blitzartige Einfälle Poincaré zu Hilfe. Vergleichbares haben andere bedeutende Mathematiker berichtet, wie etwa André Marie Ampère und Carl Friedrich Gauß.

Ein oft erwähntes Beispiel einer intuitiven, blitzartigen Erkenntnis, die die Wissenschaft revolutionierte, ist Friedrich August Kekulés Entdeckung, daß organische Verbindungen geschlossene Ringstrukturen bilden. Wie Archimedes in seiner Badewanne war Kekulé in einer ziemlich entspannten Stimmung, als er sein Heureka-Erlebnis hatte. Genauer gesagt: Er war eingeschlafen und träumte von Atomen, die lange, schlangenartige Strukturen bildeten. Sofort erwachte er und war sich vollkommen über die Folgen im klaren, die das Traumbild für seine chemische Forschung haben würde.

Die andere Seite der Intuition: übersinnliche Phänomene

Der Gedanke, wissenschaftliche Probleme im Schlaf zu lösen, erscheint sehr reizvoll. «Lassen Sie uns lernen zu träumen, meine Herren!» empfahl Kekulé seinen Wissenschaftskollegen. Die Traumarbeit ist in der Tat ein wichtiger Bestandteil vieler Therapien und Methoden des Selbstverständnisses geworden, auch wenn sie in wissenschaftlichen Kreisen noch nicht populär ist. Denn Träumen, das ein veränderter Bewußtseinszustand ist, ist eine bedeutsame Pforte zu den verborgenen Winkeln des Geistes – dort finden wir sowohl die un- oder halbverarbeiteten Abfälle unserer Alltagserfahrungen wie jene raren Juwelen der Erkenntnis, die unserem Leben und unseren Bemühungen einen besonderen Sinn geben. Zuweilen wird diese Unterscheidung mit den Begriffen des Unbewußten und des Überbewußten ausgedrückt, wobei ersteres als zwielichtige Müllkippe und letzteres als erhaben klare Ebene dargestellt wird, von der schöpferische Ideen nach unten geschleust werden, um unser gewöhnliches Bewußtsein und Verständnis zu erhellen.

Montague Ullman, der Begründer des Traumlabors am Maimonides Medical Center in New York, hat unanfechtbare Beweise dafür gefunden, daß Träume eine Brücke zwischen unserer Alltagswirklichkeit und den verborgenen Ebenen des holograpischen Universums sind.[14] Er erblickt darin einen Quell der lebensverbessernden und sogar lebenserhaltenden Weisheit. In zahlreichen Experimenten gelang es ihm nachzuweisen, daß selbst scheinbar ganz «nichtübersinnliche» Menschen im Traumzustand übersinnliche Erlebnisse haben können.

Bei dem Thema Intuition und Traum begeben wir uns auch auf das Gebiet der außergewöhnlichen Bewußtseinszustände. Bergson hat sich als erster Gedanken über die Intuition im Zusammenhang mit übersinnlichen Phänomenen und der Parapsychologie gemacht. So erwähnte er den Fall einer Frau, die einen Aufzug betreten wollte und von dem Fahrstuhlführer zurückgerissen wurde, den sie zuvor gar nicht bemerkt hatte.[15] Als sie genauer hinsah, entdeckte sie, daß sie gerade in einen leeren Fahrstuhlschacht hatte treten wollen. Bemerkenswerterweise war auch überhaupt kein Fahrstuhlführer da. Sie hatte ihn halluziniert, genauso, wie sie sich eingebildet hatte, der Fahrstuhl würde auf ihrer Etage halten. Natürlich könnten manche Menschen darin ein Beispiel für das Eingreifen eines Schutzengels sehen.

Bergson spekulierte, um der Frau das Leben zu retten, habe «die instinktive, somnambule Persönlichkeit eingegriffen, die unter der verstandesmäßig überlegenden liegt». Dieser rudimentäre Instinkt sei von der gleichen Art von Intelligenz erfüllt, die auch – in anderer Form – in der Vernunft gegenwärtig sei. Er sei im Prinzip intuitiv, obwohl er, so Bergson, eine niedere Form der Intuition darstelle. Die höhere Intuition, behauptete er zu Recht, offenbare die Wirklichkeit, die das vertraute Terrain von Mystikern sei. Meine eigene Geschichte, die ich am Anfang dieses Kapitels erzählt habe – als ich von einer Fahrt Abstand nahm, die mich ins Epizentrum des Erdbebens von San Francisco im Jahre 1989 hätte bringen können –, ist ein weiteres Beispiel der übersinnlichen Aktivitäten, der außersinnlichen Wahrnehmung (ESP, von englisch: *extrasensory perception*) oder der niederen Form der Intuition, wie Bergson das genannt hat.

Natürlich lassen sich nicht alle parapsychologischen Aktivitäten mit dem Instinkt oder der Intuition erklären. Umgekehrt kann die ESP gelegentlich oder auch häufig eine Komponente der Intuition sein. Dies hat zuerst C. G. Jung dargelegt, der in der Intuition eine eigenständige Funktion des Geistes sah, neben dem Denken, dem Fühlen und der Empfindung.

Für Jung war die Intuition ein irrationales Vermögen der Psyche, das zu Erkenntnissen rein auf der Basis komplexer unbewußter Prozesse gelange. Interessanterweise ordnete er das Fühlen als eine rationale psychische Funktion ein, weil es seine Erfüllung nur dann finde, wenn es mit der Rationalität übereinstimme. Dabei darf das Fühlen nicht mit dem Gefühl verwechselt werden, welches eindeutig nicht den Gesetzen der Vernunft folgt. Das Fühlen erlaubt uns, eine Situation ohne Rückgriff auf die langsame logische Analyse einzuschätzen. In diesem Sinne ist es der Intuition ziemlich ähnlich, und beide Funktionen sind tief im Unbewußten verwurzelt. Daher hat

Jungs Unterscheidung zwischen dem Fühlen als einer rationalen Funktion und der Intuition als einer irrationalen Funktion keineswegs alle Psychologen überzeugt.

Intuition auf der höchsten Oktave: die spirituelle Erleuchtung

Für Bergson war die höchste Form der Intuition zu Recht diejenige, die aus den tiefsten Fundamenten des menschlichen Bewußtseins aufsteigt – aus jener Region des Seins, die die Heimat der Mystiker aller Zeitalter und Kulturen ist. Die mystische Intuition, schrieb er, «wäre ein Teilhaben am göttlichen Wesen».[16]

Manche Psychologen glauben, daß wir nur einen geringen Teil unserer gesamten Hirnenergie nutzen, und dazu zählt für sie auch unser Potential für intuitive Erkenntnisse und die höchste Intuition der spirituellen Erleuchtung. Den Aussagen der Mystiker und Weisen zufolge übersteigt die spirituelle Erleuchtung in der Tat den Bereich des Gehirns und bringt uns in Kontakt mit der Wirklichkeit an sich, ohne unsere üblichen zerebralen Filter. Daher haben einige Fachleute es abgelehnt, die Erleuchtung als eine Form der Intuition zu bezeichnen – sie definieren sie lieber als geistigen Prozeß. Dazu Bergson: «Denn wenn unser Körper der Stoff ist, auf den unser Bewußtsein sich bezieht, dann hat er die gleiche Ausdehung wie unser Bewußtsein, dann umfaßt er alles, was wir wahrnehmen, dann reicht er bis zu den Sternen.»[17]

Modern ausgedrückt: Wir *sind* das totale Hologramm, das sich in immer neuen Formen unserer Wahrnehmung präsentiert. Auf jeden Fall transzendiert die Erleuchtung alle Illusionen, die vom konventionellen Gehirn zusammengebraut werden, und daher muß sie unweigerlich unsere Anschauung von der Welt und unsere Stellung in dieser verwandeln. Genau das haben die spirituellen Traditionen schon immer behauptet: daß der wahrhaft Erleuchtete in der Welt gegenwärtig, aber nicht von ihr ist, daß er leicht über diesen Planeten wandelt und daß ihm das Wohl aller Wesen am Herzen liegt. Um den Psychologen und Erzieher Philip Goldberg noch einmal zu zitieren: «In einem hohen Bewußtseinszustand sollen alle Handlungen spontan richtig sein. Die intuitiven Impulse, die den erleuchteten Geist informieren und leiten, wären für das Individuum wie für die Umwelt angemessen, da der Geist mit den tiefsten Impulsen der Natur mitschwingen würde.»[18]

Der Sozialwissenschaftler Willis Harman hat dies höhere Kreativität genannt. Seine Formulierung verweist auf die enge Verbindung zwischen Intuition und Kreativität. Dazu Harman in seinem Buch *Higher Creativity*, (dt.: *Die Kunst, kreativ zu sein*), das er zusammen mit Howard Rheingold geschrieben hat, dem Gesellschaftskolumnisten der Zeitschrift *Esquire*: «Wenn es einem gelinge, sich wahrhaft selbst zu kennen, erklären die Mystiker, dann nehme das Ziehen des materiellen Körpers und der Ich-Persönlichkeit stark ab, und man stelle fest, daß der tiefste Beweggrund darin bestehe, sich voll und ganz am Entwicklungsprozeß der Menschheit zu beteiligen. Anders gesagt: Man wird sich bewußt, daß das, was einem wie Triebkräfte vorkam, vor allem illusorische Ich-Bedürfnisse waren und daß die Wünsche des wahren Selbst die wahren Bedürfnisse sind – das hört sich doch sehr nach dem Phänomen an, das wir als ‹höhere Kreativität› bezeichnet haben.»[19]

Als bewußte Wesen sind wir nicht bloß dem Entwicklungsprozeß unterworfen, sondern auch herausgefordert, uns luzide – das heißt: mitschöpferisch – daran zu beteiligen. Doch dazu sind wir nur in der Lage, wenn wir uns auf unser inneres Wissen, auf unsere intuitive Funktion berufen, die uns mit dem tieferen und umfassenderen Verständnis versehen wird, das notwendig ist, um weise in der Welt zu agieren. Intuition wie Kreativität steigen offenbar aus derselben lebendigen Quelle in uns auf. Um uns ihrer lebensverbessernden Gaben zu erfreuen, müssen wir einfach die Hindernisse beseitigen, die sie davon abhalten, aus freien Stücken unser Leben zu bereichern. Wenn wir gelernt haben, dem Leben und uns selbst zu vertrauen, werden Intuition wie Kreativität strömen. Dann wird sich unser angeborenes Genie manifestieren. Ein solches Genie, wußte Ralph Waldo Emerson, «verströmt Weisheit wie ein Parfüm». Etwas davon lassen seine eigenen folgenden Worte erkennen: «Und was ist Genie anderes als bessere Liebe, als unpersönliche Liebe, eine Liebe zur Blüte und Vollkommenheit der Dinge und ein Verlangen, ein neues Bild oder ein neues Exemplar des Gleichen zu zeichnen? Es fragt nach der Ursache und nach dem Leben: Es geht von innen nach außen, während das Talent von außen nach innen geht . . . Das Genie verströmt Weisheit wie Parfüm und tut uns kund, daß es aus einer tieferen Quelle fließt als die vorhergehende Stille, da es so tief weiß und so musikalisch spricht, weil es selbst eine Mutation dessen ist, was es beschreibt. Es ist Sonne und Mond und Welle und Feuer in Musik.»[20]

9

Kreativität – Selbstverwirklichung und Transzendenz

Der Mut, schöpferisch tätig zu sein

«Kreativität ist eine notwendige Fortsetzung des Lebens», schreibt der amerikanische Psychiater Rollo May.[1] Das ist eine zeitgenössische Umschreibung dessen, was die *Bhagavad-Gītā* (III, 5) so ausdrückt: Leben heißt aktiv sein und damit am schöpferischen Prozeß des Lebens selbst teilnehmen. Das Leben oder die Natur ist unendlich kreativ. Das Geschaffene, erklärt der russische Philosoph Nikolai Berdiajew, sei Schöpfung.[2] Als Menschen sind wir ein integraler Bestandteil der Ebbe und Flut dieser natürlichen Kreativität der Schöpfung. Die Frage ist, ob unsere Teilhabe unbewußt und ich-getrieben oder bewußt und selbsttranszendierend ist. Solange wir vom Leben nur gestoßen und gezogen werden, ist unsere Kreativität schlicht die Kreativität der Natur. In diesem Fall sind wir «zur Kreativität verdammt», wie Henryk Skolimowski es formuliert hat.[3]

Doch in dem Maße, in dem wir uns mit dem Bewußtsein identifizieren, als einer Konstante jenseits des Reiches der Natur, wandeln wir die Notwendigkeit der natürlichen Kreativität in freie mitschöpferische Teilhabe um und modifizieren damit unser Schicksal und das der Natur und der Evolution selbst. In diesem Fall sind wir nicht zur Kreativität verdammt, sondern herausgefordert. «Teilhabe ist eine Frage des Kontexts», schreibt Skolimowski und fährt fort: «Der Kontext ist ein subtiles Phänomen, dem gewöhnlichen Auge unsichtbar. Doch er verbindet Dinge, legt ihr Wesen fest, bestimmt das Wesen der Beziehungen, in denen sie zueinander stehen, läßt sie bestimmten Konfigurationen (und keiner anderen Art von Konfiguration) angehören, läßt sie ihre Rolle entsprechend dem Entwurf des Ganzen spielen.»[4]

Wenn der Kontext oberflächlich ist, verweist das auf eine oberflächliche Teilhabe. Im Gegensatz dazu können wir einen tieferen Kontext erschaffen, indem wir tiefer partizipieren. Die intensive Teilhabe an der Gesellschaft wird oft durch äußerst einschränkende verborgene Vorschriften behindert, die zwar unsere Teilhabe verlangen, uns aber keine kreative Freiheit lassen. So werden wir beispielsweise aufgefordert, uns um die Unterprivilegierten zu kümmern, doch der konkrete Umgang mit einem Penner ist mit einem Stigma behaftet. Oder man erwartet von uns, Mitgefühl mit den Kranken zu haben, aber es ist uns peinlich, Einfühlungsvermögen gegenüber einem geistig Behinderten zu beweisen, und zwar, weil auch hier eine verborgene Vorschrift einen derartigen Kontakt tabuisiert. Nur die mitschöpferische Teilhabe ist ganze Teilhabe, da sie uns gestattet, die Vorschriften selbst kreativ zu verändern. Skolimowski stellt sich sogar eine noch tiefere Form der Teilhabe vor, durch die unsere Genies imstande seien, schöpferische Werke hervorzubringen, «die an Wunder grenzen». Er sieht in der mitschöpferischen Teilhabe «einen Weg, der zu Gott führt».[5]

Die Evolution beruht offenbar nicht allein auf zufälligen Mutationen, sondern auch auf der spontanen individuellen Anpassung, sogar auf der Ebene von Bakterien. So schreibt der englische Botaniker Rupert Sheldrake in seinem Buch *Die Wiedergeburt der Natur*: «Wenn man Bakterien, die an Nahrungsmangel einzugehen drohen, einen Zucker anbietet, den sie normalerweise nicht verdauen können, treten sehr viel häufiger, als nach der Zufallstheorie zu erwarten wäre, Mutationen auf, durch die die Bakterien genau die Enzyme bekommen, die sie in ihrer gegenwärtigen Lage brauchen.»[6] Diese Art von spontaner Anpassung ist eine kreative Reaktion, die zwar noch unbewußt, aber gleichwohl gezielt verläuft. Im Menschen mit einem Selbstbewußtsein kann sie sich zu einer voll und ganz bewußten und mitschöpferischen Reaktion entfalten. Sheldrake, der wegen seiner Theorie der morphischen Resonanz international bekannt ist, hat drei Modelle von Kreativität aufgestellt. Im ersten Fall entstehe die Kreativität aus dem »Mutterprinzip», das heißt den blinden, unbewußten, vom Zufall geleiteten Prozessen der Natur. Im zweiten Fall gehe die Kreativität vom «Vaterprinzip» aus, das heißt, von der höheren transzendentalen Intelligenz (werde sie nun «Gott» oder *nous* genannt). Daher sind für Pythagoras die Gesetze der Kreativität letztlich mathematische Gesetze, da die ewigen mathematischen Realitäten jeder Manifestation vorausgehen. Das dritte, von Sheldrake bevorzugte Modell betrachtet die Kreativität als Ergebnis des Zusammenspiels von Vater- und Mutterprinzip: «Das Schöpferische tritt in einer bestimmten Umgebung, an bestimmten Orten und zu bestimmten Zeiten in Erscheinung und ergibt sich aus den Prozessen der Natur. Zugleich steht es aber auch im Rahmen höherer Ordnungssysteme.»[7]

Die menschliche Kreativität entfaltet sich also an der Schnittstelle zwischen dem Bewußtsein und der verborgenen Dimension des Geistes (dem Unbewußten oder den transpersonalen Ebenen des Bewußtseins). Sie greift auf Vermögen höherer Ordnung zurück, während sie gleichzeitig den Anstößen des unterschwelligen Teils der Psyche nachgibt: dem Unbewußten oder Unterbewußten. Trotz aller allgemeinen Züge stellt sie immer eine einzigartige persönliche Geste dar und verlangt ein uneingeschränktes Investieren der Energien des kreativen Individuums und damit eine besondere Art von Mut.

Indem er sich an den bedeutenden protestantischen Theologen Paul Tillich anlehnte, sprach Rollo May vom «Mut zur

Schöpfung». Insbesondere meinte er damit den Mut, bewußt schöpferisch tätig zu sein oder mit dem Wissen darum, daß die eigenen Handlungen kreativ sind. Viele Menschen haben Angst davor, kreativ zu sein, weil ihnen das Vertrauen in sich selbst fehlt. Gewohnheitsmäßig scheuen sie vor jeder Neuerung zurück, weil sie tief im Innern Angst vor Versagen oder Zensur haben. Doch wir sind ständig kreativ, ob wir uns dessen nun bewußt sind oder nicht. Allerdings drückt sich unsere Kreativität im großen und ganzen in der automatischen Nachschöpfung (lies: Wiederholung) der vertrauten Muster und Formen aus. Wir sind, anders ausgedrückt, sozusagen «Gewohnheitstiere». Jedesmal, wenn wir handeln, erschaffen oder vielmehr wiedererschaffen wir uns selbst.

Daher stellt sich nie die Frage, ob wir kreativ oder nicht kreativ sind, sondern ob wir bewußt kokreativ (mitschöpferisch) oder unbewußt kreativ (replikativ) sind. Wenn wir uns für ersteres entscheiden, erfordert dies Mut und Glauben. Nach May setzt der Mut zur Kreativität (oder vielmehr zur Kokreativität mit der Natur oder dem Unbewußten) eine Zentriertheit voraus. Aber was heißt Zentriertheit? Dies bedeutet, sich mit sich selbst und im weiteren Sinne mit der Welt im großen und ganzen eins zu fühlen. Es ist das Gefühl, daß das eigene Leben richtig ist, eine Bestätigung des eigenen Wesens. Zentriert zu sein heißt, konzentrisch mit dem zu sein, was an einem wirklich ist. Ohne Zentriertsein, bemerkt May, gäbe es nur ein Vakuum – und genau unter diesem unglücklichen Zustand leiden so viele Menschen. Psychisches Vakuum ist gleichbedeutend mit Selbstzentriertheit oder Egozentrik. Wahre Zentriertheit hingegen ist verbunden mit dem höheren Selbst, dem Seins-Bewußtsein oder *ātman*, in dem alle Wesen enthalten und miteinander verbunden sind.

Ganz im Sinne von Tillich verstand May den Mut als «das Fundament, das allen anderen Tugenden und persönlichen Werten zugrunde liegt und ihnen Wirklichkeit verleiht».[8] Mut bedeutet somit, daß wir den Kern unseres Wesens – das Selbst – erschließen und uns davon dynamisieren und erhalten lassen. Der Schweizer Kulturphilosoph Jean Gebser hat diese Einstellung als «Primärvertrauen» oder als Vertrauen in den Ursprung bezeichnet.[9]

Mays Buch ist zwar größtenteils eine anekdotische Darstellung der Kreativität, liefert aber wertvolle Einsichten. Nützlich ist zunächst einmal seine Feststellung, daß die Entdeckung neuer Formen oder Muster, die so wesentlich für die Kreativität ist, sich deshalb so schwierig gestaltet, weil wir den Boden dafür bereiten, alte Formen und Modelle entfernen zu müssen, um Platz für die neuen zu schaffen. Hinzu kommt, so May, daß damit ein Kampf mit den Göttern verbunden ist. Der kreative Akt entspricht dem Akt der Schöpfung, der traditionellerweise Gott vorbehalten ist.

Zwar erschaffen wir als bewußte Wesen unweigerlich die Welt mit, aber dieser kokreative Akt erfüllt sich nur, wenn wir die volle Verantwortung dafür übernehmen. In diesem Fall werden wir unsere individuelle Existenz und auch unser kollektives (soziokulturelles) Leben auf die gleiche Weise angehen, wie ein Künstler ein Kunstwerk in Angriff nimmt: Wir werden aus einer relativ amorphen Masse sorgfältig eine Form herausarbeiten und ihr Schönheit verleihen. Der bulgarische spirituelle Lehrer Omraam Michail Aivanhov hat dazu erklärt: «Der Künstler par excellence ist derjenige, der sein eigenes Fleisch als Material für seine Skulptur, sein eigenes Gesicht und seinen Körper als Leinwand zum Malen, seine eigenen Gedanken und Gefühle als Ton zum Modellieren benutzt. Er möchte, daß die ganze Schönheit und Harmonie der Schöpfung durch sein Wesen fließt und ausgedrückt wird. Ein Künstler wie dieser erschafft die Kunst der neuen Kultur, die heraufdämmert.»[10] Aivanhov fährt fort: «Ein Mensch, der ein lebendes Meisterwerk wird, der das Buch seiner selbst schreibt, tut viel mehr für die Menschheit als alle Bibliotheken, Museen und Kunstwerke der Welt, denn sie sind tot, und er lebt!»[11]

Nur zu oft ignorieren kreative Menschen die Tatsache, daß sich im schöpferischen Prozeß die Chance bietet, nicht nur wunderbare neue äußere Formen zu erschaffen, sondern auch sich selbst neu zu erschaffen. Bei den folgenden Ausführungen sind stets diese beiden Bedeutungen von Kreativität im Auge zu behalten.

Der Mut kreativer Menschen manifestiert sich in ihrer Fähigkeit, die «Götter» in ihrer eigenen Psyche und in ihrem kulturellen Milieu herauszufordern. Kreativität neigt stets dazu, die etablierte Ordnung zu bedrohen, denn sie trägt den Samen der Zerstörung des *ancien régime* in sich. Zumindest potentiell stellt sie den Status quo, die aktuelle Definition von Wirklichkeit, in Frage. Darüber hinaus ist Kreativität, wie May erkannt hat, «ein Sichsehnen nach Unsterblichkeit».[12] Aber im gewöhnlichen kreativen Menschen, der sich nicht in jedem Augenblick der Selbstschöpfung bewußt ist, drückt sich dieses Sehnen in der falschen Hoffnung aus, daß durch sein schöpferisches Produkt irgendeine Art von Ewigkeit gewährleistet sei. Wir sprechen von «unsterblichen» Künstlern – den Shakespeares und Beethovens –, und doch sind sie alle der Sterblichkeit erlegen. Und es gibt keine Garantie dafür, daß ihre Werke für immer oder auch nur über das nächste Jahrhundert oder Jahrtausend hinaus in Erinnerung bleiben und Bewunderer finden werden. Nachruhm jedenfalls ist ein kümmerlicher Ersatz für Unsterblichkeit. Weniger kreative Menschen fallen der gleichen Illusion zum Opfer, wenn sie hoffen, sich durch ihren Nachwuchs zu verewigen. Weder die Kreativität noch die Zeugung garantieren persönliche Kontinuität.

Die spirituelle Dimension der Kreativität

Die Unsterblichkeit transzendiert die Kreativität wie die Zeugung, genauso wie sie die Idee der Individualität transzendiert. Nur der Geist oder die höchste Wirklichkeit ist unsterblich. Um unsterblich zu «werden», müssen wir daher einfach als Geist gegenwärtig «sein», vor unserer Prägung als Mensch, vor der Natur und den Wegen der Evolution. Keine noch so große Kreativität kann uns dorthin bringen, auch wenn wir durch unsere kreativen Werke – insbesondere, wenn wir sie im Kontext des luziden Wachseins erfahren – die Dimension des Unsterblichen vielleicht erahnen können. Die Kreativität muß also kein Hindernis für die Unsterblichkeit sein. Sie nimmt uns nur insoweit gefangen, als wir uns mit unseren Schöpfungen identifizieren und dabei unser wahres Wesen als der unsterbliche Geist vergessen.

Berdiajew, der sich wie kein anderer tiefe Gedanken über die Kreativität gemacht hat, meinte, die Kreativität sei der Geist selbst. Wo der Geist sei, sei Freiheit, und dort sei auch schöpferische Kraft. In dieser wiederum werde das Göttliche im Menschen offenbart. In der schöpferischen Kraft offenbare der Mensch selbst das Bild Gottes in sich und eine Gottähnlichkeit, die göttliche Kraft in sich.

Die schöpferische Kraft setzt nach Berdiajew das Werk der Schöpfung fort. Doch wahre schöpferische Kraft, so sah es dieser christliche Philosoph, ist nur nach der Erlösung möglich, da der Sündenfall unsere schöpferischen Kräfte geschwächt hat. Er sah eine neue Epoche heraufziehen, geprägt von religiöser Schöpfungskraft, das heißt von jener Art von Kreativität, die von ekstatischer Selbsttranszendenz herrührt. Er erblickte darin die «dritte Offenbarung» nach den Offenbarungen des Alten und des Neuen Testaments. Wenn eine solche Kultur der wahren Kreativität verwirklicht werden könne, werde sie alle vorhergegangene Kreativität des Menschen in den Schatten stellen.

Gewiß gelangt der einzelne im kreativen Prozeß über seine endliche Form hinaus. Und gewiß erschafft er sich selbst symbolisch neu, indem er auf vielerlei Weise die Wirklichkeit neu erschafft. Denn der Schöpfungsprozeß ist die gemeinsame Schöpfung der äußeren und der inneren Wirklichkeit. Aber in welchem Sinne erschafft sich der kreative einzelne neu? Wir brauchen bloß die Biographien berühmter Künstler zu lesen, um zu sehen, welche Form ihre Neuschöpfung im allgemeinen annimmt. Nur zu oft ist ihr Leben qualvoll und entstellt durch ihre leidvollen Emotionen – vor allem Zorn, Neid, Eifersucht, Geiz, Rachsucht, Haß und Furcht. Nur zu oft trägt ihr Leben das Kainsmal des Fehlens von Harmonie, Würde und Schönheit. Sie sind vom schöpferischen Prozeß getrieben, und weil sie sich aufgrund dieser Getriebenheit unfrei fühlen, stehen sie zuweilen in tiefem Konflikt mit ihrer Kreativität, was ihre Qual nur noch vermehrt. Auf diese Weise erschafft ihre Kreativität die neurotischen (karmischen) Muster des Verstricktseins ins Leben neu. Das ist der Mechanismus, durch den die phänomenale Wirklichkeit *(samsāra)* in Gang gehalten wird. «Aber als schöpferischer Mensch», stellte Carl Gustav Jung fest, «ist man ausgeliefert, nicht frei, sondern gefesselt und getrieben vom Dämon.» Vielsagend fügte er hinzu: «Die Unfreiheit erweckte in mir eine große Trauer.»[13]

Viele überaus kreative Musiker, Künstler, Schriftsteller und Wissenschaftler sind in einen lebenslangen Kampf mit ihrer Kreativität verstrickt. Wir brauchen uns bloß an Genies wie Michelangelo, Beethoven, Dostojewski und Flaubert zu erinnern. Im großen ganzen können wir sagen, liegt dies daran, daß sie in keiner richtigen Beziehung zu ihrer Kreativität standen und stehen, der Ausübung ihrer Imagination. Gewiß, jede Kreativität ist eine Form der Anstrengung oder Selbstaufopferung. Sogar der göttliche Schöpfungsakt ist ganz allgemein mit der Vorstellung von Arbeit oder Mühe verbunden. So liefert uns das erste Buch Mose die hebräische Version des Schöpfungsmythos, zu dem auch das Verlangen des Schöpfers gehört, am siebten Tag, dem Sabbat, auszuruhen. In den vielen Kosmogonien Indiens wird der Schöpfungsakt als eine Form der Buße *(tapas)* geschildert, die den Schöpfergott Brahmā so stark zum Schwitzen bringt, daß dabei das Universum aus ihm herausströmt. Allerdings unterscheidet sich diese Art der Selbstaufopferung von dem Kampf, den so viele schöpferische Menschen erleben. Sie können Zeiten des kreativen Wahnsinns und Zeiten der Stagnation durchleben, und beide sind eigentlich Formen des Leidens, da ihnen Harmonie und Ausgewogenheit fehlen. So hat Pablo Picasso bekannt: «Ich bin erschöpft, wenn ich nicht arbeite. Die Arbeit füllt die Leere des Nichts. Manchmal kommt es mir so vor, als hätten sich alle Kräfte der Welt verschworen, um mich von meiner Arbeit abzuhalten. Dann bin ich wie eine wütende Bestie.»[14]

Ein anderer genialer Maler, Joan Miró, hat sich über den schöpferischen Prozeß wie folgt geäußert: «Man darf den Fluß der Arbeit nicht unterbrechen. Selbst eine kurze Unterbrechung kann dazu führen, daß es Wochen dauert, bis man wieder hineinfindet. Ich wache auf und ‹denke› von vier bis sechs Uhr morgens Bilder. Dann schlafe ich wieder kurz ein – und dann geht's an die Arbeit. Ich arbeite am besten, wenn ich zornig bin oder mich ärgere.»[15]

Schöpferische Menschen wären überrascht, wenn sie hören würden, daß ihr schöpferischer Kampf größtenteils ein Produkt ihrer unzureichenden Imagination ist. Denn sie erkennen nicht, daß ihr Getriebensein eine verkleidete Form dessen ist, was Ken Wilber das Ātman-Projekt nennt, und wenn sie sich darüber im klaren sind, versäumen sie es, entsprechend zu handeln.[16] Man kann auch sagen, die Kreativität ist eine besondere Manifestation des Impulses, alles, was nicht Geist ist, zu transzendieren. Wenn die Kreativität als eine Chance ergriffen wird, uns im höchsten Licht neu zu erschaffen, kann sie uns nicht nur verwandeln, sondern auch unsere Schöpfungen mit dem gleichen Licht erfüllen und damit anderen ebenfalls zugute kommen. Anders gesagt: Wenn wir die Aufgabe der Selbsttranszendenz in und durch die Kreativität ernst nehmen, werden unsere Schöpfungen eine entsprechende spirituelle Leuchtkraft aufweisen, die mehr bewirkt, als nur anderen ein ästhetisches Vergnügen zu bereiten – sie kommuniziert auch mit ihnen auf der tiefsten Ebene ihres Wesens und löst gewissermaßen bei ihnen spirituelle Reaktionen aus.

Wahre Kreativität oder Kreativität, die im luziden Wachsein und durch es gewonnen wird, ist das Ausüben unserer inneren Freiheit. Sie ist nicht im geringsten karmisch. Berdiajew hat dies ganz klar begriffen. Für ihn ist die schöpferische Erfahrung spirituell im religiösen Sinne des Wortes, und das ist nicht weniger als die Askese.

Ungeachtet dieser spirituellen Natur der Kreativität ist der kreative Prozeß, wie psychoanalytische Untersuchungen gezeigt haben, häufig mit Schuld- und Angstgefühlen statt mit natürlichem Akzeptieren und Ekstase verbunden. Der schöpferische Akt stürzt das Individuum in einen Zustand der Vorhölle: Es hat die alten Formen freiwillig aufgegeben und ist nun mit dem Unbekannten konfrontiert. Das damit verbundene Gefühl der Ungewißheit erzeugt die notwendige Spannung, die den schöpferischen Prozeß auslöst. Doch bei manchen kreativen Menschen erzeugt diese Ungewißheit Angst – eine Reaktion, die vermutlich in ihrer Lebensgeschichte begründet ist, etwa in Erfahrungen oder Gefühlen des Verlassenseins. Darüber hinaus wird der schöpferische Mensch bewußt oder unbewußt von der Frage heimgesucht: Welches Recht habe ich, Schöpfer zu spielen? Je genialer ein Mensch ist, desto mehr wird er unter derartigen Schuldgefühlen leiden. Doch wenn der schöpferische Prozeß nur von Schmerz und Qual begleitet wäre, würden sich bloß Masochisten darauf einlassen. Viele schöpferische Menschen haben hingegen von Augenblicken großer Freude während ihres schöpferischen Wahnsinns gesprochen. May berief sich zweifellos auf eigene Erfahrungen, als er schrieb: «Es gibt ein merkwürdig intensives Gefühl der Freude – oder vielleicht besser gesagt: ein Gefühl der sanften Ekstase –, das sich einstellt, wenn man die besondere Form findet, die die eigene Schöpfung erfordert.»[17]

Aber Erfahrungen wie diese sind kaum mehr als Andeutungen der Glückseligkeit – der intensiven Freude, die aus der völligen Selbsttranszendenz resultiert, aus dem Durchbrechen der Grenzen der Ich-Persönlichkeit und aus dem Atmen der Freiheit des Geistes. An echter Ekstase ist nichts «Sanftes». Sie ist eine radikale Verlagerung des Bewußtseins, ein Verschmelzen von Subjekt und Objekt und eine Offenbarung der Wirklichkeit vor allen geistigen Konstrukten.

Glückseligkeit ist die Frucht des wahren Verzichts auf alle ich-getriebenen Wünsche und Motive. Otto Rank hat erklärt, der schöpferische Mensch könne erst dann in Frieden mit seiner Kreativität existieren, wenn diese Kreativität – ja, das ganze Leben dieses Menschen – dem Göttlichen als Opfergabe dargebracht werde.[18] Diese Schlußfolgerung, die für einen Psychoanalytiker vielleicht erstaunlich ist, steht in völligem Einklang mit den spirituellen Traditionen der Welt. Zum Schluß daher ein Zitat von Meister Eckhart, dessen Denken die spirituelle Sehweise so wunderbar repräsentiert: «Ein Mensch soll in allen seinen Werken seinen Willen Gott zukehren und Gott allein im Auge haben. Und so gehe er voran und hege keine Furcht . . .; dann kommt man dahin, wohin man soll, und so ist's recht.»[19]

10

Das höhere Bewußtsein

Wer sagt denn ihr, daß ich sei?

Wie definieren wir uns selbst? Halten wir uns für einen biologischen Organismus, ein besonders cleveres Säugetier namens Homo sapiens? Oder sehen wir in uns einen immateriellen und unsterblichen Geist, der für eine relativ kurze Zeitspanne einen materiellen Körper bewohnt? Der erste Standpunkt ist der des wissenschaftlichen Materialismus, der das Bewußtsein oder den Geist als Nebenprodukt der Materie begreift, als ein Ergebnis des Spiels materieller Atome. Der zweite Standpunkt, der zwar weniger «wisenschaftlich» ist, sich aber großer Beliebtheit in religiösen und in New-Age-Kreisen erfreut, ist der des Spiritualismus.

Wer von der Physik und der Chemie Erklärungen für die Komplexität des Lebens erwartet, wird den Spiritualismus, seine Prämissen, Verfahren und Schlußfolgerungen mit Geringschätzung behandeln. Kein Chirurg, argumentieren Materialisten gern, habe jemals ein immaterielles Wesen – ob man es nun Seele oder Geist nennt – im Körper entdeckt. Daher, folgern sie, seien «Seele» und «Geist» einfach bedeutungslose Etiketten. In der Wirklichkeit gebe es für sie keine Entsprechungen. Außerdem ist für die Materialisten das Bewußtsein, dem wir eine so große Bedeutung beimessen, ein rein materieller Prozeß, der vom Nervensystem abhängt. Wenn Gehirn und Nervensystem nicht mehr funktionieren, ist der Mensch tot.

Punkt. Ende der Diskussion. Nichts überlebt das Ableben des Körpers. Allenfalls können wir uns eine Art von Ersatzunsterblichkeit durch unsere Kinder oder unsere Werke erhoffen. Nach Meinung der Materialisten ist das Bewußtsein so unbeständig wie der Hauch vor unserem Mund an einem kalten Wintertag.

Wer sich lieber von den Künsten als von den harten Wissenschaften inspirieren läßt, wird wahrscheinlich die materialistische Erklärung als kalt, reduktionistisch und absurd abtun. Diese Menschen werden argumentieren, der Tod des Körpers sei nicht das gleiche wie die Vernichtung unseres wesentlichen Seins. Etwas Ungreifbares überlebe den Zerfall des Fleisches. Ein Gefühl der Identität oder eines Bewußtseins bleibe übrig, nachdem wir der Mühsal des Irdischen ledig geworden seien. Wir seien wie ein Schmetterling, der aus seiner Puppe auftauche und in eine neue Freiheit fliege. Natürlich tut der Materialist diesen Standpunkt als Wunschdenken oder als hoffnungslos romantisch ab. Genauso verächtlich sieht der Spiritualist auf die einfarbige Welt des Materialismus herab.

Tatsache ist allerdings, daß weder der materialistische noch der spiritualistische Standpunkt die ganze Wahrheit darstellt. (Eigentlich vermag das überhaupt kein einzelner Standpunkt! Aber manche Standpunkte sind schlicht falsch, während andere mehr oder weniger plausibel sind.) Jedenfalls sind beide Anschauungen als extreme Positionen bloße Karikaturen, die nur einen Teil der ganzen Wahrheit einfangen. Der spiritualistische Standpunkt freilich weist den eindeutigen Vorteil auf, vollkommen zu akzeptieren, daß das Leben kein flacher Pfannkuchen ist, sondern Bedeutungstiefen besitzt, die jenseits des Reichs des Sichtbaren liegen.

Doch das Entscheidende ist: Welchen Standpunkt auch immer wir einnehmen – wir müssen uns darüber im klaren sein, daß er unser Leben als Ganzes beeinflußt. Mit anderen Worten: Es spielt eine große Rolle, wie wir uns selbst definieren, denn unser Selbstverständnis ist von grundlegender Bedeutung für unsere Haltungen, Motive, Hoffnungen, Wünsche und Ziele. Wenn ich mich mit meinen Rollen als Schriftsteller, Gelehrter, Ehemann, Vater von zwei Kindern, Vorstandsvorsitzender und so weiter identifizieren würde, dann wäre ich genau das. Folglich würde ich mir die größten Sorgen machen um Buchverträge und -verkäufe, das Glück und Wohlbefinden meiner Frau, meine Verantwortung als Vater, die Zukunft meiner Kinder und des Unternehmens, dem ich verbunden bin. Ich würde mich höchstwahrscheinlich auch über die Steuern, die monatlichen Rechnungen und den Zustand der Welt im allgemeinen aufregen.

Ist das denn nicht alles ganz normal? Das ist es. Aber wenn wir glauben, daß es im Leben nichts anderes gibt als diese Rollen und das tägliche Maß an Pflichten und Problemen, dann werden wir wahrscheinlich nie etwas anderes erfahren und in der kleinen Vorstellung von uns selbst gefangen bleiben. Denn unser Selbstverständnis wirkt wie ein Filter für unsere Erfahrungen. Anders gesagt: Wir programmieren uns selbst, nur einen Teil unseres Potentials und der Möglichkeiten des Lebens zu verwirklichen.

Wenn ich jedoch glaube, daß ich nicht bloß ein Schriftsteller und Gelehrter, nicht bloß ein Ehemann und Vater, nicht bloß ein Vorstandsvorsitzender bin, und mir nicht bloß um Steuern, Rechnungen und den Zustand der Welt Sorgen mache, dann bin ich offen dafür, ein viel erfüllteres, reicheres und lohnenderes Leben zu leben. Darüber hinaus erfahre ich wahrscheinlich die Freuden wahrer menschlicher Entwicklung, Kreativität und vielleicht sogar der ekstatischen Selbsttranszendenz jenseits aller denkbaren Rollen.

Unsere Definition von uns selbst ist von entscheidender Bedeutung für unser Glück. Die materialistische Anschauung vom menschlichen Leben ist armselig und düster. Sie läßt sich mit einem Bild vergleichen, das in verschiedenen Abstufungen von Grau gemalt ist, während uns doch eine ganze Palette leuchtender Farben zur Verfügung steht. Andererseits tendiert die spiritualistische Anschauung, wie sie gewöhnlich verstanden wird, zur romantischen Verklärung und kann zu wahnhafter Selbstüberschätzung und äußerstem Egoismus führen. Wenn ich meine, ich sei nur diese bestimmte Körper-Seele, beschränke ich mich unnötigerweise auf den sichtbaren Beweis des gewaltigen Spektrums der Existenz. Wenn ich meine, ich sei nur ein entkörperter, transzendentaler Geist, klammere ich den augenfälligsten Teil meiner Existenz aus und muß große Enttäuschungen und Schmerzen gewärtigen. Wie ich in einem früheren Kapitel ausgeführt habe, ist die Verkörperung ein höchst bedeutsamer Aspekt der menschlichen Existenz. Sie darf nicht verleugnet werden. Aber was ist der Körper ohne den belebenden Geist anderes als eine leere Schale?

«Wer sagt denn ihr, daß ich sei?» wollte Jesus von Nazareth wissen, als seine Jünger ihm von Gerüchten berichteten, er sei die Reinkarnation von Johannes dem Täufer, Elias oder Jeremias. Seine Frage, die in Matthäus 16,15 festgehalten ist, war keineswegs beiläufig, wie aus der Antwort darauf hervorgeht: «Du bist Christus, des lebendigen Gottes Sohn!» erwiderte Simon Petrus und bestätigte damit unzweideutig die spirituelle Wirklichkeit von Jesu Leben. Bevor wir die Frage «Wer bin ich?» beantworten, wären wir gut beraten, die Antwort von Simon Petrus sorgfältig zu überdenken, und zwar in Verbindung mit Jesu Enthüllung gegenüber seinen Jüngern, das himmlische Reich liege in uns.

Die Wissenschaft und die Wiederentdeckung der nichtgewöhnlichen Wirklichkeit

Ungeachtet des jahrhundertelangen Streits zwischen Materialisten und Spiritualisten ist eines sicher: Wir sind mehr, als wir zu sein scheinen. Das zumindest ist die einstimmige Aussage aller großen Philosophen, religiösen Denker, Mystiker und Weisen der Welt, einst und heute. Dies ist auch der bevorzugte Standpunkt der neuen Wissenschaftlergeneration, die sich vom antiquierten, aus dem 19. Jahrhundert stammenden Modell des Universums als eines gigantischen Uhrwerks oder einer Supermaschine lösen konnte – Menschen wie die Physiker David Bohm, Jack Sarfatti und Fred Alan Wolf ebenso wie die Biologen Rupert Sheldrake und James Lovelock und die Hirnforscher Karl Pribram, John Eccles und Wilder Penfield. Ja, es gibt eine bemerkenswerte Übereinstimmung zwischen den fortschrittlichsten Ideen der heutigen Wissenschaft, insbesondere der Quantenphysik, und den höchsten Lehren der großen spirituellen Traditionen der Welt.

Die neue Physik hat uns ein aufregendes Bild des Universums und von uns selbst geliefert. Den Kosmos stellt man sich heute als einen unendlichen Ozean aus Energie vor, der in außerordentlich komplexen Mustern innerhalb von Mustern organisiert ist, wobei die menschliche Körper-Seele nur eine Konfiguration von Energie ist. Leider ist dieses neue Bild noch nicht in die allgemeine Öffentlichkeit vorgedrungen, und zwar zum Teil deshalb, weil die meisten Physiker selbst davon noch nicht so recht überzeugt sind. Der Grund ist naheliegend. Wissenschaftler sind in erster Linie auch nur Menschen und als solche auf einem Auge blind für die Implikationen ihres Tuns, die einen persönlichen Wandel erfordern. Wenn wir die neue Kosmologie ins Alltagsleben übersetzen, müßten wir uns in der Tat wie Heilige oder Bodhisattvas verhalten. Denn wenn alles miteinander vernetzt und die Ansicht, unsere normale

Wirklichkeit bestehe aus einzelnen Objekten, großenteils eine Konstruktion unseres Verstands ist, dann müssen wir aufhören, uns so zu verhalten, als wären wir Inseln, und unser wesentliches Einssein mit allem und jedem akzeptieren. Plötzlich bekommen traditionelle Ideale wie Mitgefühl, Großmut, selbstloser Dienst, Versöhnlichkeit und Geduld wieder große Bedeutung.

Rund vierhundert Jahre lang entwickelte sich die Wissenschaft im Banne der Ideologie des Materialismus («die Materie ist der Prüfstein der Wirklichkeit»). Gegen Ende des 19. Jahrhunderts war dieser Bann so übermächtig geworden, daß viele Wissenschaftler – die sogenannten Positivisten – so weit gingen, die Existenz des Bewußtseins zu leugnen. Die Psychologie, die sich angeblich mit Phänomenen der Seele befaßt, wurde in ein Studium des menschlichen Verhaltens umgewandelt, ohne daß dabei die Psyche oder das Bewußtsein auftauchten. Erst in den sechziger Jahren wurde dieser bizarre Trend umgekehrt, und unter dem Eindruck der Gegenkultur der Jugend mit ihren psychedelischen Experimenten begannen sich die Psychologen mit sogenannten veränderten Bewußtseinszuständen zu befassen. Dies eröffnete der Forschung und dem kreativen Denken neue Gebiete. Es führte auch unter Wissenschaftlern zu einer neuen Toleranz gegenüber jenen Dingen, die nicht augenfällig oder meßbar, aber gleichwohl für ein erfüllteres und wertvolleres menschliches Leben von Bedeutung sind. Begriffe wie «neues Paradigma» und «Wassermannverschwörung» fingen die veränderte Stimmungslage, den Zeitgeist, ein.

Die diffuse Kategorie der veränderten Bewußtseinszustände umfaßt einen ganzen Bereich faszinierender Zustände wie den Schlaf, das Träumen, Tagträumen, das hypnagogische Bewußtsein (zwischen Wachsein und Schlaf), das hypnopompische Bewußtsein (zwischen Schlaf und Wachsein), durch Drogen herbeigeführte Halluzinationen, Hysterie, Meditation,

Trance, übersinnliche Phänomene, transzendentale Erfahrungen, Selbstverlust und so weiter.[1] *Verändert* meint eigentlich alles, was nicht das «normale» wache Bewußtsein ist, das sich durch geistige Wachheit, Rationalität und Ich-Fixiertheit auszeichnet.

Heute, über eine Generation nach der explosiven Gegenkultur von Flowerpower und Hippietum, können wir relativ frei über andere Geistesebenen oder Seinszustände sprechen. Ein oft gehörter Ausdruck ist «höheres Bewußtsein». Aber was ist das? Wie hängt es mit unserem gewöhnlichen Geist und unserer normale Psyche zusammen? Was hat es mit der höchsten Wirklichkeit zu tun, die einige «Gott», andere «Über-Ich», wieder andere «transzendentaler Geist» und so weiter nennen? Warum ist es für uns so wichtig?

Während der Ausdruck «veränderter Bewußtseinszustand» bloß auf einen Zustand hinweist, der sich vom gewöhnlichen wachen Bewußtsein unterscheidet, bedeutet «höheres Bewußtsein» mehr. Es unterscheidet sich nicht nur vom normalen Bewußtsein oder Verstand, sondern es ist eben auch «höher». Aber «höher» in welchem Sinne? Unser Verstand ist so organisiert, daß wir uns Dinge nur im Hinblick auf ihre Position in der Raumzeit vorstellen können. So denken wir, die objektive Welt sei «da draußen», Gott «da oben» und das Ich «hier drin». Häufig nehmen wir diese Metaphern zu ernst, und dann beginnen die Probleme. Denn dann fixieren wir etwas im Raum oder in der Zeit, was eigentlich nicht lokalisiert ist. Die objektive Welt ist nicht bloß «da draußen». Außerhalb wovon? Ist der Körper nicht Teil der sogenannten objektiven Welt? Genauso stammt die Vorstellung, Gott sei «da oben», aus der Zeit, als wir das Himmelsgewölbe noch für die Obergrenze des Kosmos hielten, während sich das Paradies bis in die Unendlichkeit jenseits des bestirnten Himmels erstreckte. Und auch das Ich oder Selbst ist nicht nur «drinnen». Worin? Die neue Physik macht klar, daß unser Körper nicht ein Behälter, sondern vielmehr ein komplexes Energiemuster inmitten eines unermeßlichen Ozeans von Energie ist.

In diesem Sinne ist auch das höhere Bewußtsein nicht räumlich höher, auch wenn die meisten Menschen automatisch irgendwo über dem Kopf hinzeigen, wenn sie davon sprechen. Vielmehr verweist höher auf Priorität: Höheres Bewußtsein ist höher, weil es in der Natur der Dinge Vorrang vor unserem alltäglichen, gewöhnlichen Bewußtsein hat. Es ist auch höher, weil wir es als solches bewerten – zumindest im Prinzip, wenn schon nicht in der Praxis. Höheres Bewußtsein ist nicht gewöhnlich oder außergewöhnlich. Wir gehen davon aus, daß es etwas Wesentlicheres, Stärkeres und Großartigeres ist als unser Alltagsbewußtsein. Oft verwenden wir den Begriff ziemlich vage. Zuweilen meinen wir mit höherem Bewußtsein die geheimnisvolle schöpferische Triebkraft, die uns veranlaßt, ein Gedicht zu schreiben oder ein Lied zu komponieren, ein Bild oder eine Skulptur zu erschaffen oder ein wunderschönes Blumenarrangement zu gestalten. Dann wieder meinen wir unser intuitives Vermögen oder das Gefühl der Führung, das wir erfahren, wenn wir lebenswichtige Entscheidungen treffen. Beide Interpretationen des höheren Bewußtseins sind zu beschränkt, aber sie verweisen immerhin darauf, daß höheres Bewußtsein ein Teil unseres Wesens ist, der über unser Ich-Bewußtsein hinausreicht. Das heißt, es ist «größer» als unsere normale Selbstidentität und liegt außerhalb der direkten Kontrolle des Ichs. In seinem Buch *The Highest State of Consciousness* hat John White das höhere oder vielmehr höchste Bewußtsein folgendermaßen erklärt: «Es liegt jenseits von Zeit und Raum . . . Das sozial geprägte Gefühl von ‹Ich› wird von einer neuen Definition des Selbst, des Ich, zerschlagen und hinweggefegt. In dieser Neudefinition des Selbst wird das Ich der ganzen Menschheit, dem ganzen Leben und dem Universum gleichgesetzt. Die üblichen Ich-Grenzen fallen, und das Ich überschreitet die Grenzen des Körpers. Das Selbst wird eins mit dem, was Emerson die Überseele und Arthur Clarke in *Childhood's End* den Übergeist genannt hat. Das Selbst wird selbstlos . . ., und das Ich-Spiel ist zu Ende.»[2]

Strenggenommen ist höheres Bewußtsein überhaupt kein Bewußtseinszustand. Es ist ein Bewußtsein, das glücklicherweise von der üblichen Kluft zwischen Subjekt und Objekt, zwischen Erkennendem und Erkanntem befreit ist. Dieses Paradox ist dem Auge gleichzusetzen, das sich selbst sieht. Das höhere Bewußtsein ist das, was ich in früheren Kapiteln Geist genannt habe.

Der Ich-Reflex

Manchmal ist es nützlich, einen Begriff dadurch zu erläutern, daß man sagt, was er nicht ist. So ist höheres Bewußtsein ganz eindeutig nicht das ich-verhaftete Bewußtsein. Diese Aussage bedarf einer Erklärung. Die Ich-Persönlichkeit – das, wofür wir uns gewöhnlich selbst halten («Ich bin ein Schriftsteller, Gelehrter, Ehemann, Vater usf.») – wird zuweilen auch das niedere Selbst genannt. Es befaßt sich mit unserem Überleben als biologische und soziale Wesen. Das ist eine bestimmte Erfindung der Natur, dank derer wir uns in unseren verschiedenen Umwelten als bewußte Mittler bewegen. Dies ist ein durchaus nützliches Arrangement. Wenn wir zufällig einen heißen Ofen mit den Fingern berühren, ziehen wir unsere Hand zurück, um uns nicht zu verbrennen. Wenn wir eine Mauer vor uns sehen, gehen wir um sie herum, um nicht dagegenzuprallen. Wenn wir hungrig sind, essen wir. Das Ich ist eine Art von Reflex. John White hat es das «gebundene Bewußtsein» genannt: «Auf der Vorstellung des separaten Ich-Seins, der persönlichen Autonomie, der Unabhängigkeit von der nährenden Matrix der Gesellschaft und der Umwelt beruht das individualisierte Leben. Es ist die begrenzte Identität. Es begreift sich selbst als getrennt von Gott oder der höchsten Wirklichkeit oder der kosmischen Ganzheit. Daher ist das Ich – die Illusion eines separaten Selbst – die Hölle.»[3]

Doch White räumte ein, daß das Ich auch durchaus sinnvoll ist. In seinen Worten ist es ein Anker, «durch den latente Fähigkeiten für das Handeln fixiert werden».[4] Er zitiert Dane Rudhyar, der in seinem Buch *The Planetarization of Consciousness* das Ich treffend als ein Gerüst charakterisiert hat, das notwendig sei «für den adäquaten, rechtzeitigen und effizienten Transport der Baumaterialien dorthin, wohin sie gehören». Wir bauen einen Tempel mit Hilfe eines Gerüsts, aber sobald der Tempel fertiggestellt sei, sollte das Gerüst wieder abgebaut werden. Das Problem beginnt, wenn wir das Gerüst als Tempel oder, um eine andere Metapher zu gebrauchen, wenn wir das Ich als König verstehen, als wäre es unsere ausschließliche Identität. Das Ergebnis ist Ich-Besessenheit oder Egomanie – eine weitverbreitete Last. Wenn das Ich uns unterkriegt, werden wir befangen, selbstgerecht, intolerant, stur, rigide, rechthaberisch, extrem, fanatisch, stolz, unvernünftig, wichtigtuerisch, selbstsüchtig, maßlos, aggressiv, neidisch, gierig, verschwenderisch oder träge. Diese Eigenschaften legen sich in dem Augenblick, in dem wir unseren egozentrischen Griff nach dem Leben lockern, das heißt, wenn wir aufhören, uns mit den verschiedenen Rollen zu identifzieren, die wir annehmen, um im Leben weiterzukommen – die des Arbeitgebers oder Arbeitnehmers, von Mann oder Frau, Vater oder Mutter, Besserwisser oder Trottel, Sunnyboy oder Schätzchen. Das Ich ist ein großer Schauspieler mit einem erstaunlichen Repertoire. Das «Ich» kann sich praktisch als alles und jedes verkleiden – vom Penner bis zum Präsidenten, vom Vamp bis zur Mutter Oberin, vom Schurken bis zum Menschenfreund, vom Hinterwäldler bis zum Kosmopoliten. Das Ich ist, wie Alan Watts einmal bemerkt hat, eine soziale Fiktion.[5] Die Fiktion fängt an, wenn wir uns mit einer bestimmten Körper-Seele identifizieren – eine Gewohnheit, die wir erst annehmen, wenn wir keine Kinder mehr sind. Während wir Erfahrungen sammeln, wird diese Gewohnheit verstärkt. Am Ende leben und sterben wir, indem wir wirklich an die beschränkte Körper-Seele als unsere höchste Wirklichkeit glauben.

Wenn ich davon spreche, das Ich sei ein König oder ein Schauspieler, dann ist das natürlich nichts weiter als ein bequemer sprachlicher Kunstgriff. Das heißt nicht, daß das Ich ein eigenständiges Wesen wäre. Das ist nur eine beliebte Illusion, mit der wir uns gern für unsere Mängel und Charakterschwächen entschuldigen. In Wirklichkeit ist das Ich ein Prozeß. Es ist unser Betreiben, uns von «anderen» Wesen und Dingen zu unterscheiden. Es ist die Art und Weise, wie wir uns in jedem Augenblick entscheiden, uns zur Welt als separate Identität in Beziehung zu setzen. Niemand hat die prozeßhafte Natur des Ich stärker betont als Da Free John, der, fast zum Beweis dafür, im Laufe seiner Karriere als spiritueller Lehrer ein halbes Dutzend Namen angenommen hat. In *The Paradox of Instruction*, einem seiner frühesten und besten Bücher, schreibt er: «Das Ich, die Seele, das innere Selbst oder das abgetrennte, begrenzte Bewußtsein ist keine Wesenheit, kein Handelndes. Es ist einfach eine andere Version des gleichen universalen Handelns, an dem jede manifeste Form und Funktion oder Erfahrung höherer oder niederer Art teilhat. Es ist einzig die Handlung des Zusammenziehens, die sich als der Komplex der objektiven Definition, der Differenzierung, der unabhängigen Form, der Trennung, des Gegenteils, der Subjektivität und des Widerspruchs oder Dilemmas erweist.»[6]

So sehr das Ich im Vordergrund steht, das Wesen oder Bewußtsein des Menschen erschöpft sich darin nicht. Im Schlaf beispielsweise, der einen Großteil unserer Lebenszeit ausmacht, ist das «Ich» meist untergetaucht. Es verschwindet entweder spurlos (wie im Tiefschlaf oder im Koma) oder ist in einer modifizierten und abgeschwächten Form gegenwärtig (wie im Traum). Selbst tagsüber, und daran haben Georg Iwanowitsch Gurdjieff und andere spirituelle Lehrer erinnert, leben wir weitgehend in einem halbbewußten Zustand, wie Schlafwandler.[7] Nur für kurze Augenblicke sind wir wirklich wach und als bewußte Persönlichkeiten ganz und gar gegenwärtig. Die übrige Zeit sind wir auf «Automatik» eingestellt, tagträumend oder in inneren Monologen befangen, in denen das Ich zwar weniger im Vordergrund steht, aber auch nicht ganz abwesend ist.

Gurdjieff unterschied zwischen zwei Formen des außergewöhnlichen Bewußtseins. Die erste Form nannte er Selbstbewußtsein, ein Zustand, in dem der Mensch überaus wach, aber ohne das begrenzende Ich ist. Hier fühlt er sich nicht getrennt von der unmittelbaren Umgebung, auch wenn sie ihn kühl anmutet. Dieser Zustand des Sich-selbst-Gewahrwerdens stellt sich in blitzartigen Augenblicken ein. Die zweite, «höhere» Form nannte Gurdjieff das objektive Bewußtsein, in dem alles mit ungewohnter Klarheit erlebt wird. Es ist von tiefem Wissen (Weisheit) und Ekstase begleitet. Dieses Bewußtsein kann infolge innerer Arbeit zum Ausbruch kommen, und in den großen Adepten wird es für immer verankert. Dieses Ereignis kann dem entsprechen, was die Hindus und Buddhisten *sahaja-samādhi*, «spontane Ekstase» oder höchste Erleuchtung, nennen.

Während unseres Lebens erfahren wir viele verschiedene Bewußtseinszustände. In manchen ist die Kraft des Ich ganz und gar gegenwärtig – wie im selbstgerechten Zorn –, während sie in anderen abgeschwächt ist, etwa wenn wir schlafen oder ohnmächtig werden. Aber die Ich-Gewohnheit ist tief in uns verwurzelt und meldet sich nachdrücklich zu Wort, sobald sich ein entsprechendes Wachsein oder Bewußtsein wieder einstellt.

Wie wir uns dem höheren Bewußtsein nähern

Im höheren Bewußtsein, wie ich es definieren möchte, gibt es nicht die geringste Spur vom Ich. Es ist transzendiert oder «hinausgegangen». Diese Abwesenheit des Ich unterscheidet das höhere Bewußtsein radikal von veränderten Bewußtseinszuständen wie dem Schlaf oder der Hypnose. Wir alle schlafen und träumen. Die meisten von uns haben schon einmal einen Alkoholrausch oder die Wirkungen des Nikotins erlebt, die ebenfalls veränderte Bewußtseinszustände sind. Viele Menschen haben andere, durch Drogen herbeigeführte Bewußtseinszustände erfahren – von den Tiefen der Schlafmittel bis zu den Höhen von Marihuana, Kokain und LSD. Als Kinder haben wir unser Bewußtsein unwissend durch heftiges Herumwirbeln verändert – eine Übung, die die Derwische des Nahen Ostens zu einer mystischen Kunst entwickelt haben. Später hielten wir absichtlich so lange wie möglich den Atem an, um eine ähnliche Wirkung zu erzielen. Wir können auch einen veränderten Bewußtseinszustand erleben, wenn wir mit voller Hingabe lieben oder wenn wir mit verzückter Aufmerksamkeit einem Klavierkonzert, einem indischen Raga oder einer Jazzimprovisation lauschen.

Kreative Menschen gelangen im allgemeinen während ihrer schöpferischen Tätigkeit in einen veränderten Bewußtseinszustand. Von Aldous Huxley wird berichtet, er habe sich gern in einen Zustand der «Tiefenreflexion» versetzt, wie er dies nannte. Während er sich darin befand, konnte er beispielsweise ein Telefongespräch führen oder jemandem antworten und ganz normal erscheinen, aber später erinnerte er sich an nichts mehr.

Meditierende verlassen regelmäßig und ganz gezielt das gewöhnliche wache Bewußtsein. Eine Zeitlang reduzieren sie ihre sinnliche Wahrnehmung von äußeren Reizen wie Klängen oder Licht, indem sie sich auf ihre Innenwelt konzentrieren. Gewisse Phasen des meditativen Zustands ähneln dem Zustand, den wir kurz vor dem Einschlafen erleben.

Aber wie steht es mit dem höheren Bewußtsein? Wann erleben wir es? Welche Beweise haben wir dafür? Bemerkenswerterweise erleben wir es nicht! Das Erleben setzt ein Subjekt und ein Objekt voraus. Aber immer, wenn das höhere Bewußtsein ganz und gar gegenwärtig ist, sind «wir» nicht da. Das höhere Bewußtsein ist kein Objekt der Erfahrung. Es ist unsere wesenhafte Identität – nämlich das, was wir sind, wenn der Bann der Ich-Illusion gebrochen ist, wenn unsere vielen Rollenidentitäten wegfallen.

Anders als unsere ich-verhaftete Persönlichkeit interessiert sich das höhere Bewußtsein nicht für das individuelle Überleben. Es ist nicht einmal eine Reaktion auf die Körper-Seele, ein Merkmal des Nervensystems oder des Gehirns. Es ist in der Raumzeit nicht lokalisiert – es transzendiert die erkennbare Welt der Formen und den Verstand, der sie begreift. In gewisser Weise ist es sogar irreführend, vom höheren Bewußtsein als einem Bewußtsein zu sprechen. Wir tun dies nur, weil es weder ein Objekt außerhalb des wahrnehmenden Verstandes noch ein bloßer Gedanke oder eine Vorstellung ist. Wir nennen es Bewußtsein, weil es nicht empfindungslos wie ein Stein oder vage intelligent wie ein Säugetier (einschließlich der Menschen) ist, sondern weil es überwach ist. Es ist Überwachheit.

Es ist das, was ist. Philosophisch gesprochen, ist es kein Wesen, sondern das Sein selbst, die Wirklichkeit insgesamt. Als solche ist es die Matrix der Raumzeit, der allgegenwärtige Boden, in dem alle Dinge und Wesen werden und vergehen.

Wie können wir all dies wissen, wenn wir das höhere Bewußtsein nicht durch den Verstand erfahren? Hier die einfache Antwort: Wie bei so vielen Dingen, können wir auf seine Existenz und sein Wesen aus anderen Erfahrungen schließen. Das ist ein absolut gültiges Vorgehen. Darüber hinaus wird unsere Schlußfolgerung durch das Zeugnis jener bestärkt, die entweder vorübergehend oder für immer als höheres Bewußtsein erwacht sind: des der großen Mystiker und der Jünger der verschiedenen religiösen Traditionen. Ihre Berichte und Schilderungen sind die wichtigsten Beweise für das höhere Bewußtsein, die wir haben. Das mit Abstand Bemerkenswerteste an ihnen ist der Umstand, daß sie über die Grenzen von Zeiten und Kulturen hinaus einander erstaunlich ähnlich sind. Sechs typische Merkmale werden dabei erwähnt:

1. Es ist unmöglich, die transzendendale Erkenntnis oder Erleuchtung mit befriedigenden rationalen Begriffen zu schildern, weil sie voller Paradoxien ist. Natürlich haben Mystiker und Erkennende nur selten geschwiegen, sondern versucht, ihre Erkenntnis auf unterschiedliche Weise zu vermitteln, um anderen über ihre großartige Entdeckung Aufschluß zu geben.
2. Das Gefühl der Individualität ist abgeschafft, ein Ereignis, das oft als «Ich-Tod» bezeichnet wird. Die eigene Identität ist die Identität aller.
3. Es ist kein Sturz in die Bewußtlosigkeit, sondern ein Aufstieg zu vollkommenem Wachsein.
4. Es ist ein seliger, äußerst wohltuender Seinszustand.
5. Es kommt einem überwältigend wirklich vor, und im Vergleich dazu wirkt unser gewöhnlicher Bewußtseinszustand kläglich und illusorisch.
6. Es ist ganz und gar attraktiv und begehrenswert.

Sobald wir den Gedanken akzeptieren, daß es dieses höhere Bewußtsein oder diese transzendentale Identität gibt, werden andere Dinge für uns sinnvoller. So können wir beispielsweise verstehen, wie es kommt, daß wir in unserem gesellschaftlichen «Spiel» so bereitwillig verschiedene Rollenidentitäten übernehmen – weil das Bewußtsein unseren Rollenspielen vorausgeht und ihnen Kontinuität vermittelt. Wir können auch den Tiefschlaf besser verstehen. Bekanntlich tritt der erfrischendste Schlaf dann ein, wenn unser Bewußtsein noch unter das Traumniveau absinkt. Die Psychologen nennen dies den Deltazustand, wegen der langsamen Hirnwellen, die ihn begleiten. Jede Nacht erfreuen wir uns eines etwa vierstündigen Tiefschlafs. Die übrige Schlafzeit wird vom Träumen verbraucht, in dem unser Unbewußtes alles untergetauchte Material des Tages verarbeitet, vor allem unsere Ängste und Wünsche. Meditierende können ihre Traumzeit auf bis zu drei Stunden beschränken, brauchen aber dennoch die erfrischende Wirkung des Tiefschlafs.

Den Grund dafür haben vor Jahrhunderten schon die Yogīs und Yoginīs genannt. Lange bevor sich die Psychologen für veränderte Bewußtseinszustände interessierten, haben die Ausübenden des Yoga all die verschiedenen Nischen der menschlichen Seele und Psyche unglaublich eingehend erkundet. Im Laufe ihrer Experimente begegneten sie natürlich auch dem höheren Bewußtsein und entwickelten sogar komplizierte Methoden, um es zu realisieren.

So entdeckten sie, daß wir im Tiefschlaf, wenn das Ich-Bewußtsein am entspanntesten ist, in Kontakt mit dem höheren Bewußtsein treten. Wir verlieren diesen Kontakt zu ihm natürlich nie ganz, weil es unsere wesenhafte Identität ist. Aber gewöhnlich gestattet unser falsches Selbstbewußtsein (als ichverhaftete Persönlichkeiten) es dem höheren Bewußtsein nicht, einen direkteren Einfluß zu nehmen. Das Problem beim Tiefschlaf liegt darin, daß unsere Wahrnehmung zusammen mit unserem Ich-Bewußtsein erheblich reduziert ist. Infolgedessen erwachen wir nur selten aus dem Tiefschlaf mit dem Gefühl, mit einer großen Freude, großem Frieden oder einem strahlenden Licht in Kontakt gewesen zu sein. Aber zuweilen gelingt es uns, und diese Gelegenheiten sind besonders denkwürdig und bereichernd. Wenn wir sie nur richtig begreifen könnten, würden wir sie vielleicht sogar noch mehr schätzen und als Führer zu einem gesünderen Leben verwenden.

Manchmal heißt es, das höhere Bewußtsein würde uns führen. Daher bezeichnen die Hindus es als den inneren Herrscher *(antaryāmin)*. Aber was heißt das? Ist das höhere Bewußtsein eine Art Persönlichkeit? Die Antwort darauf muß lauten, daß es weit über alles hinausgeht, was wir uns als persönlich oder unpersönlich vorzustellen vermögen. Gewiß kann es nicht weniger sein als das Persönliche, da es den Gipfel des gesamten kosmischen Entwicklungsprozesses darstellt. Es ist die überpersönliche, überbewußte, überintelligente, überhelle Wirklichkeit.

Aus praktischen oder emotionalen Gründen möchten wir vielleicht das höhere Bewußtsein personalisieren und sprechen dann von Gnade oder göttlicher Führung oder einem unfehlbaren inneren Orientierungssinn im Hinblick auf unsere persönliche Entwicklung. Doch genauso begründet ist es, dieses höhere Bewußtsein als eine unpersönliche Kraft (*shakti* im Hinduismus) anzusehen, deren schiere Gegenwart uns wie die Sonne zwingt, uns zu bewegen und uns in eine bestimmte Richtung zu entwickeln – auf es hin. Pflanzen wachsen zum Licht hin. Wir Menschen wachsen zum höheren Bewußtsein hin. Das Licht ist zwar allgegenwärtig, doch es hat offenkundig Brennpunkte wie die Sonne oder die anderen Sterne. Daher ist auch das höhere Bewußtsein zwar nicht lokal, hat aber anscheinend Brennpunkte – in erleuchteten Wesen, an heiligen Orten oder Gegenständen oder in unserem innersten Selbst.

Der Vergleich mit dem Licht ist in der Tat treffend, weil jene, die einen Blick auf das höhere Bewußtsein in vereinigenden oder mystischen Erfahrungen erhascht haben, oder diejenigen, die es für immer verwirklicht haben, ihren Verwandlungszustand als leuchtend, erleuchtend oder erleuchtet bezeichnen.

In ekstatischen Wahrnehmungszuständen können wir dieses höhere Bewußtsein intuitiv erkennen oder gar vorübergehend dazu werden. Aber eigentlich begegnen wir ihm sogar jetzt in unserem Alltagsleben, weil es sich nicht von den Vorgängen des gegenwärtigen Augenblicks unterscheidet. Niemals sind wir es nicht! Wir vermuten nur, etwas anderes zu sein – eine Annahme, die hypnotische Kraft hat und unser Schicksal gestaltet.

Zur Erleuchtung kommt es, wenn wir zur Wahrheit erwachen, daß alles höheres Bewußtsein oder Geist ist. Diese Erkenntnis ist allerdings nicht eine bloß intellektuelle Übung. Vielmehr ist sie eine körperliche und geistige Verwandlung, die all unsere intellektuellen Vermutungen darüber zertrümmert. Sie reißt uns hoch und ergreift und verwandelt unsere gesamte Körper-Seele. Dabei wird die Vorstellung gesprengt, wir würden uns von der Wirklichkeit unterscheiden – wir seien ein Ich, ein Ego, eine endliche Persönlichkeit. In unserem Realisieren des höheren Bewußtseins stellen wir es uns nicht bloß vor oder spekulieren darüber oder erkennen es auch nur intuitiv. Wir *sind* es. Oder anders gesagt: Es ist alles, was es gibt.

Für unsere Ich-Persönlichkeit, unser gewöhnliches Selbst, ist dies eine ziemlich erschreckende Aussicht. Ja, damit dieses Realisieren stattfindet, müssen wir die Angst vor unserem «eigenen» Tod durchmachen und überwinden, das Verschwinden der Ich-Identität, an die wir so gebunden sind. Auf der anderen Seite allerdings erwarten uns unendliches Glück, unermeßliche Freude, Seligkeit und unbedingte Liebe. Doch das sind nicht einzelne Eigenschaften, sondern bloß verschiedene Möglichkeiten zu beschreiben, was letztlich unbeschreiblich ist.

Wie man ohne weiteres erkennt, steht jeder, der das höhere Bewußtsein realisieren möchte, vor einem ungeheuren Paradox. Die Logik sagt uns, daß wir uns nicht an unserem eigenen Schopf hochziehen können – und doch müssen wir genau das tun, wenn wir immerwährendes Glück finden wollen. Daß es «getan» werden kann, ist immer wieder von den großen Mystikern und Adepten der östlichen und westlichen esoterischen Traditionen bewiesen worden. Wichtig ist nur, daß wir den ersten Schritt machen, indem wir uns der Umklammerung des Ich entziehen, sobald wir ihrer gewahr werden, indem wir mehr lieben, in Beziehung zu allem stehen, unseren Gefühlen treu bleiben, uns intensiv an das große Ganze erinnern, nämlich, daß wir mehr sind, als wir zu sein scheinen.

11

Die Kunst des Selbstverständnisses und der Selbstverwandlung

Der Spiegel der Seele

Im menschlichen Bewußtsein ist die Fähigkeit enthalten, sich selbst zu spiegeln. Wir erkennen nicht nur Objekte, sondern auch die Tatsache, daß wir erkennen. Dieses besondere Merkmal unserer Seele heißt Selbstbewußtsein oder besser: Selbsterkenntnis. Wir rühmen uns dieser reflexiven Beschaffenheit unserer Seele und erheben sogar einen Alleinvertretungsanspruch darauf. Allerdings teilen offenbar Orang-Utans und Schimpansen dieses psychische Merkmal mit uns. Außerdem hat es immer mehr den Anschein, daß auch Meeressäugetiere wie Wale und Delphine über Selbsterkenntnis verfügen.[1]

Während in unserem Fall die Selbsterkenntnis unbestreitbar ist, stellt das Wesen des Ich ein gewisses Rätsel dar. Das ist denn auch ein zentrales Problem in der Psychologie. Bei genauerer Untersuchung gibt es anscheinend kein stabiles, unveränderliches Ich, das sofort Begriffe wie Selbstbewußtsein oder Selbsterkenntnis in Frage stellt. Schon vor langer Zeit hat der schottische Philosoph David Hume dazu bemerkt: «Ich meines Teils kann, wenn ich mir das, was ich als ‹mich› bezeichne, so unmittelbar als irgend möglich vergegenwärtige, nicht umhin, jedesmal über die eine oder die andere bestimmte Perzeption zu stolpern, die Perzeption der Wärme oder Kälte, des Lichtes oder Schattens, der Liebe oder des Hasses, der Lust oder Unlust. Niemals treffe ich *mich* ohne eine Perzeption an, und niemals kann ich etwas anderes beobachten als eine Perzeption.»[2]

Humes Einsichten wurden schon vor zwei Jahrtausenden von buddhistischen Psychologen vorweggenommen, deren erstaunlich detaillierte Analysen im Abhidharma, den Texten des buddhistischen Kanons, erhalten sind. Heutzutage versuchen Psychologie, Psychoanalyse und Kognitionswissenschaft, das Geheimnis des unfaßbaren Ich zu begreifen.

Wenn es aber nun kein wirklich bleibendes Ich gibt, wie können wir es dann erkennen? Wir können es offensichtlich nicht. Was wir erkennen, ist unsere Konstruktion eines sukzessiven Selbstgefühls, das aus diesen Erfahrungen selbst erwächst. Die flüchtige Beschaffenheit des Ich ist nur für jene eine beunruhigende Entdeckung, die ihm aus dem einen oder anderen Grund große Bedeutung beimessen. Die spirituellen Traditionen sehen im Ich einmütig eine Chimäre und schreiben Methoden zu seiner Überwindung vor. In dieser Hinsicht scheinen sie mit den heutigen Psychotherapieschulen zu kollidieren, die betonen, wie nötig es sei, ein starkes, gesundes Selbstgefühl zu entwickeln. Aber das ist eher ein scheinbarer Widerspruch. Denn die spirituellen Traditionen erkennen ebenso klar, daß ein neurotisches, willensschwaches Individuum (dem ein gesundes Ich fehlt) nicht in der Lage ist, sich auf den Prozeß der Selbsttranszendenz einzulassen. Mit anderen Worten: Wir müssen zuerst ein gutentwickeltes Ich haben, bevor wir es überwinden können. Wir müssen unsere psychische Entwicklung bis zu dem Punkt abgeschlossen haben, an dem wir relativ einheitliche, ganze, reife Menschen sind, bevor das große Werk der Selbstverwandlung wahrhaft beginnen kann.

Der Umstand, daß die Introspektion kein dauerhaftes Ich enthüllt, verneint nicht das reflektierende oder rekursive Vermögen des Bewußtseins. Mit Sicherheit ist diese Fähigkeit zur Selbstreflexion der Seele von grundlegender Bedeutung nicht nur für die Psychotherapie, sondern auch für die Philosophie und die Spiritualität. Um uns spirituell zu entwickeln, müssen wir einen Einblick in das Spiel der Kräfte in uns gewinnen. Ein derartiges Selbstverständnis beruht auf Selbstbeobachtung. Diese darf nicht mit einem ängstlichen In-sich-Hineinhorchen verwechselt werden, das – um im Psychologenjargon zu sprechen – eine Funktion des Über-Ich ist (der inneren Autorität, die uns überwacht). Während dieses In-sich-Hineinhorchen im Prinzip neurotisch und selbstbezogen ist, ist die Selbstbeobachtung ein objektiver, gesunder Prozeß.

Dieser Unterschied zwischen dem In-sich-Hineinhorchen und der Selbstbeobachtung ist wichtig. Charles Tart, einer der Pioniere der Transpersonalen Psychologie, hat einen ähnlichen Unterschied gemacht, als er von zwei verschiedenen Typen des Beobachters sprach. Während der eine nur sporadische Beobachtungen des eigenen Verhaltens oder seiner inneren Zustände vornimmt, dies mit einer Bewertung vermischt und damit nicht ganz frei von den Prozessen des Beobachteten ist, erweist sich der andere als disziplinierter *Zeuge*, wie das bei gewissen Meditationspraktiken der Fall ist. Diese Form der Selbstbeobachtung ist in einem hohen Maße, wenn nicht gar völlig unabhängig von den beobachteten psychischen Zuständen. Dazu Tart: «Diese klare Unterscheidung zwischen dem Beobachter und dem Zeugen läßt sich nicht immer ohne weiteres vornehmen. Wenn ich beispielsweise als Zeuge zu fungieren versuche, beobachte ich mich viele Male dabei, wie ich bestimmte Dinge tue, aber diese Zeugenschaft aktiviert sofort einen gewissen Aspekt der Struktur meiner gewöhnlichen Persönlichkeit, die dann als Beobachter agiert, der mit verschiedenen Werturteilen verbunden ist, die augenblicklich aktiviert werden. Ich gehe also von der Funktion der Zeugenschaft außerhalb des Systems zum Beobachten innerhalb des Systems über, von der quasi relativ objektiven Zeugenschaft zur urteilenden Beobachtung durch mein Gewissen oder Über-Ich.»[3] Beide Typen der Selbstbeobachtung haben ihren Wert. Ersterer erlaubt es uns, ein uns selbst korrigierendes Verhalten einzuleiten, letzterer erhöht die Fähigkeit zur Distanz und Entsagung. Beide sind auf dem spirituellen Weg notwendig.

Indem wir die Gewohnheit pflegen, uns selbst (unser Ich) beim Handeln zu beobachten, gewinnen wir nach und nach Einblick in unsere besondere geistige Struktur. Fehlt ein derartiger Einblick, sind wir dazu verurteilt, bloß unsere karmische (psychische) Prägung zu replizieren. Das Selbstverständnis hingegen dient als Tor zu den höheren Prozessen der Spiritualität, nämlich der gezielten Selbsttranszendenz und Selbstverwandlung.

Bevor ich auf diese höheren Prozesse eingehe, müssen allerdings noch zwei wichtige Fragen beantwortet werden. Erstens: Wie läßt sich die Forderung nach Selbstbeobachtung mit der Behauptung vereinbaren, daß wir in der Erleuchtung völlig spontan leben? Stört nicht die Selbstreflexion die spontane Gegenwärtigkeit? In seinem vielgelesenen Buch *Flow* erzählt Mihaly Csikzsentmihalyi verschiedene Anekdoten von Menschen, die ganz in ihrer Lieblingsbeschäftigung (Klettern, langen Meereskreuzfahrten, Motorradfahren) aufgingen und dabei Augenblicke der Spontaneität – des «Fließens» – erlebten, die sich durch das Fehlen des Ich auszeichneten. «Im Fließen», schreibt er, «ist kein Raum für die Selbstprüfung.»[4] Aber die Art von Selbstprüfung, von der er spricht, ist die verkehrte Variante, die mit einem vagen Gefühl der Entfremdung verbunden ist – das ist nicht das reine und einfache Selbsterkennen. Sogar in einem Zustand der Spontaneität fehlt das Selbstbewußtsein nicht; wir verlieren dann bloß unsere groben Umrisse, so daß wir mit der Situation und der Umwelt eins zu sein scheinen. Dazu Csikzsentmihalyi: «Die Abwesenheit des Ich im Bewußtsein bedeutet nicht, daß ein Mensch im Fließen die Kontrolle über seine psychische Energie aufgegeben hat oder daß er sich nicht darüber im klaren ist, was in seinem Körper oder in seiner Seele geschieht. Tatsächlich ist gewöhnlich das Gegenteil der Fall . . . Eine Geigerin muß sich jeder Bewegung ihrer Finger extrem bewußt sein, ebenso wie des Klangs, der in ihre Ohren dringt, und der absoluten Form des Stücks, das sie spielt, und zwar sowohl analytisch, Note um Note, als auch ganzheitlich, im Sinne der gesamten Gestalt. Ein guter Läufer ist sich gewöhnlich jedes wichtigen Muskels in seinem Körper, seines Atemrhythmus ebenso wie des Leistungsvermögens seiner Konkurrenten im Rahmen der Gesamtstrategie des Laufs bewußt.»[5]

Daher geht im Zustand des Fließens nicht das Bewußtsein verloren, nicht einmal das Ich, sondern unser Bewußtsein vom Ich, das oft schmerzliche Gefühl der Identifikation mit gewissen Aspekten unseres totalen Seins.

Die zweite Frage lautet: Wenn sich denn im Wirken der Seele nirgends ein stabiles Ich finden läßt und wir diese Tatsache kennen und uns ihrer bewußt sein können, *wer* oder *was* übt dann diese Zeugenschaft aus? Für die buddhistischen Psychologen – wie für viele, wenn nicht die meisten heutigen Erforscher der menschlichen Seele – ist diese Frage an sich irreführend. Nicht so für die Weisen der Upanischaden und viele Adepten anderer spiritueller Traditionen. In der westlichen Philosophie hat Immanuel Kant versucht, die Einzigartigkeit des Bewußtseins zu verstehen, indem er ein transzendentales Ich postulierte. Dieses entspricht dem *ātman* oder dem transzendentalen Selbst der Hindu-Weisen und dem *dharmakāya* der buddhistischen Meister. Buddhisten wie Hindus stützen sich auf die Erfahrung statt auf die bloße Theorie. Die Buddhisten verweisen auf das ständig sich verändernde Wesen dessen, was sie die fünf *skandhas* nennen, aus denen der Mensch sich zusammensetzt, nämlich Formen (d. h. die Sinnesvermögen und ihre Objekte), Empfindungen, Wahrnehmungen, Veranlagungsfaktoren und Erkennen. Die Hindus verweisen auf die Kontinuität des Erkennens in den erleuchteten Adepten, die nach dem Realisieren des vierten Zustands (*turīya*) in den drei

Zuständen des Wachseins, des Träumens und des Schlafens die «gleichen» bleiben.

Der Buddha selbst lehnte es ab, über den erleuchteten oder befreiten Zustand zu spekulieren, und konzentrierte sich lieber auf den Weg der Befreiung. Für die Hindu-Weisen war und ist die *ātman*-Doktrin von grundlegender Bedeutung für ihre spirituelle Methodologie, und diese dreht sich um die Aufhebung der Identifizierung mit allem, was nicht das transzendentale Selbst ist. Ich erkenne den praktischen Nutzen beider Vorgehensweisen, auch wenn sie metaphysisch unvereinbar sind. Interessanterweise hat sich die spirituelle Erfahrung selbst als so überzeugend erwiesen, daß sie innerhalb des Mahāyāna-Buddhismus zur Bildung philosophischer Schulen führte, die eine Position ähnlich der *ātman*-Doktrin des Vedānta favorisieren.

Erkenne dich selbst: persönliche Entwicklung durch Selbstkenntnis

«Erkenne dich selbst», *gnothi se auton*. Diese Worte, die Inschrift auf dem Apollontempel in Delphi, hallen durch die Zeiten wider. Selbstkenntnis, Selbsterkenntnis, die durch das Vermögen der Seele, ihre eigenen Aktivitäten zu spiegeln, ermöglicht wird, ist noch immer der kostbarste Besitz, den ein Mensch haben kann. Sie ist unverzichtbar auf dem spirituellen Weg. Aber was ist Selbsterkenntnis oder Selbstkenntnis? Zunächst und vor allem ist sie das Erkennen jener Verhaltensmuster, durch die wir die Illusion unseres Getrenntseins von allen anderen Wesen aufrechterhalten. Mit anderen Worten: Sie ist das Erkennen der Mechanismen der Ich-Kontraktion – der besonderen psychischen Gewohnheit, die die Vorstellungen von «Ich» und «mein» aufkommen läßt. In dem Augenblick, da wir geboren werden, haben wir ein stark ichbezogenes Verhältnis zum Leben. Aber diese neugeborene Ichbezogenheit ist nicht egoistisch im strengen Sinne. Das Ich taucht erst allmählich auf, wenn wir älter werden. Das Neugeborene hat noch kein Selbstgefühl als ein separates Wesen. Ja, es erlebt ein undifferenziertes Eingefügtwerden in die Welt. Säuglinge verhalten sich so, als seien ihre Wünsche die der Welt insgesamt. Wenn sie hungrig sind, ist die ganze Welt hungrig. Wenn sie sich unwohl fühlen, fühlt sich die ganze Welt nicht wohl. «Diese archaisch-autistische Phase», hat Ken Wilber treffend formuliert, «ist kein ‹Einssein mit der Welt in Glück und Freude›, wie so viele Romantiker glauben, sondern ein Hineinschlingen der Welt ins Ich: Das Kind ist ganz Mund, und alles andere ist nichts weiter als Nahrung.»[6] Diese Gefräßigkeit des Neugeborenen stellt selbst die besten Eltern auf die Probe, und emotional unreife Eltern, die noch nicht über ihren eigenen Narzißmus hinausgewachsen sind, können mit den an sie gestellten Anforderungen kaum fertig werden.

Das differenzierte Selbst oder Ich kristallisiert sich allmählich im Laufe der Kindheit heraus und ist fest installiert, wenn das Kind die Fähigkeit erworben hat, nicht nur zwischen sich und der es umgebenden Welt zu unterscheiden, sondern auch zwischen sich und den verschiedenen Rollen, die es spielt. Dies fällt mit dem sich entwickelnden Vermögen zusammen, logisch oder rational zu denken, das heißt, der Seele zu gestatten, über die unmittelbar gegebenen Daten hinauszugehen und die abstrakten Zusammenhänge zwischen den Dingen richtig zu erkennen.

Das Sichherauskristallisieren des Ich bringt unvermeidlich eine ganze Reihe von Problemen mit sich. Pubertierende junge Menschen sind bezeichnenderweise entschieden rechthaberisch und verteidigen ihre Ideen mit großer Leidenschaft und Ungeduld. Wenn sie nicht lernen, ihre neuerworbene Denkfähigkeit auf ihre eigene Erfahrungswelt anzuwenden, werden sie zu dogmatischen Erwachsenen. Und wenn sie außerdem nicht lernen, ihr neugewonnenes Selbstgefühl richtig abzugrenzen, sind sie dazu bestimmt, narzißtisch zu werden. In Wahrheit vollenden nur wenige Menschen ihre psychische Entwicklung, und daher bleiben sie in pubertären und sogar kindischen Verhaltensformen stecken. So entstehen Erwachsene, die ewig rebellisch, ständig eingeschnappt oder ekelhaft ichbezogen sind.

Wer seine persönliche Entwicklung über die Pubertät hinaus fortsetzt, verwirklicht sich selbst. Dieser Begriff wurde von Abraham Maslow eingeführt, einem der Begründer der Humanistischen Psychologie. Er charakterisiert das sich selbstverwirklichende Individuum folgendermaßen: «Sich selbstverwirklichende Menschen sind ausnahmslos für eine Sache außerhalb ihrer eigenen Haut engagiert, für etwas außerhalb von ihnen selbst. Sie geben sich hin, arbeiten an etwas, das für sie sehr wertvoll ist – an irgendeiner Berufung im alten, priesterlichen Sinne ... Sie alle widmen ihr Leben auf die eine oder andere Weise der Suche nach den ‹Seins-Werten› (kurz S-Werte), wie ich das genannt habe, den höchsten Werten, die es an und für sich gibt, die sich nicht auf etwas noch Höheres reduzieren lassen. Es gibt vierzehn solche S-Werte, unter anderem das Wahre, Gute und Schöne der Antike sowie Vollkommenheit, Einfachheit, Dichte und noch mehrere andere.»[7]

Selbstverwirklichung ist nicht möglich ohne Selbstverständnis. Es ist eine Verpflichtung zur Entwicklung, und dies erfordert stets eine nüchterne Einschätzung dessen, wo wir uns als Individuen in jedem gegebenen Augenblick befinden. «Man kann sich nicht klugerweise für ein Leben entscheiden», schreibt Maslow, «wenn man nicht auf sich selbst, auf sein eigenes Selbst, in jedem Augenblick im Leben hört.»[8] Dieses Hören ist eine Form des Verstehens, die es erfordert, daß wir das Ich und seine Ängste transzendieren, und zwar mit kompromißloser Aufrichtigkeit und Integrität. Wenn wir auf uns hören, stimmen wir uns auf die Weisheit unseres Körpers ein, der in einer faszinierenden reziproken Beziehung zur Seele steht. Der Bioenergetik-Therapeut Stanley Keleman hat diese Verbindung zwischen Körper und Seele in der Formulierung «Dein Körper spricht seine Seele aus» eingefangen, und so lautet auch der Titel eines seiner Bücher.[9] Der Körper spricht immer «seine» Seele aus, auch wenn wir erst seine Sprache erlernen müssen. Wenn wir beispielsweise eine Entscheidung treffen, sollten wir den Körper befragen, um zu erfahren, wie er reagiert. Vielleicht *denken* wir ja, unsere Entscheidung sei die «richtige», aber unser Körpergefühl belehrt uns womöglich eines Besseren. Eine Entscheidung kann sich als intellektuell korrekt, doch als somatisch falsch erweisen. Der Körper ist ein verläßlicher Verbündeter auf dem Weg des Selbstverständnisses.

Mit offenen Augen in den Spiegel sehen – die hohe Kunst der Selbstvergewisserung

Wenn die Selbstbeobachtung eine rudimentäre Form des disziplinierten Erkennens ist, die zum Selbstverständnis führt, dann ist die Selbstvergewisserung die nächsthöhere Stufe der Pflege des luziden Wachseins. Dieser Begriff spielt eine bedeutsame Rolle in den Lehren von Gurdjieff, der sich völlig darüber im klaren war, daß das gewöhnliche Bewußtsein vielfach fragmentiert ist. Wie wir gesehen haben, ist das Ich eigentlich ein sich ständig verlagerndes Gefühl des Ich-Seins, das sich mit diesem und dann wieder mit jenem Gedanken oder Gefühl verbindet. Unsere Psyche ist im allgemeinen ziemlich zerstreut. Durch die Selbstvergewisserung oder die nachhaltige Selbsterkenntnis können wir eine stabilere psychische Einheit in uns erzeugen. Warum ist das wünschenswert, wenn doch das Ich, wie gesagt, die eigentliche Wurzel unseres Leidens ist? Es ist aus dem gleichen Grund wünschenswert wie die Pflege eines starken, gesunden Ich, bevor wir daran gehen, es zu transzendieren.

Die Selbstvergewisserung unterbricht die Automatismen des gewöhnlichen Bewußtseins, das über seine ausgefahrenen Gleise rumpelt und dabei ständig seine vertrauten Zustände repliziert. Die Selbstvergewisserung erzeugt statt dessen einen Brennpunkt im Bewußtsein, der die disparaten psychischen Elemente zu einem zusammenhängenderen Muster bündelt. Dieser Prozeß der Selbstvergewisserung läßt sich mit dem Seiltrick der Fakire vergleichen: Aufgrund einer kollektiven Halluzination sehen die Zuschauer, wie ein Knabe das Seil hinaufklettert und oben verschwindet. Der Fakir klettert ihm nach, mit einem Messer zwischen den Zähnen. Kurz darauf fallen der abgeschnittene Kopf des Knaben und seine Gliedmaßen nacheinander auf den Boden. Dann setzt der Fakir die Gliedmaßen wieder zusammen, und zu ihrem höchsten Erstaunen sehen die Zuschauer wieder einen lächelnden Knaben vor sich stehen. «Teile unserer Seele sind abhanden gekommen, wir sind ihrer nicht mehr gewiß», hat Charles Tart erklärt, «und daher müssen wir uns wieder ver-gewissern.»[10]

Im Zentrum des spirituellen Prozesses steht eine Art von Selbst-Dekonstruktion, die der Zerstückelung durch den Fakir vergleichbar ist. Dies läßt sich auch anders bezeichnen, nämlich als Selbstläuterung oder Katharsis. Aber gleichzeitig ist der spirituelle Prozeß eine Rekonstruktion, denn der alte Adam wird durch den neuen Adam, den spirituell regenerierten Menschen ersetzt. Die Selbstvergewisserung ist ein wichtiger Aspekt dieser Aufgabe der Rekonstruktion. In seinem Buch *Waking Up* (dt.: *Hellwach und bewußt leben*) beschreibt Tart eine bestimmte Übung, durch die wir uns selbst vergewissern können. Sie besteht darin, daß wir verschiedenen Teilen des Körpers Aufmerksamkeit schenken und sie nach und nach ins Zentrum unseres Bewußtseins rücken. Wir spüren unsere Zehen, Füße, Hände, Arme, den Rumpf und so weiter, aber ohne ein Urteil über irgendeine unserer Empfindungen zu fällen oder zu versuchen, ihre Beschaffenheit zu verändern. Dann empfinden wir immer mehr von unserem Körper auf einmal. Dann werden die Sinne – außer dem kinästhetischen Sinn – auf ähnliche Weise aktiviert und integriert. Tart vergleicht die Aufmerksamkeit mit einem Muskel, der trainiert werden muß. Zunächst ist es ganz schwierig, die Aufmerksamkeit aufrechtzuerhalten, aber mit ein wenig Übung wird es leichter, sich dieser Aufgabe zu widmen, diesem «Spüren, Schauen und Lauschen», ohne so schnell zu ermüden. «Essen, spazierengehen, reden, schwimmen, lieben, streiten, urinieren, beten, sich wohl fühlen, sich unwohl fühlen – all das ist Material fürs Spüren, Schauen und Lauschen.»[11]

Die Selbstvergewisserung, die der buddhistischen Übung der Achtsamkeit entspricht, ist wie ein Suchscheinwerfer, der auf die oft dunklen Inhalte unseres Bewußtseins gerichtet ist. Sie enthüllt, was konkret in uns vorgeht, was größtenteils nicht gerade verlockend und oftmals sehr ernüchternd ist. Doch sie sorgt auch für die notwendigen Bedingungen dafür, daß wir uns vergewissern, wer wir wirklich sind, und zwar jenseits des ständig sich verändernden Flusses der Gedanken und Emotionen. Sie bereitet den Boden für inneren Frieden und Freude. Sie erzeugt Distanz, ohne zu trennen. Darum ist sie ein wichtiger Schritt zur Integration und Ganzheit im Kontext des luziden Wachseins.

In einer seiner frühen Reden, die er 1924 gehalten hat, betonte Gurdjieff, wie schwer es ist, uns objektiv zu beobachten: «Wenn Sie sich darum bemühen, wird das Ergebnis nicht im wahren Sinne Selbstbeobachtung sein. Aber Ihr Bemühen wird Ihre Aufmerksamkeit erhöhen, und Sie werden lernen, sich besser zu konzentrieren. All dies wird später von Nutzen sein. Erst dann kann man anfangen, sich seiner selbst zu vergewissern.

Wenn Sie gewissenhaft arbeiten, werden Sie sich nicht

mehr, sondern weniger vergewissern, denn die Selbstvergewisserung erfordert viele Dinge. Sie ist nicht so leicht, sie kostet eine ganze Menge.»[12]

Gurdjieff erklärte, die Übung der Selbstbeobachtung sei für mehrere Jahre völlig ausreichend, und in dieser Zeit dürfe man nichts anderes versuchen. Er glaubte auch, wenn sie gewissenhaft praktiziert werde, dann führe sie automatisch zur nächsten Stufe auf dem spirituellen Weg.

Das Selbst transzendieren und verwandeln

Die Selbsttranszendenz ist eine ebenso häufige Erfahrung wie die Selbstbeobachtung, auch wenn beide sich nur sporadisch und ohne unser bewußtes Wollen vollziehen. Jedesmal, wenn wir einschlafen, transzendieren wir das Ich, das unseren Wachzustand charakterisiert. Jedesmal, wenn wir erwachen, transzendieren wir das Ich, das während unseres Schlafes, insbesondere in unseren Träumen, gegenwärtig war. Jedesmal, wenn wir die Hand ausstrecken, um den Schmerz eines anderen Menschen zu lindern, oder wenn wir unsere Liebe zu unserem Partner oder unseren Kindern strömen lassen, transzendieren wir das Ich, das sich von allen anderen zu isolieren sucht. Wenn wir das Rauchen aufgeben, eine Diät machen oder unseren Körper regelmäßig trainieren, transzendieren wir das Gewohnheits-Ich. Wenn wir uns neuen soziokulturellen Umständen anpassen (wenn wir umziehen oder uns im Krieg befinden), transzendieren wir das Ich. Wenn wir krank werden, transzendieren wir genauso das gewohnte Ich. Wir sind somit ziemlich vertraut mit dem Phänomen der Selbsttranszendenz, auch wenn wir uns das selten mit diesem Begriff vergegenwärtigen.

Auf einer höheren Ebene ist Selbsttranszendenz die Transzendenz des Ich in mystischen Bewußtseinszuständen, in denen die Trennung zwischen dem Subjekt und dem Objekt aufgehoben ist. Diese Art der Selbsttranszendenz ist von grundlegender Bedeutung für die Erleuchtung oder für das, was die Hindu-Tradition Selbstverwirklichung (*ātman-jñāna*) nennt. Andere Formen der Selbsttranszendenz sind sozusagen Probeläufe, mit denen wir für den Augenblick der vollen Ich-Transzendenz in der mystischen Verschmelzung trainieren.

1969, ein Jahr vor seinem Tod, hat Maslow seine sogenannte Theorie Z formuliert. Ihr zufolge gibt es einen Typus des sich selbst verwirklichenden Menschen, der auch ein sich Transzendierender ist. Mit anderen Worten: Er verwirklicht nicht bloß die Möglichkeiten der normalen menschlichen Persönlichkeit, sondern auch sein *transpersonales* (oder spirituelles) Potential. Normale Selbstverwirklichende können noch immer in ihrer eigenen Programmierung befangen sein. Ihr Bemühen um herausragende Leistungen, Schönheit, Gerechtigkeit und so weiter ist nach wie vor von den Wahrnehmungen des konventionellen Bewußtseins gefärbt und kann vielleicht ein gewisses Maß an Ichbezogenheit aufweisen. Im Gegensatz dazu richten sich selbsttranszendierende Menschen nach ihrem transpersonalen Wesen, dem Geist oder dem Göttlichen. Sie sind motiviert von dem Verlangen, ihre wahre Identität zu verwirklichen, die die Identität aller Wesen und Dinge ist – das transzendentale Selbst *(ātman)* der Hindu-Tradition.

Der spirituelle Weg, der zur Wiederentdeckung unseres wahren Wesens führt, ist ein Weg der progressiven Selbstverwandlung. Aber die Arbeit der Selbstverwandlung endet nicht mit der Erleuchtung. Im Gegenteil – nur wenn diese erreicht ist, kann sie mit einer Intensität betrieben werden, die unmöglich ist, während das Ich noch intakt ist und ängstlich jede Veränderung überwacht oder gar blockiert. Nach der Erleuchtung, wenn das Ich entthront ist, können wir uns voll und ganz der Verwandlung der Welt widmen, die mit unserer eigenen Verwandlung zusammenfällt. Dies ist das Mahāyāna-Ideal des

Bodhisattva, der unermüdlich für die Erleuchtung und das Glück aller anderen tätig ist. Der Bodhisattva praktiziert Tugenden wie Mitgefühl, Großmut und Geduld bis zur Vollkommenheit und scheut nicht davor zurück, im Dienst für andere Leib und Leben zu riskieren.

Wo endet dies alles? Während die Selbsttranszendenz eine immerwährende Leistung im Zustand der Erleuchtung ist, ist die Selbstverwandlung im Prinzip endlos, weil es eine unendliche Zahl von Wesen und Welten gibt, die auf vielen Ebenen der Hilfe bedürfen. Aber der erleuchtete Mensch läßt sich von dieser Aussicht nicht entmutigen, denn er oder sie weiß, daß es unendlich viel Zeit dafür gibt, die Befreiung aller herbeizuführen.

12

Der Schatten der Erleuchtung

Was ist Erleuchtung?

«Schatten» und «Erleuchtung» nebeneinanderzustellen scheint ein krasser Widerspruch zu sein. Doch von unserer Alltagserfahrung der physikalischen Welt her wissen wir: Wo Licht ist, da ist auch Schatten, und je nach der Stärke des Lichts ist der Schatten proportional dunkler und schärfer umrissen. Der spirituelle Vorgang oder Zustand der Erleuchtung hat seinen eigenen Kernschatten. Wir wir diesen Schatten erklären, hängt von unserer Definition von Erleuchtung ab. Manche Menschen meinen damit kaum mehr als eine blitzhafte Erhellung, während sie für andere eine mystische Vision oder ein Zustand höheren Wissens ist. Ein berühmter buddhistischer Gelehrter beispielsweise, der ansonsten für seine präzise Terminologie bekannt ist, nennt sie irreführenderweise ein «Gipfelerlebnis».[1] Die Erleuchtung ist überhaupt kein Erlebnis! Sie ist genausowenig ein Seelenzustand. Strenggenommen ist sie ein Seinszustand. Dann gibt es natürlich noch jene, die die Erleuchtung auf den intellektuellen Aspekt reduzieren, was vermutlich auf die europäische philosophische Bewegung der Aufklärung im 17. und 18. Jahrhundert zurückgeht. Diese spezielle Erklärung ignoriert völlig den spirituellen Wortgebrauch. Hier meine eigene Definition:

> Erleuchtung ist der dauerhafte Zustand der bewußt verwirklichten Freiheit, die auf der Transzendenz der Ich-Gewohn-

heit basiert und mit der Manifestation gewisser tugendhafter Eigenschaften zusammenfällt, vor allem des Mitgefühls, der Weisheit, der Großmut, der Freundlichkeit und der Geduld.

Das ist eine ganz und gar verkürzte Definition, die das wichtigste Merkmal der Erleuchtung hervorhebt: die dauerhafte Verschiebung, die im Identitätsgefühl eines Menschen stattfindet. Um es in der Sprache der Hindus auszudrücken: Diese Verschiebung vollzieht sich von der Ich-Identität zur Selbst-Identität – vom *ahamkāra* («Ich-Macher») zum *ātman* («Selbst»), vom *asmita* («Ich-Sein») zum transzendentalen *aham-bhava* («Ich-Zustand») oder vom bedingten *citta* («Bewußtsein/Seele») zum transzendentalen *cit* («Erkennen/Bewußtsein»). In der buddhistischen Terminologie ist Erleuchtung «Erwachen» *(bodhi)* oder «volles Erwachen» *(sambodhi)*, nämlich das Erwachen aus dem Traum der Konsenswirklichkeit als ein Ergebnis der Wiedergewinnung des wahren Wesens oder des Buddhatums. Im Tibetischen heißt Erleuchtung *byang-chub-sems*, was wörtlich soviel wie «reines, autonomes Erkennen» bedeutet. Das verweist darauf, daß Erleuchtung nicht ein Zustand des Unbewußten ist, wie einige Kritiker dargelegt haben. Es ist die bewußte Verwirklichung des Seins-Bewußtseins oder des reinen Seins-Erkennens als der grundlegenden Wahrheit unseres Wesens.

Vorübergehende Verwirklichungen des erleuchteten Zustands nenne ich lieber Erleuchtungs*erfahrungen* statt richtige Erleuchtung. Im japanischen Zen-Buddhismus werden fließende intuitive Erkenntnisse unseres wahren Wesens *satori* genannt, was wörtlich «Erwachen» bedeutet. In bestimmten hinduistischen Schulen heißen sie *kshana-samādhi* («fließende Ekstase»). Fließende Ekstasen finden die ganze Zeit statt, bleiben aber unentdeckt, weil wir sie nicht erwarten. Das sind Augenblicke, in denen wir vom Denken und anderen geistigen Tätigkeiten frei sind, kurze Pausen im inneren Geplapper. Wenn wir sie bewußt erkennen, können wir uns ihrer erfreuen und sie erweitern. Dazu müssen wir stets aufmerksam und präsent sein.

Hier möchte ich mich auf die Erleuchtung als eine dauerhafte Verwirklichung konzentrieren. Denn diese Verwirklichung, die auch Befreiung genannt wird, ist das erklärte Ziel der authentischen Spiritualität. Ein momentanes bewußtes Eintauchen in den Zustand der Erleuchtung ist eine wichtige Nahrung für Reisende auf diesem Weg, aber es vermittelt uns kein dauerhaftes Glück und keinen dauerhaften Frieden. Aus dem gleichen Grund dürfen wir uns auch nicht von anderen Formen der Ekstaste (*samādhi*) ablenken lassen, so faszinierend, erhebend und sogar offenbarend sie sein mögen. Keine Erfahrung ist letztlich befreiend. Nur jene radikale Verschiebung in unserer Identität, die mit der vollkommenen Erleuchtung einhergeht, hat die Kraft, die karmischen Ursachen unseres Leidens zu beseitigen.

Von entscheidender Bedeutung ist die Tatsache, daß die Erleuchtung nicht bloß eine Frage des Erkennens ist – jedenfalls nicht des Erkennens im konventionellen Sinne. Da sie ein Seinszustand – ein ungebundener Zustand – ist, hat sie auch mit Energie zu tun. Der tantrische Buddhismus hat dies klar erkannt. In einer seiner Reden hat der Nyingma-Meister Tarthang Tulku gesagt: «Erleuchtung ist eigentlich nicht etwas Geheimnisvolles oder Weltfernes, sondern vielmehr das Ergebnis eines unbeschränkten und aufmerksamen Erkennens innerhalb der Tätigkeit unseres Körpers, unseres Redens und unserer Seele. Sie ist eine subtile Energie, die wegen unserer inneren Blockaden nicht leicht festzustellen ist. Der Strom wird in uns aufgehalten, eingedämmt. Wir sprechen von diesen Energien zwar auf einer körperlichen Ebene, doch sie hängen nicht unbedingt von den Gesetzen ab, denen körperliche Substanzen unterworfen sind. Diese Eigenschaft der Erleuchtung ist kein ‹Ding›: Sie hat keine feste Position, keine Substanz, auf die wir hinweisen können . . ., sie ist eher wie ein ‹offener Raum› beschaffen. Sie ist niemals ein Erkennen irgendeines ‹Dings›, das nur irgendeine Projektion unseres Selbstbilds sein könnte – sie ist weder ein subjekt- noch ein objektorientiertes ‹Schauen›.»[2]

Mit anderen Worten: Die Erleuchtung ist kein neuer Zustand, der durch unsere Bemühungen ins Leben gerufen wird. Sie ist nicht einmal ein Zustand, der außerhalb von uns ist und erlangt werden kann. Der Zustand der Erleuchtung steht immer in Beziehung zu uns, aber es gibt Schleier in unserer Seele, die uns daran hindern, diese Wahrheit zu erkennen. Diese Schleier sind Energieblockaden, die karmische Ursachen haben. Wenn wir uns durch spirituelle Disziplin läutern, werden diese inneren Hindernisse allmählich abgebaut, und dann stehen wir eines Tages plötzlich vor dem inneren Allerheiligsten der universalen Seele, die unser eigenes Wesen und das immanente Wesen von allem anderen ist.

Erleuchtung und das Weiterbestehen der Persönlichkeit

Die Erleuchtung ist ein radikales Ereignis, das unser ganzes Selbstbild zerschlägt. Während wir im unerleuchteten Zustand befangen sind, können wir uns kaum vorstellen, was dies zur Folge hat, und darum müssen wir uns auf die Aussagen jener verlassen, die aus dem Zyklus der bedingten Existenz *(samsāra)* ausgebrochen sind. Alle traditionellen Quellen sind sich indes darin einig, daß dieser Bruch keineswegs die Natur und ihre Kräfte vernichtet, während sie sich im physischen Körper manifestieren. So wie ein einmal in Bewegung gesetzter beladener Karren weiterhin bergab rollt, folgen auch die für das Erscheinungsbild des menschlichen Körpers verantwortlichen karmischen Ursachen nach wie vor ihrem Impuls. Die Erleuchtung zerschneidet nur die Fesseln eines künftigen Karma und negiert somit die Möglichkeit künftigen Leidens eines ich-verstrickten Individuums. Ein bereits in Gang gesetztes Karma wird so lange ablaufen, bis es erschöpft ist – ein Ereignis, das mit dem Tod des physischen Körpers zusammenfällt.

Damit stellt sich eine wichtige Frage: Da die menschliche Persönlichkeit nicht bloß das Produkt sozialer Prägung ist, sondern, wie uns die genetische Forschung immer mehr klarmacht, auch von der genetischen Ausstattung abhängt – was bedeutet dies dann im Falle eines erleuchteten Menschen? Die naheliegende Antwort lautet: Solange der erleuchtete Mensch einen Körper hat, lassen sich gewisse Merkmale seiner oder ihrer Persönlichkeit als Ergebnis des karmischen Impulses erklären. Mit anderen Worten: Während die Erleuchtung den Bann des Ich aufhebt, löscht sie die Persönlichkeit oder den Charakter nicht aus. Der «Schatten» der körperlichen und geistigen Existenz bleibt erhalten. Dies wird uns klar, wenn wir einen Blick in die Geschichte der Spiritualität mit ihrer Fülle jeweils einzigartiger Meister werfen. In meinem Buch *Holy Madness* (dt.: *Heilige Narren*) habe ich dazu festgestellt: «Daß die Persönlichkeit erleuchteter Menschen – wie von fortgeschrittenen Mystikern – strukturell großenteils intakt bleibt, wird einem sofort klar, wenn man die verfügbaren Biographien und Autobiographien einstiger und gegenwärtiger Adepten überprüft. Jeder manifestiert seine spezifischen psychischen Eigenschaften, wie sie genetisch und durch seine Lebensgeschichte determiniert sind. Einige neigen eher zur Passivität, andere sind spektakulär dynamisch. Manche sind ausgesprochen sanft, andere von Geburt an wild. Einige haben kein Interesse an Wissen und Lernen, andere sind großartige Intellektuelle.»[3]

Man könnte hinzufügen: Einige neigen zur Hingabe, andere bevorzugen ein nüchternes Vorgehen; manche sind von Natur aus einzelgängerisch, andere eher gesellig; manche ziehen in allem den Mittelweg vor, andere sind auf natürliche Weise exzentrisch. Allerdings – und das ist ein überaus wichtiges Merkmal – kann man davon ausgehen, daß die Persönlichkeit eines erleuchteten Menschen von Eigenschaften nur so funkelt und sprüht, die beim gewöhnlichen Menschen für große moralische Tugenden gehalten würden. Denn mit der Transzendenz des Ich gibt es einfach keinen Raum mehr für niedere Emotionen wie Ängstlichkeit, Begehrlichkeit, Habgier, Trägheit, Unersättlichkeit, Stolz, Arroganz, Konkurrenzdenken, Eifersucht, Neid, Groll, Bitterkeit, Gemeinheit und Aggressivität. Diese können sich nur in Verbindung mit der Ich-Kontraktion einstellen. Die Transzendenz des Ich beseitigt den Humus, in dem diese mächtigen negativen Emotionen gewöhnlich gedeihen. Statt dessen erzeugt sie einen offenen Raum, in dem Tugenden wie Frieden, Glück, Zufriedenheit, Bescheidenheit, Geduld, Herzensgüte, Mitgefühl, Liebe und Weisheit in Hülle und Fülle wachsen und erblühen können.

In *Heilige Narren* habe ich mich mit dem Leben bekannter Adepten aus verschiedenen Epochen und spirituellen Traditionen befaßt und ihr Verhalten nach der Erleuchtung zu verstehen versucht. Ich konzentrierte mich auf Adepten, die bei dem Versuch, andere zur gleichen spirituellen Verwirklichung zu führen, auf einen ziemlich unorthodoxen Lehrstil zurückgriffen, den man Narrenweisheit nennt. Ich erklärte dazu: «Ganz allgemein gesprochen, haben Schwindler, Clowns, verrückte Lamas, Zen-Meister, heilige Narren, betrügerische Gurus und närrisch-weise Adepten eines gemeinsam: die *aktive* Ablehnung der Konsenswirklichkeit. Sie verhalten sich in einer Art und Weise, die nach außen hin die Umkehrung der Werte und Haltungen manifestiert, die aller wahren Spiritualität immanent sind.»[4]

Somit gibt es die «Narren in Christo», wie den heiligen Simeon oder den wahnsinnigen Markus, die die Selbstzurücknahme bis zur Perfektion praktizierten und jeden erdenklichen Spott und körperlichen Mißbrauch ertrugen, um die Tugendhaftigkeit einer heiligen Lebensweise zu demonstrieren. Dann gibt es die großen Sufi-Wahnsinnigen *(majzub)* wie Shibli oder Abu Sa'id, die ihr Leben aufs Spiel setzten, als sie gegen den islamischen Monotheismus verstießen, indem sie ihre vollkommene Identität mit Gott ekstatisch predigten. Als nächstes sind die tibetischen närrisch-weisen Adepten wie Marpa zu nennen, der ein wildes Temperament an den Tag legte, um seine Anhänger in jene Art von Verzweiflung zu stürzen, die zu einem wahren spirituellen Durchbruch führen kann, oder wie Drugpa Künleg, der freizügig von der Sexualität Gebrauch machte, um das spirituelle Leben schöner Mädchen zu stärken. Da gibt es auch die Avadhūtas wie Zipruanna oder Nityananda, die das sittliche Empfinden der Öffentlichkeit verletzten, als sie nackt herumliefen und auf Abfallhaufen saßen, um zu demonstrieren, wie ganz und gar unwichtig konventionelle Vorstellungen von Anstand und Sitte seien.

Keineswegs sind alle närrisch-weisen Adepten erleuchtet. Doch wenn sie authentisch sind, dann ist «ihr exzentrisches oder widersprüchliches Verhalten zumindest erfüllt von ihrer intuitiven Wertschätzung des erleuchteten Zustands».[5] Damit stellt sich sofort die Frage, ob närrisch-weises Verhalten eher pathologisch als methodisch ist. Ich habe sie offen und ehrlich in *Heilige Narren* zu beantworten versucht. Meine Schlußfolgerung: Solange ein Mensch nicht voll und ganz erleuchtet ist, ist ein psychopathologisches Verhalten stets möglich. Somit waren viele der indischen *masts* («Wilden») anscheinend an der Grenze zwischen Heiligkeit und Wahnsinn angesiedelt. Im Falle eines erleuchteten Menschen hingegen sollte exzentrisches Verhalten eindeutig als metamotiviert verstanden werden, das heißt, als von Weisheit und Mitgefühl angetrieben statt von neurotischer Zwanghaftigkeit. Ich erspare es mir hier, die in *Heilige Narren* vorgebrachten Argumente zu wiederholen, die ich noch immer für prinzipiell richtig halte.

Dafür möchte ich einfach noch einmal betonen, daß das Verhalten nach der Erleuchtung metamotiviert, gleichwohl aber durch eine menschliche Persönlichkeit gefiltert ist. Diese Persönlichkeit ist zwar durch lange spirituelle Disziplin und den Seinszustand der Erleuchtung verwandelt, hängt aber noch immer im wesentlichen mit der Persönlichkeit vor der Erleuchtung zusammen. Während die Erleuchtung also unser Selbstbild (oder unsere Selbstidentität) und die ihm zugrundeliegenden psychischen Strukturen verändert, hebt sie keineswegs alle Strukturen auf oder wandelt sie gar um.

Licht auf den Schatten werfen

In *Heilige Narren* habe ich sogar behauptet, daß die Erleuchtung nicht automatisch den Schatten im Jungschen Sinne integriere und daß eine derartige Integration eigentlich eine lebenslange Aufgabe selbst für den erleuchteten Menschen sei. Ich schrieb: «Von einigen zeitgenössischen Adepten wird behauptet, daß im Durchbruch der Erleuchtung der Schatten vom Licht des Überbewußtseins völlig überflutet werde. Das hieße, daß der erleuchtete Mensch ohne Schatten wäre. Das ist als Erklärung der bedingten Persönlichkeit schwer hinzunehmen. Der Schatten ist das Produkt der nahezu unendlichen Permutationen der unbewußten Prozesse, die für das menschliche Leben, soweit wir es kennen, von wesentlicher Bedeutung sind. Während die Persönlichkeit lebt, bilden sich unbewußte Inhalte einfach deshalb, weil niemand ständig alles erkennen kann. Das Ausmerzen der Ich-Identität in der Erleuchtung beendet keineswegs die Prozesse der Aufmerksamkeit – es beendet bloß die Verankerung der Aufmerksamkeit im offenkundigen Zentrum der unerleuchteten Körper-Seele, die wir das ‹Ich› oder die ‹Ich-Identität› nennen. Darüber hinaus denkt der erleuchtete Mensch auch weiterhin und drückt Gefühle aus – und beides sind Prozesse, die einen Rest von Unbewußtem hinterlassen, auch wenn keine innere Aufmerksamkeit auf sie gerichtet ist. Der entscheidende Unterschied besteht darin, daß im Verwirklicher der Rest von Unbewußtem nicht als ein Hindernis auf dem Weg zur Ich-Transzendenz erfahren wird, und zwar einfach deshalb, weil die Ich-Transzendenz bereits vollzogen ist.»[6]

Nach weiterer Überlegung halte ich es für notwendig, meine frühere Ansicht ein wenig zu modifizieren. Ohne Zweifel ist nach der Erleuchtung die eigene Persönlichkeit transparent. Das heißt, die Persönlichkeit wird ein gutgestimmtes Instrument für die Ausübung von Mitgefühl und Weisheit in der Welt. Erleuchtete Menschen räumen ein, daß sie eine besondere Persönlichkeit oder einen besonderen Charakter haben, aber sie akzeptieren, daß dies nicht nur notwendig ist, um in der Welt gegenwärtig zu sein, sondern daß dies auch dem größeren Gut dient. Daher manipulieren sie nicht an ihrer Persönlichkeit herum, um sie irgendwie zu verbessern. Sie leben ganz und gar spontan und lassen ihre Handlungen von der Weisheit bestimmen, die sich in ihnen entwickelt, und das ist die Weisheit der Wirklichkeit an sich.

Im obigen Zitat habe ich den Begriff Schatten in einem weiteren Sinne gebraucht. In der Jungschen Psychologie hat er eine begrenztere Bedeutung. Ich möchte daher einen genaueren Blick auf die Jungsche Vorstellung vom Schatten werfen, um seine Bedeutung für die gegenwärtigen Überlegungen genauer zu bestimmen. Der Schatten ist jener Teil unser Psyche, der ignoriert oder verleugnet wird. Insbesondere stellt er die immanenten Züge oder Talente dar, die sich wegen des fehlenden Gebrauchs ins Unbewußte zurückziehen. So kann beispielsweise ein Mensch, der vom Intellekt geleitet wird, die Gefühlsfunktion seiner Psyche vernachlässigen. Folglich zieht sich die Gefühlsfunktion zurück – sie geht gewissermaßen in den Untergrund. Das Aggregat all dieser unterdrückten inneren Fähigkeiten bildet einen dunklen Gegenspieler zur bewußten Persönlichkeit. Der Schatten ist wie ein Negativbild, ein Antimaterieduplikat unserer Tagpsyche, das ein Eigenleben zu haben scheint und doch mit der Tagpsyche verbunden ist. Wir können sein Wirken in der Zwischenwelt unserer Träume erkennen, und wenn wir die Zeichen nicht verstehen oder ignorieren, wird der Schatten über die Traumbarriere hinwegspringen und in unser waches Leben eintreten und uns wie ein unzertrennlicher Geist heimsuchen.

Je mehr wir einen Aspekt von uns verleugnen, desto mehr Energie wird ihm im Unbewußten zugeführt. Wenn die Ladung eine unerträgliche Stärke erreicht, läßt das Unbewußte unweigerlich Dampf ab. Ein Mensch beispielsweise, der seinen Zorn seit seiner Kindheit unterdrückt hat und nie in der Lage gewesen ist, seine Gefühle auszudrücken, explodiert schließlich und begeht in einem Zornesausbruch ein abscheuliches Verbrechen.

Eine andere Form der Manifestation des Schattens ist die Projektion: wenn wir genau die Eigenschaften, die wir bei uns selbst verleugnen, unwissentlich anderen zuschreiben. Viele soziale Interaktionen sind mit den Energien unserer individuellen Schatten aufgeladen, und auch die internationale Politik ist eine Art Schattenspiel, in dem der andere bezeichnenderweise als böser Gegner gesehen wird, der besiegt und unterdrückt werden muß.[7]

Der Schatten stellt somit eine besondere Teilung in unserem menschlichen Wesen dar. Per definitionem ist der erleuchtete Mensch ungeteilt und ganz. Er ist das Eine, das das wahre Wesen von allem und jedem ist. Alle großen spirituellen Schriften bestätigen, daß es im erleuchteten Menschen keinen Raum für Anderssein gibt. Erleuchtung ist buchstäblich Er-leucht-ung, der Zustand des Im-Licht-Seins. Wo bleibt da der Jungsche Schatten? Ist der erleuchtete Mensch völlig frei von Finsternis?

Die meisten traditionellen Berichte behaupten, daß dem so sei. Doch komplexere Darstellungen beharren darauf, daß der erleuchtete Mensch das Licht ebenso transzendiere wie die Finsternis und in eine Dimension der Existenz eintrete, die jenseits von Gut und Böse sei (psychoanalytisch gesprochen:

jenseits von Persönlichkeit und Schatten). Im *Lankāvatāra-Sūtra*, einem Werk des frühen Mahāyāna-Buddhismus, gibt es die folgende bedeutsame Passage: «Die falsche Imagination lehrt, daß solche Dinge wie Licht und Schatten, Lang und Kurz, Schwarz und Weiß unterschiedlich sind und unterschieden werden müssen; aber sie sind nicht voneinander unabhängig – sie sind nur verschiedene Aspekte desselben, sie sind Begriffe der Relation, nicht der Realität. Die Seinszustände sind nicht von einer sich gegenseitig ausschließenden Natur; im Prinzip sind die Dinge nicht zwei, sondern eins. Selbst das Nirvāna und die Welt von Leben und Tod des Samsāra sind Aspekte ein und desselben, denn es gibt ein Nirvāna nur dort, wo es ein Samsāra gibt, und ein Samsāra gibt es nur dort, wo ein Nirvāna ist. Jede Dualität ist fälschlicherweise imaginiert.»[8]

Was bedeutet es dann, jenseits von Licht und Finsternis, jenseits von Gut und Böse zu sein? Im Prinzip bedeutet es, diese geistigen Kategorien zu transzendieren, die die typischen Konstrukte der dualistischen Seele sind. Der erleuchtete Mensch ist genausowenig gut oder böse wie die Natur an sich. Außer in dichterischer Metaphorik bezeichnen wir einen Tornado, der ein Dorf verwüstet und Menschen verletzt oder gar tötet, nicht als böse. Und einen sonnigen Tag halten wir nicht für moralisch gut. Gleichermaßen sollten wir dem Zustand der Erleuchtung keine konventionellen moralischen Kategorien zuschreiben. Wie die Schriften der Hindus und der Buddhisten bestätigen, ist es schwer, das Verhalten des Adepten auszuloten, der das Ich transzendiert hat. Sicher können wir uns allerdings sein, daß kein erleuchteter Mensch ein anderes höchstes Ziel hat, als andere zu erleuchten. Aus der Sicht der Unerleuchteten erscheint dies natürlich als moralisch gut. Aus der Sicht des Erleuchteten ist dies einfach der Fall.

Wie paradox uns der erleuchtete Mensch auch immer erscheinen mag, müssen wir doch stets daran denken, daß dies allein unserer dualistischen Seele zuzuschreiben ist. Der Eine ist sich absolut verständlich, auch wenn dieses Verständnis nicht eine Frage des geistigen Verstehens, sondern von schierer gedankenfreier Klarheit ist. Die Hindu-Metaphysiker sprechen vom selbsterleuchtenden *(sva-prakāsha)* Wesen des Einen. Mit einer derartigen Bezeichnung gelangen wir an die Grenze des sinnvollen rationalen Diskurses über die Wirklichkeit. Sie ist notwendigerweise unzureichend und kann den scharfen Intellekt nicht befriedigen. Die *Taittirīya-Upanishad* (II, 4,1) erklärt, die Wirklichkeit sei das, «von dem Worte zusammen mit der Seele zurückspringen».

Wenn man nun die Aussagen der erleuchteten Adepten in Frage stellt, dann stellt man nicht nur ihre Aufrichtigkeit und Integrität in Frage, sondern auch die Daseinsberechtigung ihrer jeweiligen Weisheitstraditionen. Dazu besteht kein Grund, aber es gibt gute Gründe, ihre Selbstdarstellungen als wahr und gültig zu akzeptieren. Zugleich bedeutet die Erfahrung der ungeteilten Ganzheit in der Erleuchtung nicht unbedingt, daß der erleuchtete Mensch sein volles *menschliches* Potential verwirklicht hat. Wir müssen genau unterscheiden zwischen der Leistung der Ich-Transzendenz und dem Vermögen, angeborene Fähigkeiten und Talente als eine menschliche Persönlichkeit auszudrücken und zu entwickeln. Da der erleuchtete Mensch nicht das Los eines Schattens teilt, der von der bewußten Persönlichkeit abgetrennt ist, ist er noch immer in der Lage, sich selbst zu verwirklichen. Insoweit der erleuchtete Mensch seine angeborenen Fähigkeiten und Talente als Mensch nicht ausdrückt oder entwickelt, können wir darin – von einem evolutionären (und zugegebenermaßen unerleuchteten) Standpunkt aus – mit Recht einen Mangel erblicken. In einem modifizierten Sinne mögen daher erleuchtete Menschen einen Schatten (ein unausgeschöpftes psychisches Potential) besitzen, doch dieser Schatten manifestiert sich nicht als antagonistische Kraft in ihrer Psyche und beunruhigt nur unerleuchtete Kritiker, nicht aber die erleuchteten Menschen selbst.

Wenn unser höchstes Potential darin besteht, den Zustand der Erleuchtung zu verwirklichen, warum sollte dann der erleuchtete Mensch überhaupt an der Entwicklung seiner gewöhnlichen menschlichen Fähigkeiten interessiert sein? Anders gesagt: Wenn die Erleuchtung die höchste Form der Selbsterfüllung ist, warum sollte dann der erleuchtete Mensch sich bemüßigt fühlen, zu niedrigeren Ebenen der Selbsterfüllung oder Selbstentwicklung zurückzukehren? Die meisten erleuchteten Menschen haben anscheinend auch kein Bedürfnis danach. Ganz offensichtlich halten sie ihre gegenwärtige Persönlichkeit für ausreichend, sich selbst auszudrücken. Doch die persönliche Entwicklung nach der Erleuchtung ist einfach deshalb schon wünschenswert, weil eine gerundetere und kompetentere Persönlichkeit ein nützlicheres Instrument ist, um die Befreiung aller Menschen herbeizuführen, was ja das große Ideal für den Bodhisattva ist. Die Aufgabe der weiteren persönlichen Entwicklung nach der Erleuchtung stimmt vollkommen mit dem Zustand der Erleuchtung überein, der dadurch weder gemindert noch gesteigert wird, sondern sich offenbar von einer Persönlichkeit mit fortgeschrittenen Fähigkeiten und besonderen Talenten vollkommener vermitteln läßt. Vielleicht meint das buddhistische Ideal des *samyak-sambodhi*, der vollkommenen Erleuchtung, ja genau dies.

Diese Einschätzung des Potentials für eine weitere persönliche Entwicklung in erleuchteten Menschen wird von mindestens einer der großen spirituellen Traditionen gestützt. Ich beziehe mich dabei auf die jahrhundertelange Kontroverse zwischen den Mahāyāna- und den Hīnayāna-Buddhisten. Erstere haben das von den Hīnayāna-Mönchen hochgehaltene Ideal des *arhat* (des «würdigen Einen») vehement kritisiert. Aus der Sicht des Mahāyāna-Buddhismus ist der *arhat* zwar erleuchtet, aber nicht völlig selbstlos, da ihm das spirituelle Wohlergehen und die höchste Erleuchtung aller Menschen nicht am Herzen liege. Die Hīnayāna-Autoritäten haben diesen Angriff stets als ungerechtfertigt zurückgewiesen. Genaugenommen erweist sich der Vorwurf als unsinnig, weil die Erleuchtung ja die Selbsttranszendenz einschließt. Ich möchte hier allerdings nicht Partei ergreifen, sondern nur die bedeutsame Tatsache hervorheben, daß es innerhalb der buddhistischen Tradition für möglich gehalten wird, erleuchtet und doch weiterem innerem Wachstum unterworfen zu sein.

Wenn meine Analyse der Erleuchtung und der persönlichen Entwicklung nach der Erleuchtung richtig ist, dann besteht die aufregende Aussicht auf eine künftige Generation aufgeklärter Menschen, die nicht nur das Menschsein transzendiert haben, sondern auch seine angeborenen funktionalen Fähigkeiten bis an ihre Grenze vorantreiben. Und wer würde es nicht begrüßen, gäbe es erleuchtete Künstler, erleuchtete Wissenschaftler, erleuchtete Philosophen, erleuchtete Erfinder, erleuchtete Handwerker, erleuchtete Schriftsteller, erleuchtete Ärzte, erleuchtete Komponisten, erleuchtete Anwälte, erleuchtete Sportchampions und erleuchtete Erzieher?

13

Freiheit, Schicksal und die Quantenwirklichkeit

Die Freiheit ist unser natürlicher Zustand

Vor vielen Jahren, nachdem ich einen halben Tag lang im Tempel eines Sufilehrers meditiert hatte, fühlte ich mich plötzlich in einen Zustand unbeschreiblicher Freude versetzt. Alles, was ich tat, war von Freude erfüllt, jeder Gedanke, der mir kam, war in höchstem Entzücken gebadet, bei allem, was ich mit meinen Augen sah, mit meinen Ohren hörte oder mit meiner Haut berührte, empfand ich unbeschreibliche Freude. Ich ging an einem dieser seltenen Sonnentage in England spazieren, und der Wind beugte mir verspielt die Blumen entgegen. Auch der Wind und die Blumen waren fröhlich. Alles hatte sich im gleichen allgemeinen Glück versammelt. Und ich fühlte mich völlig frei in mir. Nach der Rückkehr von meinem Spaziergang setzte ich mich ruhig aufs Sofa, gehüllt in unaussprechliches Glück, und träge kam mir der Gedanke, daß mein Glück nicht im geringsten schwinden würde, falls die Decke mir auf den Kopf fiele und das Haus um mich zusammenbräche. Freude und Freiheit würden unter allen Umständen weiterbestehen.

Meine mystische Euphorie war nicht eine besonders fortgeschrittene Erfahrung auf dem Weg, auch wenn sie mich offensichtlich an die grundlegende Tatsache erinnerte, daß wir an sich frei und glücklich sind. Dies ist der wahre Kern des Zustands der mystischen Einheit. Unsere scheinbare Unterjochung, unsere tägliche Erfahrung, den Kräften des Schicksals unterworfen zu sein, ist bloß eine vorübergehende Unannehmlichkeit, die uns freilich ungeheures Leiden bereitet, solange sie anhält.

Der Zustand der Gefangenschaft ist ein selbstgetroffenes Arrangement, für das jeder einzelne allein verantwortlich ist. Niemand beraubt uns unserer inneren Freiheit – wir sind unsere eigenen Gefängnisaufseher. Da gibt es keine äußere Behörde, keinen *deus ex machina*, der uns ins Gefängnis der selbstgeteilten Existenz wirft. Unsere eigene Seele, unsere eigene Imagination ist die Quelle aller Beschränkungen, durch die wir uns selbst einengen und in schmerzlichem Getrenntsein von allen anderen Wesen und Dingen leben. Wir sind selbst verantwortlich für unsere Sklaverei und unser Elend.

Unsere sklavische Abhängigkeit von der bedingten Existenz oder von dem, was die Hindus und Buddhisten *samsāra* («Fließen») nennen, ist ein Produkt der unzulänglichen Imagination. Anders gesagt: Sie resultiert aus dem falschen Gebrauch unseres freien Willens. Daß wir frei sind, über die Richtung und Qualität unseres Lebens in jedem Augenblick zu entscheiden, wird durch unsere angeborene Freiheit garantiert, die die Freiheit des Geistes ist. Wir sind frei, auch falsche Entscheidungen zu treffen. Diese Freiheit ist nicht nur ein philosophisches Postulat, formuliert im Elfenbeinturm der intellektuellen Abstraktion. Im Gegenteil, sie ist die konkrete Erfahrung derer, die in ihrer brennenden Leidenschaft für die Freiheit an der Gefängnistür gerüttelt und festgestellt haben, daß sie nie verschlossen war. Selbst wenn wir nicht innerlich frei wären, würden wir unsere wesensgemäße Freiheit ergreifen müssen für den Fall, daß wir uns der Trostlosigkeit des Fatalismus beugen, uns selbst aufgeben und passiv darauf warten sollten, bis der Tod unserem Elend ein Ende bereitet.

Wie stark unser intuitives Wissen um die innere Freiheit im allgemeinen sein kann, wird von den vielen Menschen bestätigt, die trotz entsetzlich widriger Umstände (wie der Internierung in einem Konzentrationslager, dem Leben in einem Ghetto, Gefangenschaft oder längerem Krankenhausaufenthalt) ihr Gefühl für Würde, ihre Hoffnung und ihren Mut nicht verloren haben. Sie wissen, daß sie selbst unter eingeschränkten Bedingungen ihren freien Willen ausüben können. Zumindest können wir immer unsere innere Freiheit beweisen, indem wir angesichts einer sehr schwierigen, aber unabänderlichen Situation inneren Frieden kultivieren. Paul Tillich hat dieser Einstellung philosophisch Ausdruck verliehen, als er von unserer «endlichen Freiheit» sprach.[1]

Aber wenn wir nichts als endliche Freiheit hätten, wären wir überhaupt nicht wahrhaft frei. Doch nach der uneingeschränkten Aussage der großen spirituellen Lehrer sind wir in unserem wesenhaften Sein *bedingungslos* frei. Diese grundlegende Freiheit macht sich in unserem endlichen Zustand als ein Aufruf bemerkbar, unseren freien Willen auszuüben.

Die freie Entscheidung ist eine der Besessenheiten unserer heutigen Welt, die von unserer Vergötterung des Individualismus genährt wird. Nur selten üben wir unseren freien Willen weise aus – das heißt, um zur Ebene unserer grundlegenden Freiheit durchzubrechen. Viel häufiger stoßen uns unsere Entscheidungen tiefer in die Konsenstrance, die ein Zustand der Sklaverei und des Leidens ist. Im großen ganzen werden wir nie gewahr, daß der höchste und edelste Ausdruck unseres freien Willens darin besteht, uns für die Freiheit selbst zu entscheiden, indem wir die endliche Körper-Seele und ihr karmisches Schicksal transzendieren und den Geist wiedererlangen, unser unendliches Wesen als Seins-Bewußtsein. Gerade diese Möglichkeit, die immer wieder im Lauf der Jahrtausende von Adepten und Mystikern unter Beweis gestellt worden ist, deutet darauf hin, daß unsere Freiheit nicht endlich, sondern uneingeschränkt oder unbegrenzt ist. Wir dürfen Freiheit nicht mit sozialer, wirtschaftlicher oder politischer Freizügigkeit verwechseln. Wir haben nach Freiheit von Mühe, Unterdrükkung und Verfolgung gesucht. Wir haben auch für wirtschaftliche, politische und sogar für religiöse Freiheit gekämpft. Heutzutage garantieren vorbildliche demokratische Verfassungen alle möglichen Freiheiten. Die Präambel der Verfassung der USA sagt uns zu, «die Segnungen der Freiheit für uns und unsere Nachkommen» zu sichern. Und die Unabhängigkeitserklärung führt Leben, Freiheit und das Streben nach Glück als unveräußerliche Menschenrechte auf.

Diese Freiheiten sind allen Nutznießern des demokratischen Systems lieb und teuer. Aber wir sollten nicht ausschließlich auf diese Freiheiten – die sich zweckmäßigerweise unter dem Begriff Freizügigkeit subsumieren lassen – aus sein und in Unwissenheit hinsichtlich unserer grundlegenden Freiheit verharren. Mit dieser Unwissenheit berauben wir uns der Chance, uns über die karmische Notwendigkeit hinaus zu entwickeln und wahren Frieden und unvergängliches Glück inmitten jeder Situation, in der wir uns befinden mögen, zu verwirklichen. Das heißt nicht, daß wir uns nicht die Freiheit nehmen sollten, Unterdrückung, Ungleichheit und Ungerechtigkeit abzulehnen oder all die anderen Werte zu unterstützen, die wir in unserer demokratischen Gesellschaft zu schätzen gelernt haben. Aber die Freiheiten, die durch gesellschaftlichen Aktivismus verteidigt werden, sind gegenüber unserer wesenhaften Freiheit von sekundärer Bedeutung. Solange wir nicht unsere angeborene Freiheit wiedererlangt haben, können wir nicht einmal sicher sein, daß unsere Vorstellungen von Freizügigkeit und unsere Programme zu ihrem Schutz oder zu ihrer Wiederherstellung auf der nötigen Weisheit basieren. Die Geschichte der sozialen und politischen Revolutionen, die bezeichnenderweise als Möglichkeiten zur Verbesserung unseres Loses propagiert werden, ist überwiegend geprägt von Fehleinschätzungen, Torheit und Zerstörungswut.

Freiheit dürfen wir auch nicht mit Zügellosigkeit verwechseln. Wir sind zwar frei, nach allem zu streben, was wir wollen, aber wir müssen sorgfältig die Folgen bedenken, wenn wir unseren Wünschen nachgeben. Solange wir bloß deren Erfüllung nachjagen, bleiben wir in der Macht der Gewohnheit gefangen. Und Gewohnheit ist das Gegenteil von Freiheit. Um unsere innere Freiheit zu verwirklichen, müssen wir uns frei dafür entscheiden, unsere Imagination so anzuwenden, daß wir den Einfluß der Gewohnheit oder des Karma in unserem Leben durch die Kultivierung des luziden Wachseins reduzieren. Doch allzuoft entscheiden wir uns für das, was uns weiter einschränkt und unser Leiden vermehrt. Jean-Jacques Rousseau wußte: «Der Mensch ist frei geboren und liegt doch überall in Ketten.» Dies hat manche Denker dazu veranlaßt, den freien Willen überhaupt als erledigt zu betrachten. Doch das unkluge Ausüben des freien Willens ist an sich ein integrierender Bestandteil unserer Freiheit.

Milliarden Menschen mögen sich ganz und gar nicht bewußt sein, daß sie durch die Anwendung ihres freien Willens ständig ihr Schicksal bestimmen. Frederick Franck hat dazu bemerkt: «Meine innere Freiheit besteht somit darin, die Früchte des vergangenen Karma anzunehmen, während ich *meiner menschlichen Fähigkeit, meinem Denken und Handeln in diesem und jedem anderen Augenblick einen neuen Dreh zu geben*, die ganze Zeit gewahr bin und mein ganzes Vertrauen in sie setze.»[2]

Dieser «neue Dreh» wurde vor langer Zeit in der *Bhagavad-Gītā* (II, 47) verdeutlicht. Nachdem er versichert hat, daß wir einfach handeln müssen, während wir existieren, gibt der Gott-Mensch Krishna seinem Jünger Arjuna das große Geheimnis des Ich-Transzendierens preis: «Das Werk zu tun sei dein Beruf,/Nicht kümmre dich's, ob es gelang,/Begehre nie der Taten Frucht,/Doch fröne nicht dem Müßiggang.»[3]

In einem anderen Vers (II, 50) definiert Krishna den Yoga, den Weg der Vereinigung, als Geschick im Handeln. Handeln, das durch Selbstsüchtigkeit (das Ich-Prinzip) gefärbt ist, führt zu ungesunden Bewußtseinszuständen. Doch wenn wir in der Welt mit Leidenschaftslosigkeit oder Unbeteiligtsein handeln, werden wir von unseren Taten nicht versklavt. Selbst scheinbar gute Werke sind auf karmische Weise fesselnd, wenn sie nicht völlig frei von egoistischen Motiven sind, ganz gleich, ob sie bewußt sind oder nicht.

Jenseits der Erzeugung von gutem oder schlechtem Karma gibt es somit eine dritte Möglichkeit. Das ist die Erschaffung von Karma, das, mit den Worten des *Yoga-Sūtra* (IV, 7), weder hell noch dunkel ist. Diese dritte Art von Karma ist die Provinz des ichtranszendierenden Menschen, der nach Befreiung strebt. Ein solcher Mensch bewegt sich in der Welt ohne Beteiligtsein und erzeugt daher keine unterbewußten negativen Ablagerungen, die anschließend in ich-getriebenen Handlungen münden. Indem er die Seele in der Leere hält, wie die Mahāyāna-Buddhisten sagen würden, eliminiert der die Selbsttranszendenz Praktizierende nach und nach all jene karmischen Faktoren, die unsere Erfahrung der bedingten Welt (*samsāra*) entstehen lassen.

Sofern unsere eigene Seele uns gefangenhält, ist sie doch auch die Quelle unserer Befreiung – das heißt, das Sprungbrett zur Wiedererlangung unserer inneren Freiheit und unseres inneren Glücks. Dazu erklärt die *Amrita-Bindu-Upanishad* (1–2): «Die Seele, heißt es, sei zweifach: rein und unrein. Die unreine [Seele ist getrieben vom] Verlangen und Willen; die reine [Seele] ist bar jeden Verlangens.

Die Seele allein ist die Ursache der Sklaverei und der Befreiung der Menschen. Gebunden an Objekte [führt sie] zu Sklaverei; bar aller Objekte, ist sie dazu bestimmt, zur Befreiung [zu führen].»

Die Quantenperspektive der Freiheit

Für Freud sind wir die Sklaven der instinkthaften Kräfte des Unbewußten. Den Marxisten zufolge werden wir von den blinden Kräften der Wirtschaft und der Geschichte getrieben. Beide Ansichten sind die mißratenen Kinder des mechanistischen Newtonschen Paradigmas, demzufolge wir in einem ganz und gar deterministischen Uhrwerkuniversum leben. Dieses Paradigma, das das Denken und die Kultur des Westens in den letzten dreihundert Jahren beherrscht hat, wurde durch das Aufkommen der Quantenphysik unterminiert. Allerdings hat es unsere Kultur noch immer fest im Griff, und die Entdekkungen der Quantenphysik sind noch nicht bis auf die Ebene des Alltagslebens vorgedrungen. Selbst Einsteins Relativitätstheorie, die kurz nach der Jahrhundertwende, ein paar Jahre vor der Quantenmechanik, formuliert wurde, hat bislang kaum eine Rolle im Denken des Laienpublikums gespielt. Wir sagen zwar gern immer wieder, daß «alles relativ» sei, aber darüber hinaus haben wir großenteils keine Ahnung von Einsteins Entdeckungen und sind davon nicht beeindruckt.

In seinen postum veröffentlichten *Notebooks* hat Paul Brunton die philosophischen und spirituellen Implikationen der Relativitätstheorie folgendermaßen verdeutlicht: «Diese Relativität aller Dinge bedeutet für den Erkennenden, daß wir die Welt nie so sehen, wie sie an sich wirklich ist oder wie sie ein Mensch sehen würde, der sie von außerhalb beobachten würde, weil die Welt, die wir erfahren, *unsere* geistige Welt ist. Das führt dazu, daß wir die Welt immer unbewußt mit dem Ich vermischt sehen. Das ‹Ich› plus etwas anderes als das ‹Ich› konstituiert unser Bewußtseinsfeld. Wir erkennen nie die Welt an sich, sondern nur die Welt in einem Zustand der Interaktion mit dem Ich. Wir erkennen nie das Ich an sich, sondern nur das Ich in einem Zustand der Interaktion mit der Welt.»[4]

Brunton hat auch notiert: «Die Relativitätstheorie bringt Raum und Zeit insofern zusammen, als beide keine voneinander unabhängige Existenz haben. Der Mentalismus erklärt, warum dies so ist. Sie sind beide in ein und demselben Ding vorhanden – in der Imagination; sie sind zwei Möglichkeiten, in denen der schöpferische Aspekt des Geistes gleichzeitig am Werk ist.»[5]

«Mentalismus» ist Bruntons Kürzel für den metaphysischen Idealismus, der behauptet, alles sei reiner Geist oder ursprüngliches Bewußtsein. Diese Position – die der *philosophia perennis* – leugnet nicht die Existenz der Welt, sondern bloß ihre Wirklichkeit. Wo der gesunde Menschenverstand an feste Objekte glaubt, erblickt der Mentalismus das Spiel des Bewußtseins. Ohne diesen Begriff zu verwenden und nicht unbedingt in Übereinstimmung mit Brunton, hat Ken Wilber in seinem Vorwort zur Neuausgabe von *The Spectrum of Consciousness* (dt.: *Das Spektrum des Bewußtseins*) die Philosophie des Mentalismus geschickt aufgegriffen: «Es ist nun schon fast zwanzig Jahre her, seit ich *Spectrum* geschrieben habe, und die beiden dazwischenliegenden Jahrzehnte haben mich mehr als je davon überzeugt, wie richtig die Grundaussage dieses Buches ist: Sein und Bewußtsein existieren als ein Spektrum, das von der Materie über den Körper, den Verstand, die Seele bis zum Geist reicht. Und obwohl der Geist in einem gewissen Sinne die höchste Dimension oder Ebene des Spektrums der Existenz ist, ist er auch der Grund oder die Bedingung des gesamten Spektrums. Das ist etwa so, als wäre der Geist sowohl die höchste Sprosse der Leiter der Existenz und das Holz, aus dem die gesamte Leiter besteht – der Geist ist sowohl absolut und völlig immanent (als Holz) wie auch absolut und völlig transzendent (als höchste Sprosse). Der Geist ist beides – Grund und Ziel.»[6]

Und weiter heißt es bei Wilber: «Die Erkenntnis unserer höchsten Identität mit dem Geist dämmert uns erst nach vielem Wachsen, vielem Entwickeln, viel Evolution und viel innerer Arbeit . . . – erst dann verstehen wir wirklich, daß die höchste Identität von Anfang an da war, vollkommen in ihrer Fülle.»[7]

In seinem großartigen Werk *Sex, Ecology, and Spirituality*, dem ersten Band einer geplanten Trilogie, macht Wilber die folgende zusätzliche Bemerkung: «Wenn die Yogīs, die Weisen und kontemplativen Denker eine Erklärung abgeben wie: ‹Die ganze Welt ist eine Manifestation eines Selbst›, dann ist das nicht eine bloß rationale Erklärung, über die wir nachdenken und bei der wir herausfinden sollen, ob sie logisch sinnvoll ist. Das ist eher eine – oft poetische – Schilderung einer unmittelbaren Befürchtung oder einer direkten Erfahrung, und wir sollen diese direkte Erfahrung erproben, und zwar nicht, indem wir darüber philosophisch nachgrübeln, sondern indem wir die experimentelle Methode des kontemplativen Erkennens aufgreifen, die erforderlichen kognitiven Instrumente entwickeln und dann uns selbst direkt betrachten.»[8]

Viele, wenn nicht die meisten metaphysischen Erklärungen der Mystiker und Weisen sind sowohl als Beschreibung wie auch als Vorschrift gedacht. Denn in ihrem Bemühen, transzendentale Wahrheiten zu vermitteln, versuchen sie immer solche Antworten zu evozieren, die die Antwortenden dazu bringen, jene Wahrheiten auf eigene Weise zu erkennen. Wenn wir über die Wahrheiten der Relativitätstheorie und der Quantentheorie tief nachdenken, werden wir letztlich an die Grenzen des rationalen Denkens geführt und zur Kontemplation über ein zutiefst geheimnisvolles Universum, das mit unserem eigenen Bewußtsein verknüpft zu sein scheint.

Viele Autoren haben sich über die merkwürdige Konvergenz zwischen der avantgardistischen physikalischen Theorie des «Westens» und der Metaphysik des «Ostens» geäußert. Einer der ersten war der Physiker Fritjof Capra. Er hat dazu bemerkt: «Im Gegensatz zum Mystiker beginnt der Physiker seine Erforschung des Wesens der Dinge mit dem Studium der materiellen Welt. Beim Eindringen in die tieferen Schichten der Materie wurde er sich der Einheit aller Dinge und Vorgänge bewußt. Darüber hinaus hat er auch gelernt, daß er selbst und sein Bewußtsein ein integraler Teil dieser Einheit sind. So kommen der Mystiker und der Physiker zu derselben Schlußfolgerung, der eine ausgehend vom Reich des Inneren, der andere von der äußeren Welt. Die Harmonie zwischen ihren Ansichten bestätigt die alte indische Weisheit, daß Brahman, die letzte äußere Realität, mit Atman, der inneren Realität, identisch ist.»[9]

Capra versucht, die Parallelen zwischen den Erkenntnissen der modernen Physik und der traditionellen Spiritualität damit zu erklären, daß beide eine empirische Methode anwenden und sich mit Aspekten der Wirklichkeit befassen, die den gewöhnlichen Sinnen nicht zugänglich sind. In der Tat könnten die von den Physikern untersuchten Wirklichkeiten des Subatomaren nicht weiter von der Alltagserfahrung entfernt sein. Sie lassen sich nicht einmal bildlich darstellen, geschweige denn beschreiben – außer mit höchst abstrakten mathematischen Formeln.

Einsteins allgemeine Relativitätstheorie stellte einen Angriff auf die naive Erwartung dar, unsere gewöhnliche sinnliche Erfahrung der Welt könne als gültiger Maßstab für alle Situationen dienen. Er bewies, daß unsere auf dem dreidimensionalen Raum basierende Erfahrung sich nur auf bestimmte Gegebenheiten anwenden läßt. Genauer gesagt, wies er nach, daß die Regeln der euklidischen Geometrie, die zuvor als ehern galten, keineswegs universal anwendbar sind. Auch die Gesetze der Mechanik verlieren in einem vierdimensionalen Raumzeit-Kontinuum ihre Gültigkeit. Die gewöhnliche Geometrie wie die Mechanik sind nur in einem begrenzten Kontext (einem sogenannten Trägheitssystem) sinnvoll, sie sind eher so etwas wie eine verkürzte Version oder gar eine Karikatur der Wirklichkeit. Eine andere weitreichende Schlußfolgerung der allgemeinen Relativitätstheorie besagt, daß die Schwerkraft nicht als eine konkrete, unabhängige Kraft im Universum existiert. Sie ist ein geistiges Konstrukt. Der Mond umkreist die Erde nicht aufgrund irgendeiner unsichtbaren Anziehungskraft, sondern sein Weg wird von der lokalen Krümmung der Raumzeit selbst bestimmt.

Einen noch radikaleren Bruch mit der Newtonschen Weltanschauung stellt die Quantentheorie dar. Ihre Wegbereiter waren Max Planck (der 1899 entdeckte, daß die Wärmestrahlung in Energiepäckchen oder dem, was Einstein Quanten nannte, auftritt), Niels Bohr (der 1913 die Idee des Quantums auf die Atomtheorie anwandte und dabei die klassische Version der Quantentheorie sowie 1927 das Prinzip der Komplementarität formulierte), Werner Heisenberg (der 1925 die Matrixmechanik entwickelte und zwei Jahre später sein Prinzip der Unschärferelation formulierte, das von grundlegender Bedeutung für die Quantenwirklichkeit ist), Paul Dirac (der 1926 zeigte, daß Wellenmechanik und Matrixmechanik komplementäre Aspekte der Quantenmechanik sind) und Max Born (der ebenfalls 1926 den Gedanken einführte, daß Quantenwellen Wahrscheinlichkeitswellen sind).

Diese Wissenschaftler und ihre Nachfolger haben eine Vorstellung vom Universum entwickelt, die viele verwirrende Paradoxien aufweist, ständig verbessert und sogar von neuen Forschungen und einem neuen Denken in Frage gestellt wird. Die Quantentheorie hat praktisch die Vorstellung ad absurdum geführt, daß das Universum aus einzelnen festen Objekten besteht, die sich gemäß streng deterministischer Naturgesetze verhalten. Das «Innere» der Atome und der «Raum» zwischen den Atomen bilden eine riesige Leere, und doch konfrontiert uns unsere sinnliche Erfahrung mit Objekten, die anscheinend hartnäckig fest sind. Auf der subatomaren Ebene ist die Wirklichkeit ziemlich unheimlich. Subatomare Wirklichkeiten scheinen miteinander vernetzt zu sein, und diese Vernetztheit manifestiert sich für den Beobachter nur als Wahrscheinlichkeit. Im Gegensatz zur Newtonschen Weltanschauung, die auf dem völligen Getrenntsein von Beobachter und Beobachtetem besteht, bezieht die Quantentheorie den Beobachter ins Beobachtete mit ein: Die Quantenvernetztheit erstreckt sich auch auf den Beobachter, der ein integraler Teil des gesamten Beziehungsnetzes ist, das wir Welt nennen. So hängt es zum Beispiel vom Beobachter (vom Instrumentarium des Experiments) ab, ob die subatomaren Beziehungen als Teilchen oder als Wellen erscheinen. Das klassische Ideal der objektiven Beschreibung erweist sich damit als obsolet. Darüber hinaus ist es unmöglich, gleichzeitig die Position und den Impuls eines Teilchens zu kennen, was formal in Heisenbergs Unschärfeprinzip ausgedrückt ist.

Ein weiteres Paradox stellt die Tatsache dar, daß Quantentheorie und die Relativitätstheorie zwar jeweils sinnvolle experimentelle Ergebnisse erzielen, aber theoretisch nicht miteinander zu vereinbaren sind. Vereinfacht gesagt: Die Relativitätstheorie ist deterministisch (weil sie Kontinuität und strikte Kausalität voraussetzt), während die Quantentheorie auf den Vorstellungen von Nichtkontinuität, Nichtkausalität und Nichtlokalität basiert. Bislang haben sich alle Versuche, eine übergreifende einheitliche Feldtheorie zu finden, als vergeblich erwiesen. Das sollte uns nachdrücklich daran erinnern, daß die Wirklichkeit größer ist als die intellektuellen Kategorien, die wir ihr überstülpen können. Einer der großen Physiker und Denker unserer Zeit, Carl Friedrich von Weizsäcker, hat zugespitzt formuliert: «Unsere Analyse führt uns also eher zu dem selbst nur noch metaphorischen Satz: Das schlechthin Wirkliche ist das begrifflich Undenkbare. Eben deshalb freilich ist schon die Prädikation des Seins (selbst eines Begriffs) vom schlechthin Wirklichen unzulässig. Die Physik ist nur möglich vor dem Hintergrund der negativen Theologie.»[10]

Mit anderen Worten: Wir können nichts über die Wirklichkeit sagen, ohne sie zu verstellen. Ob wir sie nun als Sein, Leere oder Bewußtsein bezeichnen – all diese Begriffe sind für uns mit mehr oder weniger eindeutigen Assoziationen verbunden, von denen keine eine Wirklichkeit umfassend begreift. Doch um der Verständigung willen hat Weizsäcker selbst nicht gezögert, die platonische Terminologie auf die Quantenwirklichkeit anzuwenden, und sie das Eine genannt. Er fährt fort: «Die Mystiker haben in der Tat in der Philosophie des Einen eine Auslegung ihrer Erfahrung gefunden. Andererseits liegt es nahe, daß derjenige, der selbst die Möglichkeit dieser Erfahrung verwirft oder als irrelevant betrachtet, in der Philosophie des Einen leicht Unbegreiflichkeit oder Verwirrung finden und aus dieser in kurzschlüssige Deutungen ausweichen kann. Andererseits ist die mystische Erfahrung selbst so wenig Philosophie wie die Sinneswahrnehmung Naturwissenschaft ist.»[11]

Somit stehen Mystik und Philosophie zu dem Einen auf je eigene Weise in Beziehung. Aber während uns die philosophische Theorie bestenfalls intellektuell überzeugen kann, schenkt uns die Mystik Frieden und Glück. Denn indem wir das Eine durch direkte Erfahrung realisieren, gehen wir über die Fragmentierungen von Ich und Welt hinaus, die die Wiege unseres Leidens sind. Wenn wir unsere Identität als das Eine wiedererlangt haben, sind wir frei. In der mystischen Erfahrung ist dieses Wiedererlangen nur vorübergehend. Wenn wir unser Leiden nicht bloß verschieben, sondern völlig auslöschen wollen, müssen wir daher nach dauerhafter Erleuchtung streben als der endgültigen Frucht eines Lebens, das auf der Basis des luziden Wachseins gelebt wurde.

Die Entscheidung liegt stets bei uns. In der Sprache der modernen Physik ausgedrückt, ist die menschliche Seele selbst ein Aspekt der Quantenwirklichkeit, und damit besitzt sie die Fähigkeit, sich frei zu entscheiden. Doch wie die Elektronen, die im Innern des Atoms kreisen (eine etwas veraltete Darstellung), neigt unsere seelische oder geistige Energie dazu, sich großenteils nach Gewohnheiten zu richten. Die Gewohnheit erfordert wenig Energie, und daher ist sie der bevorzugte funktionale Modus der Natur. Um ein Elektron aus seiner regulären Umlaufbahn zu stoßen, müssen wir ins Atom Energie einführen. Genauso verlangt die Ausübung der bewußten Selbstbestimmung oder des luziden Wachseins hochkonzentrierte Energie. Während wir innerlich frei sind, machen wir daher nur selten von unserer Freiheit Gebrauch, sondern entscheiden uns statt dessen für die gewohnten Wege. Diese Entscheidung ist unser Schicksal oder Karma.

Indem wir den Zustand der Zeugenschaft, unsere Beobachterfunktion, beleben, sind wir in der Lage, unsere Aufmerksamkeit stärker zu konzentrieren. Dies wiederum gibt uns die Kraft, das Muster der Gewohnheiten zu durchbrechen. Aber zuerst müssen wir eine Alternative zu unserem gegenwärtigen Zustand erkennen, indem wir uns des Vermögens unserer Imagination bedienen. Solange wir wie Schlafwandler durchs Leben gehen, völlig vom Überleben in Beschlag genommen, vertun wir die großartige Chance, unseren freien Willen auszuüben und unsere innere Freiheit zu entdecken. Wir sind uns vielleicht nicht einmal darüber im klaren, daß keine der Freiheiten, für die wir kämpfen und sogar unser Leben opfern, uns wahrhaft frei macht. Erst im Tod – oder vielleicht nicht einmal dann – merken unerleuchtete Menschen, daß sie ihr Leben in selbstgewählter Sklaverei verbracht haben. Nur die Weisen, die Adepten, die sich auf den Prozeß des Sterbens bewußt, mit höchster Aufmerksamkeit einlassen, sind im Hier und Jetzt wie im großen Jenseits Herren ihres Schicksals.

14

Die Suche nach Ganzheit

Ist die Welt zu reparieren?

Die im vorigen Kapitel dargelegte Grundannahme der Quantentheorie, daß die Wirklichkeit eine ungeteilte Ganzheit ist, spiegelt im großen ganzen unsere gegenwärtige Beschäftigung mit der Integration oder Ganzheit wider. Dieses lebhafte Interesse läßt sich als Reaktion auf unsere heutige Erfahrung der Fragmentierung verstehen – der Atomisierung des Wissens, der Zerschlagung der Ideale und Idole unseres vorindustriellen Erbes, der politischen Fraktionierung der Nationen der Welt, der Vergeudung der Ressourcen der Erde und nicht zuletzt der Gespaltenheit unserer verwirrten postmodernen Psyche.

Etliche Vorschläge, wie unsere Krisensituation zu beheben sei, sind in diesem Jahrhundert gemacht worden. Ich möchte sie den folgenden fünf Kategorien zuordnen: Techno-Reparatur, Öko-Reparatur, Sozio-Reparatur, Psycho-Reparatur und Ideo-Reparatur. Zuerst und vor allem ist die Methode der «Techno-Reparateure» zu nennen, jener unerschütterlichen Optimisten, die die Fortschrittsphilosophie des 19. Jahrhunderts aufrechterhalten und uns weismachen wollen, was auch immer mit unserer Zivilisation nicht stimme – die Technik werde früher oder später ein Heilmittel dafür finden. Computertechnik, Nanotechnologie und virtuelle Realität gehören zu den neuesten Allheilmitteln, die auf dem Markt feilgeboten werden. Der größte Fürsprecher der technologischen Rationalität war vielleicht R. Buckminster Fuller, dessen «umfassende antizipatorische Designwissenschaft» darauf abzielte, die Menschen dahingehend zu erziehen, daß sie «erkennen, um die Welt in Gang zu halten, müssen wir die gesamte Menschheit als Konsumenten instrumentalisieren, und zwar in fortschreitend größerer Menge, im direkten Verhältnis zur rasch sich entwickelnden, zunehmenden Fähigkeit der weltweit integrierten Produktivität»[1]. Fuller war ein brillanter Generalist, der nicht nur zur Architektur, sondern auch zum Maschinenbau, zur Kartographie und nicht zuletzt zur technologischen Methodologie bedeutende Beiträge geliefert hat. Während er zu Recht tapfer gegen die Überspezialisierung ankämpfte, blieb er im Grunde ein Kind des Rationalismus des 19. Jahrhunderts. Daß er sich bei seinen Aussagen über das Schicksal der Menschheit ausschließlich auf die Vernunft berief, ist fast drollig, wenn man an die Komplexität der menschlichen Natur und die Multidimensionalität unseres Bewußtseins denkt, wie sie beispielsweise von Jean Gebser in seinen psychohistorischen Rekonstruktionen enthüllt worden ist.[2] Generell wird der Glaube der Techno-Reparateure von immer weniger nichtspezialisierten Denkern geteilt, abgesehen vielleicht von manchen Science-fiction-Autoren, die weiterhin diese Hoffnung nähren.

Die von Organisationen wie dem Club of Rome und dem World Watch Institute herausgegebenen Berichte über den «Zustand der Welt» geben wenig Anlaß zu Optimismus: Das Tempo der Verschlechterung der Umweltbedingungen ist größer als das Tempo der Entwicklung technischer Eingriffsmöglichkeiten. Ebenso häufen sich auf sozialem Gebiet weiterhin die Probleme für inkompetente oder nicht genügend verantwortungsbewußte Regierungen – das rapide Sichausbreiten von AIDS und das Wiederaufleben von Krankheiten, die man besiegt zu haben glaubte, stellen die jüngste Gefährdung des labilen Gleichgewichts dar.

Damit bin ich beim zweiten Lager angelangt, dem der «Sozio-Reparateure» oder Sozialreformer, die behaupten, die Lage müsse durch organisatorische Erneuerung in den Griff zu bekommen sein. Ein gutes Beispiel sind die kommunistischen Revolutionen in Rußland und China. Während sie unleugbar dramatische Veränderungen mit sich gebracht haben, ist es ihnen nicht gelungen, die Utopien zu verwirklichen, von denen sie inspiriert waren. Darüber hinaus haben sie eine ganze Reihe eigener sozioökonomischer und politischer Probleme aufgeworfen. Selbst der weitverbreiteten ideologischen «Umerziehung» der Menschen, besonders in China, ist es weder gelungen, die kommunistischen Ideale umzusetzen, noch eine authentische psychische und politische Ganzheit zu erzeugen. Der Zusammenbruch der Sowjetunion kann als ein Ergebnis des Scheiterns der kommunistischen Ideologie angesehen werden. Natürlich hat auch die westliche kapitalistische Ideologie ihre Schwächen, da sie vom egozentrischen Ideal des Wettbewerbs gestützt wird und dem militärisch-industriellen Komplex dient.

Eine dritte Gruppe von Reformern, die ich die «Öko-Reparateure» nenne, vertraut auf die Säuberung der Umwelt und die Wiederherstellung eines gesunden ökologischen Gleichgewichts auf unserem Heimatplaneten. Sie sprechen eine große Vielfalt von Problemen an, einfach deshalb, weil es unserer wildwuchernden menschlichen Zivilisation in der kurzen Zeitspanne von drei oder vier Generationen gelungen ist, auch noch die letzte Ecke des Globus zu verschmutzen. Die Öko-Reparateure scheinen allerdings eine verlorene Schlacht zu schlagen, weil die Denkmuster und institutionellen Kräfte, die für das ökologische Desaster verantwortlich sind, weiterhin gedeihen und die Umwelt verwüsten. Vor allem schätzen die Öko-Reparateure die Allgegenwart des menschlichen Ich als potentielle Zerstörungskraft nicht richtig ein.

Dies hat unter anderem die Entwicklung der Tiefenökologie

angeregt, die erkennt, daß wir uns in unserem Streben nach menschlicher Reife weder von anderen Lebensformen trennen noch versuchen dürfen, sie zu beherrschen, sondern vielmehr kooperativ mit allen anderen menschlichen und nichtmenschlichen Wesen leben müssen. Ein derart kooperatives oder kokreatives Leben ist nur dann möglich, wenn wir uns aktiv darum bemühen, das Ich zu transzendieren. Lobenswerterweise ist die Tiefenökologie bestrebt, einen profunden philosophischen und sogar spirituellen Rahmen für die Wissenschaft der Ökologie bereitzustellen. Doch die sogenannte tiefenökologische Bewegung ist – wie Ken Wilber gezeigt hat – noch immer durch ihre Ablehnung der natürlichen Hierarchie gehandikapt.[3] Die Gefahr eines unkritischen holistischen Denkens, wie es in ökologischen und auch in New-Age-Kreisen gepflegt wird, besteht darin, daß es im Grunde reduktionistisch ist und leicht in einer totalitären Ideologie versinken kann. Die von Tiefenökologen am Anthropozentrismus geübte Kritik wird durch die antihierarchische Denkweise getrübt, und ihre Analyse der Beziehung Menschheit–Natur ist auf theoretischer wie praktischer Ebene noch immer problematisch.[4]

Eine vierte Gruppe von reformorientierten Menschen – die «Psycho-Reparateure» – setzt große Hoffnungen auf die Erneuerung des einzelnen Menschen, sei es durch die Psychotherapie (à la Freud, Jung, Maslow oder Assagioli), die Körpertherapie (à la Reich, Lowen, Rolf oder Alexander) oder die konstruktive Verhaltensmodifikation (à la B. F. Skinner, der unter anderem die Lernmaschine und die mechanische Luftkrippe, eine mechanische Säuglingspflegerin, erfunden hat). Gewöhnlich liegt jeder therapeutischen Orientierung das Ziel der Verbesserung des Selbstbewußtseins eines Menschen zugrunde. Aber wie Edwin Schur in seinem Buch *The Awareness Trap* bemerkt, kann Bewußtseinstraining oder «persönliche Entwicklung» zwar durchaus das Wohlbefinden eines Menschen heben, aber es sorgt nicht unbedingt für gute zwischenmenschliche Beziehungen und löst auch keine nationalen und internationalen Probleme.[5] Anscheinend verhält sich in manchen Fällen ein erhöhtes Bewußtsein umgekehrt proportional zu so altmodischen Werten wie Bescheidenheit, Einfühlungsvermögen und sozialem Interesse.

Der Theologe William A. Johnson hat in seinem Buch *The Search for Transcendence* im Hinblick auf Jungs Methode (wobei seine Kritik auch auf die meisten anderen psychotherapeutischen Methoden zutrifft) darauf hingewiesen, daß die Bildung eines psychisch gesunden Mitglieds der Gesellschaft nicht auf Ganzheit hinauslaufe.[6] Johnson nannte dies den holistischen Trugschluß, womit er die Annahme meint, das Ganze sei nicht mehr als die Summe seiner Teile. Johnson hat es unverblümt auf den Punkt gebracht: «Psychische Ganzheit trägt nicht unbedingt zu rationalem kollektivem Verhalten bei. Schon viele psychisch gesunde Menschen haben Kriege begonnen und Rassenkonflikte ausgelöst.»[7] Er fährt fort: «Ganzheit kann allein durch einen Akt der Gnade von seiten der ursprünglichen Quelle und des Grundes des menschlichen Seins entstehen.»[8]

Während Johnsons Beweisführung im einzelnen ein wenig dunkel ist und es fraglich sein mag, ob ein psychisch gesunder Mensch bewußt einen Krieg oder einen Rassenkonflikt auslösen würde, verweist dieses Argument immerhin auf den Umstand, daß das, was gewöhnlich unter psychischer Ganzheit verstanden wird, nur eine partielle Ganzheit ist. Umfassende Ganzheit oder authentische Integration erfordert das Hineinholen der Transzendenz in unser psychisches Leben oder vielmehr das freiwillige Transzendieren unseres (ganzen) psychischen Lebens zugunsten der größeren Wirklichkeit (des größeren Ganzen), die die einen Gott nennen und die anderen als das Selbst bezeichnen.[9] Dies ist natürlich für die meisten derjenigen, die dafür eintreten, die Zivilisation, die Umwelt oder den Menschen zu retten, nicht nachvollziehbar. Aber für diejenigen, die sich eine umfassendere Lebensanschauung zu eigen gemacht haben, ist die Selbsttranszendenz der Grundstein jedes authentischen Strebens nach einer Ganzheit, die Mensch und Welt wiederbelebt.

Die behavioristische Methode, wie sie exemplarisch von den Skinnerianern angewendet wird, umgeht das Bewußtsein und das Erkennen und versucht, inneren Wandel durch operante Konditionierung herbeizuführen. Die Vorteile ebenso wie die immanenten Grenzen und Gefahren einer derartigen Verhaltenstechnik sind in der psychologischen und philosophischen Literatur des langen und breiten erörtert worden, und ich will hier nicht darauf eingehen. Es genügt der Hinweis, daß ein Großteil unserer Persönlichkeit zwar «auf Automatik» eingestellt ist, aber das heißt nicht, daß wir nicht über unsere automatischen Verhaltensweisen hinausgehen können. Vor allem sind wir nicht bloß ein passives Produkt unserer Kultur, sondern in der Lage, die Kultur und die von ihr geformte Persönlichkeit aktiv zu transzendieren. In den späten sechziger Jahren hat der Pädagoge George Leonard, der keineswegs blind war für die konstruktive Kraft des Skinnerschen Behaviorismus, treffend zusammengefaßt, worum es geht, als er schrieb: «Das menschliche Potential ist unendlich viel größer, als man uns glauben machen will.»[10]

Eine fünfte und letzte Gruppe setzt sich aus den «Ideo-Reparateuren» zusammen. Ihr Hauptargument besagt, daß uns eine übergreifende Philosophie fehlt, eine neue Synthese, die die ungeheure Fülle an Informationen integriert, die uns heute nur in fragmentierter Form zur Verfügung stehen. Ein angesehener Vertreter dieses Lagers ist der Philosophieprofessor Oliver L. Reiser, der Autor von *The Integration of Human Knowledge* und mehrerer anderer Werke.[11] Während zweifellos eine Integration von Wissen vonnöten ist, stellen die bisherigen Versuche «Vereinheitlichungen« dar (ein von Reiser selbst verwendeter Begriff), die im Lichte von Jean Gebsers Werk über die Archäologie des menschlichen Bewußtseins nicht gerade auf einen Durchbruch zu einer integralen Wirklichkeitswahrnehmung, sondern eher auf ein magisches Verknüpfen disparater Elemente hindeuten.[12] Dies ist nicht der Ort, diese Schlußfolgerung im Detail zu belegen, aber Werke wie das von Reiser legen jedenfalls die Frage nahe, ob eine solche großartige philosophische Synthese, wie sie etwa in den Zeiten von Aristoteles oder Augustinus möglich und vielleicht sogar wünschenswert war, heute noch möglich und wünschenswert ist. Ich meine eher, daß unsere Wissensgrundlage sich so unglaublich erweitert hat, daß keine einzelne Theorie alle bekannten Fakten erklären kann. Was wir brauchen, ist ein scharfsinniges Verständnis oder Weisheit, die uns ins wahre Zentrum von allem führt und uns erlaubt, inmitten des von der Wissensexplosion angerichteten Chaos gesund, kreativ und harmonisch zu leben.

Die heilende Kraft des Mythos

Mein Haupteinwand gegen die gerade beschriebenen fünf Orientierungsmöglichkeiten lautet, daß sie bei ihren «Reparaturen» wohl kaum Erfolg haben werden. Reparieren ist stets ein Herumflicken an zerbrochenen Stücken. Aber es gibt keinen Leim, mit dem sich die Teile (und Herzen) unserer Zivilisation zusammenkleben ließen. Wir können die brutalen Fakten von Krieg, politischer Heuchelei, weltweitem ökonomischem Mißmanagement, ökologischem Zusammenbruch oder Rassenkonflikten nicht einfach auslöschen. Sie sind ein trauriger, aber unleugbarer Aspekt unserer heutigen Wirklichkeit. Sie werden stets in unserem historischen Bewußtsein präsent sein, um uns an unsere Entwicklungsfehler, an unsere evolutionären Fehlschläge zu erinnern. Sie sind unser Schatten, wie Jung die dunkle Seite des menschlichen Wesens genannt hat. Ich will damit nicht sagen, daß wir uns nicht nach Kräften bemühen sollten, Krieg, Armut, Umweltverschmutzung, Rassismus und alle anderen Übel unserer Zeit zu beseitigen. Aber wir sollten dies aus der Position der Weisheit heraus tun, der in der Ruhe eines ich-transzendierenden Lebens geborenen Intelligenz, und nicht mittels eines angehäuften Wissens und eines abstrakten Theoretisierens.

Statt zu versuchen, die Dinge zu reparieren, was im besten Fall immer nur Stückwerk bleibt, sollten wir, glaube ich, unsere Energien darauf verwenden, für neue Anfänge zu sorgen. Wir müssen Wurzeln einpflanzen, die uns dabei helfen, über die welken Äste unserer Zivilisation hinauszuwachsen. Diese Wurzeln sind spirituelle Wurzeln. Solange wir den kranken Aspekten allzuviel Aufmerksamkeit widmen, können wir keine neuen Kräfte kultivieren. Angesichts des Chaos um uns herum geben wir uns nur allzu leicht der Verzweiflung hin. Aber die Depression ist kein Heilmittel. Es gibt auch apokalyptische Philosophen, die die Probleme größer machen, als sie sind, vielleicht, weil sie aus dem Nachgrübeln über die Möglichkeit der endgültigen Vernichtung Energie beziehen. Das ist schiere Hypochondrie, und Hypochondern geht es selten besser, weil sie so viel darein investiert haben, krank zu sein.

Natürlich dürfen wir das Ungleichgewicht auf dem soziokulturellen, ökologischen und psychischen Sektor des heutigen Lebens nicht ignorieren. Aber wir können ihm gegenüber eine neue Haltung einnehmen. Wir können dem Bild der Ganzheit und des Wohlergehens Vorrang vor dem Bild von Tod und Zerstörung einräumen. Wir können in den Komplikationen unserer heutigen Situation Kinderkrankheiten sehen, die ein Teil des evolutionären Bemühens der Menschheit um eine neue Selbstdefinition sind.

Unser gegenwärtiges Interesse für Ganzheit ist allzu häufig bloß eine Funktion unserer existentiellen Neurose, unserer Angst vor der Zukunft und unserer Unfähigkeit, mit der Gegenwart fertig zu werden. Ganzheit wird zunehmend ein Slogan, mit dem sich Ideologien, Güter und Geräte verkaufen lassen. Aber das Ideal der Ganzheit hat nur in dem Maße einen evolutionären Wert, in dem es ein Mythos ist – ein echter Mythos und nicht bloß eine Fiktion. Als reiner Slogan, der eine gefährliche Form des Zynismus ist, verstärkt es nur die Fragmentierung, die es zu überwinden vorgibt. Als Mythos hingegen ist das Ideal der Ganzheit eine echte psychische Kraft, die zu echtem Wachstum befähigen kann.

Wir brauchen den Mythos und nicht die Mythologie, die für uns nur allzuoft auf der Ebene der bloßen Allegorie verharrt. Da die meisten von uns im mental-rationalen Bewußtsein verwurzelt sind, wie Jean Gebser dies genannt hat, erleben wir nur selten die lebenspendende Kraft des Mythos. Wenn wir den mythischen Gehalt nicht entmythologisieren (rationalisieren), deuten wir die tiefe Symbolik der Mythen um, damit sie unserer intellektuellen Perspektive entspricht. Daher ist unser Verständnis der antiken Zivilisation und ihrer spirituellen Traditionen rudimentär geblieben. In den letzten Jahren hat sich die Symbolforschung zwar bemüht, diesen Mangel zu beheben, aber das ist ihr nur in bescheidenem Maße gelungen.[13] Wie weit entfernt wir noch immer vom Verständnis der archaischen Symbolik und der Mythen sind, geht uns auf, wenn wir den *Rigveda*, das älteste literarische Dokument, das wir kennen, zu übertragen versuchen. Diese Hymnen, die in einer archaischen Form des Sanskrit abgefaßt sind, stellen selbst einen Übersetzer, der einen ausgeprägten Sinn für Symbole hat, vor ungeheure Probleme.[14]

Wir können uns der Fragmentierung unserer Welt nicht entziehen. Wir sind die Welt, die wir erschaffen haben. Aber wir können lernen, sie zu transzendieren, indem wir die Fragmente in eine größere, spirituelle Vorstellung integrieren. Zunächst einmal müssen wir wachsamer sein, um zu erkennen, wenn der Mythos, der uns heilt, auf einen hohlen Slogan oder eine Ideologie reduziert wird. Hierzu ist jeder einzelne verpflichtet. Doch da die äußere Welt und das innere psychische

Universum nicht getrennt sind, ist dies auch eine soziale und politische Aufgabe. Die Kontemplation der authentischen Ganzheit geht über alle Kästchen, Abteilungen und sonstige Winkel und Nischen hinweg. Sie nimmt beim einzelnen Menschen ihren Ausgang, ist aber eine Herausforderung für die ganze Spezies.

Das mag wenig konkret klingen, weil das, wovon ich hier spreche, im Bereich der Intuition und des Gefühls beginnt und von dort in unsere Gedanken und Handlungen sickert. Wir können nicht erwarten, daß es über Nacht Gestalt annimmt, weder in unserem individuellen Leben noch in der Welt insgesamt. Aber ganz sicher muß es Gestalt annehmen.

15

Die New-Age-Bewegung: Rückschritt oder Chance?

Das Wesen der Krise

Seit Oswald Spenglers apokalyptischer Prophezeiung vom Niedergang unserer westlichen Zivilisation, die scheinbar von den beiden Weltkriegen bestätigt wurde, ist es Mode geworden, ständig zu wiederholen, daß wir in einem Zeitalter der großen Krise leben. Im Lichte der unverminderten Zerstörung der Umwelt, der anhaltenden Bevölkerungsexplosion (im Jahre 2025, erklärt man uns, wird unser Planet acht Milliarden Menschen ernähren müssen) und der schockierenden Tatsache, daß allein in diesem Jahrhundert mehr Kriege stattgefunden haben als in allen früheren Zeitaltern zusammen, scheint Spenglers Voraussetzung durchaus plausibel zu sein. Wer würde heutzutage ernsthaft leugnen, daß die Spezies Mensch tief in Schwierigkeiten steckt?

Und doch ist der Abgrund, den so viele Beobachter unserer Zeit sich vor uns auftun sehen, nichts weiter als das: ein Abgrund, eine Kluft, die ohne die sie umgrenzende Materie nichts ist. Täler werden von den Bergen gebildet, die sie umgeben. Der Innenraum eines Gefäßes wird durch die Form des Behältermaterials begrenzt. Beide gehören zusammen. Der Abgrund ist nur eine Seite der historischen Wahrheit. Die andere Seite besagt, daß wir noch immer unterwegs sind und nicht den tödlichen letzten Schritt tun müssen, der uns ins Nichts stürzen würde. Wir können innehalten. Wir können die unmittelbar vor uns liegende historische Kluft umgehen, oder, um eine andere Metapher zu verwenden, wir können eine Brücke bauen, die uns sicher über die Schlucht bringen wird. Somit ist der Abgrund, den wir wahrnehmen und in dem manche ein unvermeidliches Schicksal sehen wollen, eher eine Schwelle – steil gewiß, aber keineswegs unüberwindlich.

Denken wir daran, daß jede Krise per definitionem unbestimmt ist. Sie enthält Elemente, die ein negatives wie ein positives Ende vorausahnen lassen. Krisenhafte Momente haben eine höchst instabile Struktur, die besonders anfällig ist für Input von außen, worauf Ilya Prigogine uns durch seine Arbeiten auf dem Gebiet der Chemie aufmerksam gemacht hat.[1] Menschliche Krisen stellen somit nicht bloß eine Gefahr dar, sondern auch eine Chance für das Eingreifen der menschlichen Intelligenz. Aber diese Chance muß erkannt werden. Wir dürfen uns nicht einfach zurücklehnen, die Dinge ihren angeblich vorbestimmten Gang gehen lassen und blind darauf vertrauen, daß schon alles bestens klappen wird. Vielmehr müssen wir uns alle verfügbaren kreativen, konstruktiven Kräfte zunutze machen. Wir müssen die Krise überstehen und gestärkt daraus hervorgehen wollen. Dazu der Psychiater Roger Walsh: «Ein altes Sprichwort lautet: ‹Das Leben wird einen entweder abschleifen oder aufpolieren›, und was es tun wird, liegt nun ganz bei uns. Auf der einen Seite können wir mit einer Steigerung der Angst, Abwehrhaltung und Aggression reagieren, die unser Dilemma erzeugt haben, und dadurch in eine noch gefährlichere Regressionshaltung geraten. Auf der anderen Seite können wir die Situation nutzen, um uns anzuspornen, unsere Werte und Entscheidungen zu überdenken, die psychische Dynamik, mit der wir uns selbst in Gefahr gebracht haben, zu erforschen und aufzulösen und dadurch unseren individuellen und kulturellen Reifeprozeß zu beschleunigen. Nie zuvor im Laufe der Menschheitsgeschichte hat so viel auf dem Spiel gestanden.»[2]

Aber das Überdenken von Werten und Optionen hat anscheinend für die politischen Führer dieser Welt keinen Vorrang – von verschwindend geringen Ausnahmen abgesehen, begnügen sie sich meist mit leeren Gesten, wenn es darum geht, die gewaltigen Probleme zu lösen, vor denen heute jedes Land auf der Erde steht. Robert L. Heilbronner hat darauf hingewiesen, daß viele Angehörige unserer Zivilisation sogar einem unbewußten Todestrieb nachgeben: «Dies ist die Gefahr, auf die wir einen kurzen Blick in unserem Tiefenbewußtsein erhaschen können, wenn wir uns über die Dinge klarwerden, wie sie heute sind: der Wunsch, das Drama möge seinen tragischen Lauf nehmen und den Menschen, wie einen griechischen Helden, an das schreckliche Ende bringen, das er sich, wenn auch unbewußt, selbst bereitet hat. Denn der prometheische Mensch blickt in die Zukunft nicht nur mit Bestürzung, sondern auch mit einer Art Zorn. Wenn nach so vielen Mühen so wenig erreicht worden ist, wenn angesichts so ungeheurer Herausforderungen so wenig zu tun bleibt – dann soll doch das Drama zum Finale fortschreiten, soll die Menschheit das Ende erleiden, das sie verdient.»[3]

Wie wir von den Heilkünsten wissen, ist der menschliche Wille ein regelrechtes Zauberinstrument. Wir können uns selbst heilen, aber wir müssen geheilt werden wollen. Wir müssen uns uns als heil und ganz vorstellen. Wenn unser Wille auf Selbstbestrafung abzielt, auf ein verdrehtes Gefühl, für unsere – reale oder eingebildete – Kollektivschuld dadurch büßen zu müssen, daß wir unsere Spezies zur Auslöschung verdammen, dann kann auch dies furchtbare Wirklichkeit für uns werden. Das Denken, der Wille, die Vorstellung oder die Imagination wird dafür sorgen.

Andererseits freilich können wir es uns auch nicht leisten, uns der pubertären Leidenschaft einer elitären Reißbrettsozialtechnik hinzugeben. Gewiß, wir müssen viele, wenn nicht die meisten unserer sozialen Institutionen reformieren. Aber dies läßt sich praktisch nur dann im großen Maßstab durchführen, wenn eine allgemeine Bereitschaft zur persönlichen Wandlung da ist. Der personelle und der institutionelle Wandel müssen Hand in Hand gehen, und sie müssen von höheren Werten gestaltet und dürfen nicht bloß den Menschen von außen durch irgendeinen politischen Erlaß aufgezwungen werden. Die umweltbewußten Menschen haben diese Tatsache akzeptiert: Das soziale Handeln fängt zu Hause an – indem man einen Ziegelstein in die Klospülung legt, um den Wasserverbrauch zu reduzieren, Lampen ausschaltet, die gerade nicht benötigt werden, Gemüseabfälle kompostiert oder das eigene Haus mit Solarenergie versorgt.

Die großen soziokulturellen Revolutionen der Vergangenheit – der Kommunismus ist ein gutes Beispiel – sind im wesentlichen deshalb gescheitert, weil die von ihnen erzwungenen radikalen Veränderungen von der Gesellschaft als ganzer, die nur ungenügend darauf vorbereitet worden war, sich für die schwierige Arbeit der persönlichen Umwandlung zu engagieren, nicht willig und einsichtig übernommen wurden. Abgesehen davon, waren die kommunistischen Revolutionen zum Scheitern verurteilt, weil sie nicht in höheren Werten begründet waren, sondern auf der Basis einer reduktionistischen Anthropologie operierten. Im Falle des Kommunismus (wie des Kapitalismus) ist das anthropologische Leitbild das des Homo oeconomicus. Dabei wird nur die materielle, sichtbare Seite des Menschseins berücksichtigt. Die Materie wird als das oberste Prinzip gefeiert. Folglich wird die Religion, die die höchsten spirituellen und moralischen Prinzipien unserer Spezies bewahrt, als Opium fürs Volk abgetan.

Wenn also Revolutionen nicht die Antwort sind, müssen wir dann am Status quo festhalten, ohne ihn je in Frage zu stellen? Ich glaube, es gibt einen Mittelweg zwischen Lethargie und revolutionärem Eifer. Und diese *via media* ist die Disziplin des luziden Wachseins, die ihre Energie aus einer wachen, selbstkritischen Intelligenz bezieht, welche das entsprechende Handeln inspirieren kann. Dies ist der Weg eines Lebens in Selbsttranszendenz und Selbstverwandlung zum Segen aller empfindungsfähigen Menschen.

Die Eine-Million-Dollar-Frage lautet: Wie läßt sich diese dritte Möglichkeit für eine hinreichende Zahl von Menschen so reizvoll gestalten, daß die nötige Energie mobilisiert wird, um aus dem bestehenden soziokulturellen Chaos eine neue Ordnung entstehen zu lassen? Wie Prigogine gezeigt hat, kann in überaus instabilen Systemen (wie unserer heutigen globalen Zivilisation) selbst ein vergleichsweise kleiner Input bedeutende Veränderungen verursachen (und entweder ins totale Chaos oder zu einer neuen Ordnung führen). Aber niemand weiß, wie sich das auf den Menschen übertragen läßt. Über das «Prinzip des hundertsten Affen» wird zwar immer wieder spekuliert, aber diese Idee gehört eher ins Reich der modernen Mythologie, als daß sie eine anerkannte wissenschaftliche Tatsache ist. Selbst das Konzept eines «morphogenetischen Feldes» des Pflanzenbiologen Rupert Sheldrake ist im derzeitigen Stadium nur eine Theorie, die des vollständigen Nachweises harrt.[4]

Spenglers Interpretation unserer Situation war ebenso genial wie verfrüht und einseitig. Da er übersensibel für die negativen Aspekte unserer Krise war, versäumte er es, ihr positives Potential zu erkennen. Sein Werk *Der Untergang des Abendlandes* war deshalb so erstaunlich erfolgreich in der deutschsprachigen Welt, weil es die von seinen Zeitgenossen hinsichtlich der Zukunft empfundene Frustration, Verzweiflung und Paranoia zum Ausdruck brachte. Während Spengler noch immer Anhänger hat, ist der heutige Zeitgeist eher von der Hoffnung entgegen allen Erwartungen geprägt. Die Unruhe hinsichtlich des Zustands der Welt ist viel weiter verbreitet als zur Zeit Spenglers. Aber der Großteil der Bevölkerung weigert sich im allgemeinen noch immer, über derartige Sorgen und Ängste ernsthaft nachzudenken, und unterdrückt sie lieber. Auf einer gewissen Ebene hofft man, daß die Probleme wie durch Zauberei verschwinden werden.

Unter denen, deren Intelligenz es nicht zuläßt, die tristen Realitäten unserer Zeit auszublenden, gibt es viele, die der Meinung sind, daß die von der politischen Führung in Angriff genommenen Lösungen den gewaltigen Blutsturz unserer Zivilisation nicht aufhalten werden. Doch zugleich nähren sie den Glauben oder die Hoffnung, daß wir nicht verbluten, sondern nach einer drastischen Läuterung unsere Kraft wiedergewinnen werden. Im großen ganzen richtet sich ihr Glaube auf die Technik.

Wie wir neue Grundlagen schaffen

Einige Angehörige unserer euroamerikanischen Zivilisation sehen in der gegenwärtigen Krise die Geburtswehen eines neuen und strahlenderen Zeitalters der Menschheit. Sie glauben, daß wir unsere schöpferischen Fähigkeiten schon rechtzeitig mobilisieren werden, um die Katastrophe zu verhindern und dann eine Herrschaft von Harmonie, Frieden und Überfluß herbeizuführen. Viele geben sich der Vorstellung hin, daß diese *metanoia* das unvermeidliche Ergebnis kosmischer (astrologischer) Auslöser sein wird. Andere verbinden sie mit dem Eingreifen Außerirdischer, die ihrer Meinung nach mit uns bereits in Kontakt stehen. Das Heraufziehen der optimistischen New-Age-Ideologie in den siebziger Jahren erweist sich als ein zunehmend bedeutsames kulturelles Phänomen.[5] Damit soll allerdings nicht gesagt werden, daß die «Wassermannfront» mit ihrer Interpretation unserer gegenwärtigen Krise dort recht hat, wo sich der einzelgängerische Historiker Spengler irrte. Den Tod eines Patienten vorherzusagen, der sich in einer ernsthaften Krise befindet, kann zur *self-fulfilling prophecy* werden.

Nachdem der Patient die Prognose des Mediziners gehört oder zufällig mitbekommen hat, verliert er jede Hoffnung und fügt sich in sein Los, indem er stirbt. Ich habe in einem früheren Kapitel von der Kraft der Imagination gesprochen. Genauso allerdings kann eine Vorhersage der vollständigen Genesung, die das Evangelium des New Age ist, weit hergeholt und töricht sein: Unbeeindruckt vom unangebrachten Optimismus des Doktors, gibt der Patient auf und stirbt so oder so.

Das New-Age-Denken erweist sich großenteils als naive Begeisterung, Wunschdenken, Mode, Spielerei und Halbwahrheit. Eine ganz neue Ideologie ist da aus dem Boden geschossen, die an die Mythologien vorzeitlicher Epochen erinnert und ihnen in ihrer Funktion entspricht. Doch sie bringt eindeutig eine regressive Tendenz mit sich, eine Flucht aus der Wirklichkeit in Fantasy und Fiktion und damit einen Verlust an – der so sehr benötigten – Luzidität. Es genügt eben nicht, imaginäre Brücken über einen realen Abgrund zu bauen. Das würde auch nur auf Nihilismus hinauslaufen. Ich möchte durchaus nicht alles an New Age abtun, keineswegs. Da gibt es vieles, was gesund und notwendig ist, aber nur die «wahren Gläubigen» werden die regressive Komponente im New-Age-Denken übersehen. Unverkennbar gibt es neurotische Züge sowohl bei den ausbeuterischen Führern dieser Bewegung als auch bei ihren leichtgläubigen Opfern, die in ihrem Hunger nach Sinn das eigene Denken und ihre Integrität aufgeben.

Man muß gar nicht den logischen Positivismus wiederbeleben, um den Irrationalismus offenzulegen, der in der populären und quasiwissenschaftlichen New-Age-Literatur enthalten ist. Erforderlich ist schlicht ein gesundes Maß an Klarheit, wobei Vernunft *und* Glaube (nicht bloß die Einbildung) ihre rechtmäßige Funktion haben.

Wenn wir die heutige zivilisatorische Krise mit klarem Blick betrachten, können wir eine ganze Menge entdecken, was potentiell destruktiv, und vieles, was potentiell konstruktiv ist.

Quantitativ scheinen die destruktiven Elemente die konstruktiven Aspekte bei weitem zu überwiegen. Aber wie können wir sie jeweils qualitativ gewichten? Das läßt sich unmöglich sagen, insbesondere angesichts des intellektuellen und spirituellen Einfallsreichtums und der immensen Anpassungsfähigkeit, die für unsere Spezies so typisch sind.

Statt entweder düstere oder strahlende Zukunftsszenarien zu entwerfen, ist es offenbar angemessener und sinnvoller zu überlegen, wie sich die positiven Kriterien verstärken und die negativen überwinden lassen, und dann entsprechend und in Übereinstimmung mit dem höchsten menschlichen Potential zu handeln – der Fähigkeit zu Selbsttranszendenz und Selbstverwandlung.

Natürlich werden wir unvermeidlicherweise ein Gesamtbild bekommen, das alle Elemente vereint, die wir als positiv oder negativ identifizieren. Doch wir sollten dieses Bild nicht zu einer Ikone erstarren lassen – das heißt, zu einer Ideologie, die dann bloß die Schärfe unserer Realitätswahrnehmung trübt. Ja, eine derartige Ikone wäre gerade unserer Absicht, die gegenwärtige Krise zu unserem Vorteil zu wenden, nur abträglich. Denn die Ideologie fördert bloß die Gewohnheit und nicht menschliche Reife, Kreativität und verantwortungsbewußtes Handeln, diese Grundsteine der Brücke, die wir nun errichten müssen und an der, so glaube ich, bereits gebaut wird. Was für eine große Herausforderung und hohe Verpflichtung für das Individuum wie für die Institutionen!

Ich habe bereits von unserer gewaltigen Fähigkeit zu Kreativität und Kokreativität gesprochen. Die Frage lautet nun: Was meinen wir mit «menschlicher Reife» und «verantwortungsbewußtem Handeln»? Und wie lassen sie sich verwirklichen? Wie unsere Antworten im einzelnen auch immer ausfallen mögen, sie müssen Selbsttranszendenz und Selbstverwandlung als zentrale Werte einschließen. Dieser Gedanke ist natürlich nicht neu. Aber dadurch wird er keineswegs weniger wichtig. Denn trotz der Beschäftigung mit der Persönlichkeitsumwandlung in den neuen Therapien in der Humanistischen Psychologie spielt die Selbsttranszendenz dort meist keine herausragende Rolle bei der Orientierung. In dieser Hinsicht hinken sie hinter den Erkenntnissen von Abraham Maslow her, dem Vater der sogenannten dritten Kraft in der Psychologie, der ganz und gar anerkannte, zumindest in seinem späteren Werk (siehe seine «Theorie Z»), daß die Selbsttranszendenz ein wichtiger Aspekt der höheren Formen der Selbstverwirklichung ist.[6]

Unsere Gesellschaft als Ganzes muß noch erkennen, daß der «Mensch Authenzitität in der Selbsttranszendenz erreicht», um es mit den Worten des Theologen und Philosophen Bernard Lonergan zu sagen.[7] Nur durch bewußte Selbsttranszendenz erwachen wir aus der Konsenstrance und beginnen, uns und unsere Welt im Lichte des höheren Bewußtseins zu verwandeln. Die Realisierung eines New Age muß in jedem Augenblick geschehen, oder sie hat wenig Sinn. Außerdem ist nicht alles, was neu ist, unbedingt wünschenswert. Es hängt von uns ab, von unserer Integrität und Luzidität, ob das neue Zeitalter dem Goldenen Zeitalter der Mythologie gleicht oder nur die Erfüllung des Alptraums vom finsteren Zeitalter ist, wie es vor langer Zeit in den Schriften der Hindus und Buddhisten prophezeit wurde. Jeder von uns entscheidet über die Zukunft unserer Spezies mit.

In der zweiten Auflage seines überaus lesenswerten Buches *Memories and Visions of Paradise* weist Richard Heinberg darauf hin, daß wir bei unserer Entscheidung mit einem erheblichen Handikap rechnen müssen, nämlich daß wir als Spezies und als Individuen traumatisierte Wesen sind: «Mir scheint, daß wir Menschen und insbesondere wir zivilisierten Menschen verletzt und krank sind. Wir reproduzieren die Katastrophe, weil wir selbst traumatisiert sind . . ., und zwar von Geburt an. Weil wir verletzt sind, haben wir psychische Abwehrreaktionen gegen die Wirklichkeit entwickelt und sind von der direkten

Teilnahme an der multidimensionalen Wildnis, in die wir eingebettet sind, so abgeschnitten, daß wir nichts anderes tun können, als uns vorsichtig unseren Weg durch eine von Menschenhand entworfene alltägliche Ersatzwelt von Symbolen zu bahnen – eine Welt der Dollars, Minuten, Zahlen, Bilder und Worte, die ständig manipuliert werden, um den höchstmöglichen Profit aus jedem denkbaren Umstand herauszuholen. Dagegen begehren der Körper wie der Geist auf.»[8]

Doch Heinberg gibt sich keinem Pessimismus hin. Er glaubt, daß wir uns selbst heilen und unsere innere Freiheit wiedererlangen und lernen können, uns daran zu erinnern, «wie es ist, wenn man fühlt, liebt und staunt». Denn, betont er, in unserem innersten Kern sind wir «reine, geniale und unschuldige Wesen» – wir müssen uns einfach an das «Paradies» erinnern, statt uns zu bemühen, es zu erfinden. Das ist in der Tat der Weg des luziden Wachseins.

Durch den Yoga der Partizipation, zu dem wir aufgerufen sind, werden wir buchstäblich über das Schicksal von Milliarden unserer Mitmenschen und möglicherweise von Billionen anderer Lebensformen in unserer Heimatwelt entscheiden.[9] Es geziemt uns daher, die heilige Pflicht des luziden Wachseins oder der Achtsamkeit ernst zu nehmen und sie mit großer Weisheit und Freude zu erfüllen.

16

Der Weg zum integralen Bewußtsein

Die Evolution des Bewußtseins und die persönliche Entwicklung

Nach den Ausführungen der vorangegangenen Kapitel sollte klargeworden sein, daß wir uns auf den Prozeß des persönlichen Wachstums nur dann sinnvoll einlassen können, wenn wir das größere Ganze im Auge behalten. Ein Teil dieses größeren Ganzen ist die Tatsache, daß sich das menschliche Bewußtsein und die menschliche Kultur in wechselseitiger Abhängigkeit voneinander entfalten. Die Art und Weise, wie wir die Welt sehen, prägt unsere sozialen Beziehungen, Wirtschaft, Politik, Kunst, Architektur und alle anderen Facetten des kulturellen Lebens, die wiederum unsere Wahrnehmungen der Welt verstärken. Diese Vernetztheit von Individuum und Kultur wird von Psychohistorikern studiert. Nun müssen wir zwischen zwei getrennten, aber kompatiblen Methoden der Psychohistorie unterscheiden. Im ersten Fall geht es um die Motivation in der Geschichte. Mit Hilfe der introspektiven Psychologie, insbesondere der psychoanalytischen Theorie, wird versucht, historische Muster und Entwicklungen zu verstehen, und vor allem die Bedeutung gemeinsamer Modi der Kindererziehung bei der Bildung von Persönlichkeitstypen berücksichtigt.[1] Die Persönlichkeitstypen wiederum helfen uns dabei, die Motivationskräfte zu verstehen, die Individuen und ganze Gruppen antreiben. Die zweite Methode betreibt ein vergleichendes Studium der Geschichte als einer Manifestation von Bewußtseinsmodi. Sie wird repräsentiert durch Jean Gebser, Ken Wilber, Duane Elgin und meine eigenen Bücher.[2]

Wenn wir in der Geschichte zurückschauen, können wir eine Reihe von Kulturstilen entdecken, die kognitive Stile widerspiegeln, und umgekehrt. Es ist unmittelbar einsichtig, daß sich die Welt unserer Jäger-und-Sammler-Ahnen wesentlich von der unseren unterschied. Ja, eigentlich können wir ihr Bewußtsein und ihre Welterfahrung kaum begreifen. Aber wir brauchen gar nicht so weit in unserer historischen Imagination zurückzugehen, um einem Bewußtsein und einer Kultur zu begegnen, die sich auffallend von unserem eigenen Bewußtsein und unserer Kultur unterscheiden. Die sogenannten Primitiven unserer eigenen Zeit vertreten einen kognitiven/kulturellen Stil, der sich erheblich von unserem unterscheidet und uns somit genügend Material zur Selbstreflexion liefert. Die anthropologische Literatur hat dieses fruchtbare Thema ausgiebig behandelt.

Allerdings hat man hier nur selten die Tatsache berücksichtigt, daß sich das Bewußtsein wie die Kultur in verschiedenen Stufen entwickelt haben. Einer der wenigen Gelehrten, die darauf eingegangen sind, ist der Schweizer Kulturphilosoph Jean Gebser, der darauf hingewiesen hat, daß das menschliche Bewußtsein ständigen Mutationen unterworfen ist. Es gelang ihm, die Entwicklung (und das Weiterbestehen) von vier bedeutenden Mutationen oder kognitiven Strukturen in der Menschheitsgeschichte nachzuweisen. Vor allem machte er auch darauf aufmerksam, daß wir heute die Geburt einer neuen Bewußtseinsstruktur erleben, die er das integrale Bewußtsein nannte. Sein Entwicklungsmodell wurde übrigens bereits formuliert, lange bevor es Mode wurde, von einem «neuen Paradigma» zu sprechen. Die Grundidee seines Modells entstand intuitiv schon 1932; der erste Teil seines Hauptwerkes *Ursprung und Gegenwart* erschien dann siebzehn Jahre später in Deutschland.

Wenn wir uns heute darum bemühen, das spirituelle Potential der Spezies Mensch zu erschließen, sollten wir uns der Beschaffenheit unseres Kognitionsvermögens und unseres kulturellen Milieus bewußt sein. Ein unverzichtbarer Teil unseres wahren Selbstverständnisses ist das Verstehen unserer Kultur und ihres spezifischen Bewußtseinsstils. Was macht also unsere Lebenswelt und das sie konstituierende Bewußtsein aus? Gebsers Modell zufolge können wir die Welt, in der wir heute leben, als zunehmend vom mental-rationalen Bewußtsein gestaltet und dominiert charakterisieren, einem Bewußtsein, das in der Renaissance aufkam. Wenn wir über jene fruchtbare Epoche hinaus zurückblicken, begegnen wir einem kognitiven und kulturellen Stil, der sich qualitativ von der uns vertrauten Welt unterscheidet. Und je weiter wir zurückgehen, desto offenkundiger wird dieser Unterschied, bis wir Verständnisschwierigkeiten bekommen. Die Höhlenwelt der Neandertaler und der Cromagnonmenschen macht uns ratlos, verwirrt uns vielleicht sogar.

Das neue Bewußtsein der Renaissance kam zum Ausdruck in Männern wie Petrarca, Boccaccio, Dante, Ockham, Leonardo da Vinci, Kopernikus, Pico, Kolumbus, Erasmus, Dürer, Vesalius, Michelangelo, Galilei und Bacon. Sie kreierten einen neuen kulturellen Stil, der einer neuartigen Welterfahrung entsprach. Ja, eigentlich schufen sie die Grundlagen für unsere heutige Welt. Eine der bedeutsamsten Leistungen der Renaissance war die Entdeckung der Perspektive. Sie enthält in nuce den Geist dieses Zeitalters und entspricht dem Aufkommen eines neuen, schärfer definierten Selbst- oder Ichgefühls, dem Dreh- und Angelpunkt der perspektivischen Wahrnehmung. Daher nannte Gebser dieses neue Bewußtsein der Renaissance das «perspektivische» oder «mental-rationale Bewußtsein». Er erklärte: «Der Raum ist das vordringlichste Thema des Zeitalters . . . Kopernikus sprengt den begrenzten geozentrischen Himmel und entdeckt den heliozentrischen Raum; Kolumbus sprengt den einschließenden Okeanos und entdeckt den Erdraum; Vésale, der erste große Anatom, sprengt die alten Körperlehren Galens und entdeckt den Körperraum; Harvey sprengt die gebundene Humoralmedizin eines Hippokrates und entdeckt den Blutkreislauf; Kepler sprengt das unperspektivische, kreis- und flächenhafte Weltbild der Antike, indem er statt der Kreisbewegung der Planeten, wie sie nach Ptolemäus noch ein Kopernikus annahm, ihre Ellipsenbahn nachweist. Es ist jene Ellipse, die in der Architektur zum erstenmal Michelangelo vorbereitete, dessen Kuppel von St. Peter die überhöhte, also nicht runde (höhlen- oder gewölbemäßig betonte), sondern elliptische Form aufweist; auch hier also Raumgewinn auf Kosten des antiken okeanischen ‹Raum›-Gefühls. Galilei vertieft dann den Einbruch in den Raum durch die Perfektionierung und die astronomische Anwendung des Teleskops, das zu seiner Zeit in Holland erfunden worden war, bis sich schließlich, wie Leonardo es bereits vorentworfen hatte, der Mensch auch den Raum der Luft und den untermeerischen Raum eroberte.»[3]

Zur Perspektive gehört unabdingbar das Auge als Ausgangspunkt. Die Betonung des Sehens und des Raums im Denken der Renaissance ist bekannt, aber Gebser gelang es, dieses Phänomen erstmals vor dem Hintergrund der Entwicklung des Bewußtseins sinnvoll zu erklären. Die Perspektive wurde erst beim Aufkommen des mental-rationalen Bewußtseins entdeckt, das in extremem Maße linear, räumlich, quantifizierend und vom Auge her bestimmt ist («Sehen ist glauben»).

Das enge rationale Bewußtsein, das heutzutage unangefochten herrscht, stellt den defizitären Modus des mentalen Bewußtseins dar, auch wenn wir es als eine eigenständige Struktur oder kognitive Modalität ansehen können. Verwirrenderweise hat das rationale Bewußtsein wenig mit Verstand oder Logik zu tun, wie sie in Philosophie, Mathematik oder Ethik angewendet werden. Vielmehr ist es eine einseitige Form von Rationalität, die egozentrisch und daher in ihrer Fragmentierungssucht und Zerstörungswut ziemlich kurzsichtig ist. Gebser machte dieses rationale Bewußtsein zu Recht für unser gegenwärtiges soziales Elend verantwortlich.

Dem von der Renaissance eingeführten mental-rationalen Bewußtsein gingen andere Strukturen voraus. Gebser unterscheidet zwischen dem archaischen, dem magischen, dem mythischen und dem mentalen Bewußtsein.

Das *archaische Bewußtsein* ist, wie der Name schon sagt, die älteste aller psychohistorischen Konfigurationen. Es führt uns zurück an die allerersten Anfänge der Menschheit vor rund drei Millionen Jahren, in die Zeit des Australopithecus africanus und des Homo habilis. Gebser selbst zögerte, diese frühe Struktur chronologisch festzulegen, weil sie nicht mit irgendeinem Zeitbewußtsein verbunden ist. Das arachaische Bewußtsein entspricht dem Bewußtsein des Tiefschlafs, in dem es nicht einmal Träume gibt. Da alle einmal verwirklichten Strukturen Bestandteile des psychischen Erbes unserer Spezies bleiben, wird die archaische Struktur thematisiert, wenn wir ein vorübergehendes Ausblenden des Selbstgefühls im Orgasmus, in gewissen mythischen Zuständen oder in den von Gebser so genannten Kernträumen erleben (an deren Details wir uns zwar sehr klar erinnern können, nicht aber an deren Abfolge, weil sie synchron auftreten).

Das *magische Bewußtsein* ist ein amorphes Gruppenbewußtsein und kam mit dem Homo erectus vor rund eineinhalb Millionen Jahren auf. Diese Bewußtseinsmodalität begreift sich selbst als Teil der Natur, auch wenn sie noch kein differenziertes Raum- und Zeitgefühl besitzt. Das Denken vollzieht sich aus dem Bauch heraus, und die Kommunikation ist weitgehend ritualisiert. Der betonte Sinn ist das Hören (so wie das Sehen der betonte Sinn des mental-rationalen Bewußtseins ist), und das erklärt den Ursprung der Musik im Laufe dieser Epoche der Evolution. Einen Eindruck von der Einfachheit des magischen Bewußtseins und seiner «prälogischen» Kosmologie bekommen wir, wenn wir die psychische Welt eines Kleinkinds betrachten.

Das *mythische Bewußtsein*, dessen Entstehung vermutlich mit der vollen Entwicklung der Großhirnhemisphären und der Erfindung der syntaktischen Sprache zusammenfiel, erlebte seine Blütezeit beim Cromagnonmenschen. Dieses Bewußtsein brachte eine verbesserte Imaginationsfähigkeit und soziales Einfühlungsvermögen mit sich. Es erfand die Religion, die sich um Stammesmythen kristallisierte und auf die Verehrung der Großen Mutter konzentrierte. Der mit diesem Bewußtsein verbundene Denkstil ist logisch, aber eher polarisiert als dualistisch, wie dies beim mentalen Bewußtsein der Fall ist. Wer die Veden, die Pyramidentexte oder andere wirklich alte Schriften gelesen hat, erkennt sogleich den Unterschied, auch wenn diese kulturellen Artefakte eher der Übergangsphase zwischen dem mythischen und dem mentalen Bewußtsein als dem eigentlichen mythischen Bewußtsein angehören. Das Zeitgefühl des mythischen Bewußtseins ist organisch (rhythmusempfindlich) statt abstrakt, und sein Raumgefühl ist noch «flach», wie man am Fehlen der Perspektive in der frühen Kunst jeder Kultur erkennen kann.

Das *mentale Bewußtsein*, das sich durch die Fähigkeit des diskursiven Denkens in einer linear logischen Weise auszeichnet, ist ausgesprochen dualistisch und verräumlichend. Es erlebt sogar die Zeit räumlich, als einen «Pfeil». Seine Lieblingsinstrumente sind der Dialog und die Dialektik, die im alten Griechenland und gleichzeitig in Indien zu einer Kunst entwickelt wurden. Dem mentalen Bewußtsein ist die Entstehung von Mathematik, Astronomie, Geometrie, Grammatik, Jurisprudenz und der anderen auf «messendem» Denken basierenden Wissenschaften zu verdanken.

Alle vier Strukturen oder Modalitäten sind nach Gebser spontane Mutationen vor dem ewigen Hintergrund des allgegenwärtigen Ursprungs. Jede folgende Struktur ist auf den Leistungen oder Eigenschaften der vorangegangenen Struktur(en) errichtet. Somit schließt das mentale Bewußtsein die Fähigkeiten ein, die durch die Entfaltung des archaischen, des magischen und des mythischen Bewußtseins erworben wurden. So sind wir beispielsweise nicht bloß zu logischem Denken (mentale Struktur) fähig, sondern verfügen auch über instinktives Wissen (archaische Struktur), über Wissen durch emotionale Resonanz mit dem Objekt (magische Struktur) und mythologisches oder «poetisches» Denken (mythische Struktur). Doch wegen der übertriebenen Betonung der Rationalität in unserer modernen Version des mentalen Bewußtseins neigen wir dazu, die anderen Strukturen abzuwerten und zu unterdrücken, und das führt unvermeidlich zu einem drastischen psychischen Ungleichgewicht.

Die meisten, wenn nicht alle sozialen Probleme, vor denen wir heute stehen, sind das unmittelbare Ergebnis des *rationalen Bewußtseins*, das in sich defekt ist – es ist ich-fixiert und erlebt die Welt als im Grunde feindselig oder antagonistisch (als etwas, das erobert werden muß). Gleichzeitig erzeugt die Ich-Fixiertheit des rationalen Bewußtseins psychische Isolation. Die Absonderung von der lebendigen Dimension der Welt führt zu problematischen Entwicklungen wie geistloser Konsumorientiertheit, Überproduktion, Auswüchsen der Technik und zynischer Politik. All dies sind negative Manifestationen der verleugneten oder unterdrückten Bewußtseinsstrukturen.

Anders als sein Zeitgenosse Spengler verfiel Gebser freilich nicht in Pessimismus.[4] Seine Analyse der Kultur, der Wissenschaften und Künste des 20. Jahrhunderts gab ihm Anlaß zu vorsichtiger Hoffnung: «Denn darüber, daß sie [die uns gestellte Aufgabe] gelöst werden wird, kann kein Zweifel bestehen, da sie einer Notwendigkeit entspringt. Die einzig offene Frage ist, ob sie in Bälde gelöst wird – denn anders wird ihre Lösung unausdenkliche Opfer der Sich-selbst-Aufgebenden heischen. Die Zahl der Menschen, welche die Lösung erleben werden, hängt von der zeitintensiven Bewußtwerdung der neuen Struktur ab. Die Aufgabe kann, wenn nicht zur gegebenen Zeit gelöst, zur fast vollständigen Selbstaufgabe der Menschheit führen. Dies ist ihr entscheidender Doppelsinn.»[5]

Das heißt, eine neue Bewußtseinsmodalität versucht sich durchzusetzen, und wir können bei diesem Prozeß entweder mitwirken, indem wir das luzide Wachsein kultivieren, oder ihm entgegenwirken, indem wir lieber in der Konsenstrance verharren, von der der Psychologe Charles Tart gesprochen hat.[6] Je nachdem, wofür wir uns entscheiden, werden wir mehr oder weniger leiden.

Das aufkommende integrale Bewußtsein

Gebser glaubte, daß wir die Geburtswehen einer neuen Bewußtseinsmodalität miterleben und miterleiden, die er das «integrale Bewußtsein» nannte. Zu dieser bedeutsamen Schlußfolgerung gelangte er, lange bevor es Mode wurde, von New Age zu sprechen, und nachdem er sorgfältig die neuesten Entwicklungen – die «neuen Konzepte» – in Physik, Mathematik, Biologie, Wirtschaft, Soziologie, Psychologie, Philosophie, Literatur, Musik, Jurisprudenz, Malerei, Bildhauerei und Architektur studiert hatte. Das neue Bewußtsein stellt eine Mutation dar, einen Sprung aus den bestehenden Strukturen, mit all der Diskontinuität, die dies impliziert. Doch Gebser wußte, daß dieser Prozeß eher spontan als automatisch verläuft. Wiederholt betonte er, daß wir hart an uns selbst arbeiten müssen, damit sich das neue Bewußtsein vollständig herauskristallisieren und zur Geltung gelangen kann.

Gebser hob auch hervor, daß das Aufkommen des integralen Bewußtseins nichts mit einer Bewußtseinserweiterung zu tun habe. Es ist vielmehr so etwas wie eine *Intensivierung* des Bewußtseins, die eine neue Form der Wahrnehmung von uns und der Welt ermöglicht. Es erstreckt sich nicht über einen größeren Raum, sondern erhebt uns über den linearen Modus des mental-rationalen Bewußtseins, das dem räumlich-perspektivischen Denken verhaftet ist. Es entsteht auch nicht durch die bloße Reaktivierung der bestehenden Bewußtseinsstrukturen. Daher ist es überhaupt nicht regressiv. Es besteht somit weder in einer prärationalen instinktiven Spontaneität, wie sie für das archaische Bewußtsein typisch ist, noch in irgendeiner prärationalen magischen Einheit mit der Natur oder einer menschlichen Gruppe, noch in mythisch imaginärer Innerlichkeit. Es transzendiert auch entschieden das dualistische Programm der mentalen Bewußtseinsstruktur mit ihrem massiven Bedürfnis nach rationaler Kontrolle. Das integrale Bewußtsein leistet also nichts Geringeres als die *Integration* aller existierenden Strukturen, die Gelegenheit erhalten, sich angemessen, das heißt in harmonischem Zusammenspiel auszudrücken. In jeder Situation erhält jede Struktur ihr richtiges Gewicht – keine wird verleugnet, keine übertrieben.

Inzwischen ist uns klargeworden, daß das herrschende mental-rationale Bewußtsein uns dazu gebracht hat und weiterhin dazu bringt, ganze Aspekte der menschlichen Psyche zu unterdrücken. Dazu Carl Gustav Jung: «Kein Wunder, daß der westlichen Welt unbehaglich zumute ist, denn sie weiß nicht, wie sie der im Aufruhr befindlichen Unterwelt in die Hand spielt, und was ihr durch die Zerstörung des Numinosen verlorengegangen ist. Sie hat ihre normalen geistigen Werte in einem unbekannten, sehr gefährlichen Umfang eingebüßt. Ihre moralische und geistige Tradition ist zum Teufel gegangen und hat eine weltweite Desorientiertheit und Dissoziation hinterlassen.»[7]

Bewegungen wie die Ökologie, der Feminismus, die östlichen Religionen, das neue Heidentum und nicht zuletzt das New Age sind in unterschiedlichem Maße Manifestationen des integralen Bewußtseins, die das vom mental-rationalen Bewußtsein gestörte psychische und kulturelle Gleichgewicht wiederherzustellen suchen. Weil diese Bewegungen jedoch großenteils keine Vorstellung von ihrem Ort in der Geschichte des Bewußtseins haben, enthalten sie regressive Aspekte, die das Aufkommen des integralen Bewußtseins eher behindern als erleichtern. Ken Wilber hat einige dieser Aspekte angesprochen.[8] Er hat sie als «Prä-/Trans-Trugschlüsse» bezeichnet, das heißt, sie verwechseln prärationale und transrationale Bewußtseinsmodi. Beim «Prä-Trugschluß» werden transrationale Modi auf prärationale Bewußtseinsmodi reduziert. Beim «Trans-Trugschluß» werden prärationale Modi fälschlicherweise zu transrationalen, transpersonalen Modi erhoben.

Die große Leistung des integralen Bewußtseins besteht darin, daß es das räumliche Konzept der Zeit transzendiert und in dieser eine Intensität erkennt. Das bedeutet, daß wir durch das integrale Bewußtsein unsere Beziehung zur Zeit als einer bloß meßbaren Uhrzeit überwinden. Wir erkennen, daß echte Zeit an und für sich nichts mit Raum zu tun hat, sondern daß sie sich – je nach unserem Bewußtseinsmodus – als Uhrzeit, Sternenzeit, kosmische Zeit, Rhythmus, biologische Dauer und sogar als psychische Zeit manifestiert. Gebser hat gezeigt, daß für unsere Epoche die Zeit im Mittelpunkt steht – wir messen sie, leben von ihr, haben sie oder haben sie nicht oder «verschwenden» sie. Wir verhalten uns gegenüber der Zeit so, als wäre sie ein Ding, eine Quantität, die gehortet oder vergeudet wird. Dabei versäumen wir es, in ihr eine kreative Kraft zu erkennen.

Jede Bewußtseinsstruktur hat ein eigenes Verhältnis zur Zeit. Das arachaische Bewußtsein besitzt überhaupt kein Zeitgefühl. Das magische Bewußtsein zeichnet sich durch Zeitlosigkeit aus. Das mythische Bewußtsein erlebt die Zeit als eine Eigenschaft in Form der Rhythmen der Natur. Nur mit dem

Aufkommen des mentalen Bewußtseins wird aus unserem Zeitgefühl der «Zeitpfeil».

Das integrale Bewußtsein ist innerlich zeitlos – es wird nicht von irgendeiner der vorangegangenen Formen der Erfahrung von Zeit begrenzt. Die integrale Wahrnehmung offenbart, daß die Zeit, wie Gebser sagt, eine allgegenwärtige Fülle ist. Sie macht auch die dem Zeitgefühl in den anderen Bewußtseinsstrukturen immanenten Grenzen sichtbar. Wegen der Fülle der wahren Zeit brauchen wir uns keine Sorgen zu machen, daß sie uns ausgehen könnte. Zeitangst ist eines der Merkmale unserer Epoche, und dies müßte uns eigentlich Aufschluß darüber geben, welches die vordringliche Aufgabe ist – nämlich die, in unser Bewußtsein oder in unsere Psyche einzutauchen, um das Problem zu lösen, das wir mit der Zeit haben. «Die Zeitangst unserer Übergangsepoche», bemerkt Gebser dazu, «ist ein Beweis dafür, daß das Zeitproblem uns überfallen hat, dem wir noch nicht gewachsen sind, das wir noch nicht realisiert haben, das uns noch nicht bewußt geworden ist.»[9] Aber genau dies muß geschehen.

Um auszudrücken, was er mit echter Zeit meint, verwendet Gebser das griechische Wort *achronon*, das für die unermeßliche Intensität steht, die alle Manifestationen von Zeit transzendiert. Sie ist identisch mit der spirituellen Dimension der Wirklichkeit, dem Geist. Die Wissenschaft weiß natürlich nichts von dieser zeitlosen Dimension oder, wie Gebser sie lieber nennt, «Amension». Während die Relativitätstheorie gezeigt hat, daß die Zeit nicht unabhängig vom Raum ist, hat die Quantentheorie die Zeit unscharf und bedeutungslos gemacht.[10] David Bohm, vielleicht der kraftvollste und originellste Querdenker in der modernen Physik, hat sich gegen die Quantenunschärfe der Zeit ausgesprochen. Er behauptet, Quantenphänomene seien in der impliziten Ordnung verwurzelt, wie er dies nennt, einer Wirklichkeitsebene, die den Bereich des Sichtbaren «umhülle» und die auch die Matrix aller Zeitformen sei.[11]

Um unsere Zeitangst ebenso wie unsere *Zeitsucht* loszuwerden, müssen wir uns von dem Artefakt befreien, das wir das Ich nennen. Das heißt nicht, daß wir das Ich aufgeben sollen, denn das liefe auf Regression hinaus, sondern wir müssen es durch disziplinierte Selbsttranszendenz wahrhaft überwinden und beherrschen. Das integrale Bewußtsein entfaltet sich in der und durch die Freiheit vom Ich, dem Ausgangspunkt des mental-perspektivischen Bewußtseins. Das integrale Bewußtsein ist durchlässig für die ich-transzendierende spirituelle Wirklichkeit, das große Ganze.

Doch es ist auch wichtig zu wissen, daß das integrale Bewußtsein nicht mit der Unio mystica identisch ist, die die Introversion und den Ausschluß der äußeren Welt verlangt. Es ist eine neue Sehweise, durch die die Welt durchsichtig wie Glas wird, so daß wir erkennen, wie der allgegenwärtige Ursprung hindurchscheint. Diese integrale Wahrnehmung öffnet ständig die Türen des mental-rationalen Gefängnisses, in dem wir uns seit mindestens zwei Jahrhunderten befinden. Neue Disziplinen wie die Quantenmechanik, Ökologie, Tiefenpsychologie und Parapsychologie haben viele zentrale Vorstellungen unserer Zivilisation, die bis heute als unantastbar galten, entschieden in Frage gestellt – etwa die der Vorherrschaft des rationalen Verstandes und die von der Linearität der Zeit. Während wir die gegenwärtige Krise zunehmend als Bewußtseinskrise verstehen, dürfen wir davon ausgehen, daß diese Neuorientierung in der Wissenschaft immer umfassender und radikaler wird. Unvermeidlicherweise wird sich dieser Prozeß auch auf anderen Gebieten des menschlichen Wissens und der menschlichen Erfahrung auswirken.

Die konzeptuellen Erkenntnisse der wenigen werden letztlich die gelebte Wirklichkeit der vielen werden. Das integrale Bewußtsein, sagte ich, erfordert die bewußte Teilhabe von uns allen. Aber wie wollen wir partizipieren? Nach Gebser ist dazu vor allem eine neue Einstellung erforderlich.[12] Diese integrale

Haltung zieht die Ruhe und Stille der Hast und dem Lärm vor, die Spontaneität dem zielgerichteten Denken, Mitgefühl und Herzensgüte der Macht und der Manipulation, innere Harmonie und Ausgeglichenheit dem mechanischen Organisieren, die unsentimentale Toleranz dem Vorurteil, die Eigenständigkeit dem blinden Konformismus, die Freude an innerer Entwicklung der Angst vor Veränderung, das Ja zu Leben und Tod dem bloßen Ausweichen. Diese Haltung ist charakteristisch für den sich selbst verwirklichenden und sich selbst transzendierenden Menschen, wie Abraham Maslow ihn genannt hat.[13] Sie beschreibt auch das Individuum, das – traditionell gesprochen – «auf dem Weg» ist, das heißt, das die Disziplin des luziden Wachseins praktiziert. Wenn wir daher das integrale Bewußtsein (durch unsere aktive Teilhabe) sich voll entwickeln lassen, wird es das Bewußtsein unserer Zivilisation im dritten Jahrtausend bilden.

Auf der Grundlage dieses durch luzides Wachsein kultivierten ichfreien, durchsichtigen Bewußtseins werden wir in der Lage sein, die riesigen Ressourcen des inneren Raums entweder durch traditionelle spirituelle Systeme (minus ihrer überholten Zusätze) oder durch noch nicht formulierte Methoden zu erschließen. Darüber hinaus wird allein das integrale Bewußtsein eine stabile Startrampe für die Erkundung des Weltraums liefern. Denn ohne es werden wir zwangsläufig das Virus unserer gegenwärtigen fragmentierten Psyche bis zu den Sternen verbreiten. Bevor wir daran denken, Galaxien zu «erobern», müssen wir uns zunächst einmal selbst erobern. Wir sind also wie nie zuvor zum philosophischen Leben aufgerufen. Wie wir unser Leben heute leben, spielt nicht nur für uns und unsere Kinder und Kindeskinder eine Rolle, sondern für alle Lebewesen auf unserer Erde und auf allen Leben tragenden Planeten, die in den Tiefen des Raumes existieren mögen. Wir sind mit Sicherheit in diesem riesigen Universum nicht allein. Die Frage ist nur, ob wir vor lauter Angst vor eingebildeten

Außerirdischen bis an die Zähne bewaffnet die Schwelle der Ionosphäre überschreiten werden oder ob wir uns die dafür nötige Intelligenz aus Verehrung für alle Formen des Lebens und mit dem Wunsch zunutze machen, ihnen Gutes zu tun, statt sie zu benutzen, zu mißbrauchen oder zu vernichten.

Das integrale Bewußtsein ist kein Endpunkt in unserer Entwicklung, sondern ganz bestimmt ein vielversprechender Anfang. Daher sollten wir es aus Fürsorge für uns selbst und unsere Mitgeschöpfe hegen und pflegen. «Jeder Mensch», hat der Gesellschaftsvisionär Duane Elgin einmal geschrieben, «ist ein ganz wichtiger und einzigartiger Mittler im Prozeß der planetaren Entwicklung.»[14] Wir haben, als Spezies wie als Individuen, eine Stufe in der Evolution erreicht, auf der die einzig denkbare Option die der bewußten Koevolution im Kontext des luziden Wachseins – der Kunst des aufmerksamen Lebens – ist, die von uns äußersten Mut, Energie und nicht nachlassende Hingabe an unsere eigene Verwandlung verlangt.

17

Erinnerung an die Zukunft

Erinnerung an die Zukunft hört sich wie ein Paradoxon an, ja, wie etwas ganz und gar Unmögliches. Aber so scheint es nur dem linearen Verstand, der auf einer streng kausalen Flugbahn des «Zeitpfeils» beharrt, die in der Vergangenheit ihren Ausgang nimmt, sich durch die Gegenwart bewegt und unweigerlich auf die Zukunft zusteuert. Doch die moderne Physik hat die klassische Vorstellung vom Zeitpfeil in Frage gestellt. Nach der Relativitätstheorie ist der gegenwärtige Augenblick für jeden Beobachter anders. Daher könnte der gegenwärtige Augenblick eines Menschen die Vergangenheit oder Zukunft eines anderen sein. Wenn wir von einer unendlichen Zahl von Beobachtern ausgehen, haben wir eine unendliche Zahl von einander überschneidenden gegenwärtigen und künftigen Augenblicken. Wir werden nicht nur von der Vergangenheit «geschoben», sondern auch von der Zukunft «gezogen». Stellen Sie sich, um dieses Paradox zu verstehen, einen jungen Mann vor, der mit dem Zug von A über B nach C fährt, um seine Freundin zu besuchen. Zum Zeitpunkt der Abfahrt ruft die Freundin ihn an, um ihm zu sagen, wenn er nicht bis 13 Uhr da sei, werde sie nicht mehr zu Hause sein, da sie nach B fahren müsse, um ihr neues Auto abzuholen. Der junge Mann ist sich darüber im klaren, daß er C höchstwahrscheinlich nicht bis 13 Uhr erreichen kann, also steigt er in B mit der Absicht aus, seine Freundin beim örtlichen Autohändler zu treffen. In seiner Entscheidung war er von der Wahrscheinlichkeit beeinflußt, in C zu spät anzukommen.

Ein anderes Beispiel stellt der von mir so genannte Millennium-Effekt dar. Eine zunehmende Zahl von Menschen teilt den Glauben, daß die Jahrtausendwende eine bedeutsame Schwelle in der Evolution des Menschen darstelle. Die einen hegen apokalyptische Ängste, die anderen utopische Hoffnungen. Selbst wenn der 21. Dezember 2012 – Terence McKennas «Zeitwelle Null» – ein ansonsten ganz gewöhnlicher Tag, ein x-beliebiger Punkt auf der Zeitlinie sein sollte, kann man davon ausgehen, daß der immer weiter verbreitete Glaube an seine höhere Bedeutung zumindest partiell in einer *self-fulfilling prophecy* resultiert.[1]

Mit anderen Worten: Der Glaube von zehn oder vielleicht sogar hundert Millionen Menschen, daß irgendein künftiges Datum einen höchst bedeutsamen Abschnitt in der Evolution des Menschen markiere, wird auf jeden Fall konkrete Auswirkungen haben, da diese Menschen sehr wahrscheinlich Entscheidungen treffen werden, die diese Ansicht widerspiegeln und daher dazu beitragen, daß er in irgendeiner Weise Realität wird.

Der französische Paläontologe Pierre Teilhard de Chardin glaubte, wir alle würden uns vom «Punkt Alpha» der subatomaren Teilchen zum «Punkt Omega» hinbewegen, einer Art zukünftigem Attraktor, der wie ein Wasserfall unweigerlich den Fluß der Evolution an sich ziehe. Dieses Fortschreiten der Evolution sei von zunehmender Komplexität, wie Teilhard dies nannte, und führe zur Entstehung der «Noosphäre», der für die Menschheit typischen Welt des Denkens. Am Punkt Omega werde das Licht des Geistes, so Teilhard, die Erde ganz und gar überfluten und alles und jeden verwandeln. Dieses höchste Bewußtsein, die Endzeitwirklichkeit des Punktes Omega, sei weder unmenschlich noch menschlich, sondern übermenschlich. Es ist ein Jemand, nicht bloß ein

Etwas. Aber dieser Jemand befindet sich jenseits allen Begreifens.[2]

McKenna hat dies so formuliert: «Die Geschichte wird enden, und das transzendentale Objekt, das jedes Wesen seit den ersten Augenblicken der Existenz des Universums in immer tiefere Selbstreflexionen hineingezogen hat, wird schließlich im dreidimensionalen Raumzeit-Kontinuum völlig zusammenwachsen. Dann wird das sich bewegende Bild der Zeit sich selbst als Ewigkeit entdeckt haben.»[3]

Dieses eschatologische Ereignis läuft auf die buchstäbliche Erleuchtung aller Wesen hinaus, und das wäre dann die wahre Erfüllung des feierlichen Gelübdes, das alle Bodhisattvas ablegen. Für McKenna wie für Teilhard de Chardin – wobei jeder aus einer anderen Richtung kommt – ist die Evolution eine progressive Intensivierung des Bewußtseins, die in vollkommener Erleuchtung endet. Gewiß sind Punkt Omega und Zeitwelle Null metaphysische und keine wissenschaftlichen Begriffe, aber das ist nicht unbedingt ein Nachteil, solange wir ihre Erklärungen für plausibel halten. Doch ich muß gestehen, daß ich zwar glaube, daß die kosmische Entwicklung wahrscheinlich einen Endpunkt haben wird, aber absolut nicht davon überzeugt bin, daß das Ende der Geschichte gleich um die Ecke liegt. Eine derartige Vorstellung scheint mir einem engen Anthropozentrismus zu entspringen, so, als ob die Erlösung des gesamten riesigen Kosmos von Erdlingen abhängig wäre. Ich habe noch ein anderes Problem mit diesem Konzept – ich kann mir nämlich nur schwer etwas jenseits dieses Punktes vorstellen. Wenn dann dieser Tag ereignislos vergeht, werden die Gläubigen ohne eine Zukunft dastehen. In der Vergangenheit, besonders an der Schwelle zum Jahr 1000, hat dies zu großer Verzweiflung und ungeheurem individuellem und sozialem Chaos geführt.[4] Meine eigene Vorhersage lautet, daß das Jahr 2012 kommen und vergehen wird, und die Geschichte wird großenteils so weitergehen wie bisher. Ich bin geneigt, es mit dem britischen Historiker Arnold Toynbee zu halten, der einmal gesagt hat: «Aber wenn auch nur einige solcher erleuchteter Männer und Frauen gelebt haben – eine Gesellschaft, die in ihrer Gesamtheit kulturtragend gewesen wäre, hat es nie gegeben. Kultur, wie wir sie verstehen, ist eine Bewegung, kein Zustand; eine Reise, kein Hafen. Keine bekannte Kultur hat bisher noch das Kulturziel erreicht.»[5]

Mit anderen Worten: Bemühen wir uns doch zuerst, eine wahrhaft menschliche Zivilisation zu erschaffen, bevor wir unsere Hoffnungen auf eine kollektive spirituelle Verwandlung richten. In den früheren Kapiteln habe ich wiederholt betont, daß nichts automatisch geschieht. Die einzige zu erwartende Ausnahme hiervon ist die fortschreitende Verschlechterung des Zustands der Gesellschaft und der Umwelt.

Davon auszugehen, das Jahr 2012 werde uns magisch verwandeln, ist somit eine falsche und gefährliche Hoffnung. Wir müssen an der Veränderung *arbeiten*. Ja, wir müssen eine Menge Energie in eine bewußte Veränderung investieren. Damit ein Zug auf einem anderen Gleis fahren kann, muß jemand rangieren und den Wechsel möglich machen. Da ich das Wort arbeiten verwendet habe, muß ich genauer sagen, was ich damit meine. Arbeit, wie ich sie im gegenwärtigen Kontext verstehe, ist nicht bloß Tun, sondern auch Sein, denn Stille und ganz bewußte Ruhe kann in manchen Situationen ganz erhebliche Mühe und Anstrengung bedeuten.

Das Problem ist indes, daß die Energie für die heutzutage erforderliche persönliche und kollektive Veränderung von irgendwoher kommen muß. Unvermeidlicherweise kommt sie aus unserem gegenwärtigen Zustand. Daher kann man vernünftigerweise annehmen, daß wir uns höchstwahrscheinlich nur vergleichsweise langsam verändern werden. Die Macht der Gewohnheit oder die psychische Lethargie ist in den meisten Menschen viel zu tief verwurzelt, als daß es zu einem radikalen Wandel kommen könnte. Es genügt nicht, nur auf eine bessere Welt zu hoffen. Wunschdenken besitzt nicht die Energie, die nötig ist, um uns und unsere Wirklichkeit zu verändern. Sich Phantasien über die Zukunft hinzugeben ist genauso ineffektiv wie die romantische Verklärung der Vergangenheit oder das Sichverlieren in der Gegenwart. Wir müssen eine Vision von unserer Zukunft haben, aber unsere Vision muß eine realistische Basis aufweisen, das heißt, einen Kontext im Hier und Jetzt. Nur dann werden wir in der Lage sein, unsere Vision in gesunde Einstellungen und vernünftiges Handeln umzusetzen.

Natürlich kann es immer wieder möglich sein, daß durch unerwartete Umstände – wie den ökologischen oder ökonomischen Zusammenbruch, einen Krieg, eine weltweite Epidemie oder eine (freilich eher unwahrscheinliche) Invasion Außerirdischer – eine große Anzahl von Menschen aus der Konsenstrance gerissen und zu konstruktivem Handeln veranlaßt wird. Es ist auch möglich, daß durch die Handlungen einer hinreichend großen Minderheit, die an die besondere Bedeutung des Jahres 2012 (oder irgendeines anderen Datums in naher Zukunft) glaubt, unsere postmoderne Zivilisation umschalten kann. Wie weit so ein Umschalten reichen würde, kann niemand vorhersagen. Aber ob wir die Endzeithoffnungen von Menschen wie Terence McKenna, José Argüelles und anderen New-Age-Optimisten nun teilen oder nicht – jedenfalls können wir nur dann einen noch nie dagewesenen Zusammenbruch vermeiden, wenn wir so handeln, daß es für unsere Spezies und den Planeten insgesamt eine bessere Zukunft gibt.[6]

Durch unsere Imagination können wir uns an alle möglichen Formen von Zukunft für uns persönlich wie für unsere Spezies als ganze «ankoppeln». Und genau das tun Futurologen, die sich mögliche künftige Szenarien für die Menschheit ausdenken. In gewisser Hinsicht müssen wir alle Futurologen werden. Wir müssen uns an die Zukunft erinnern! Aber was heißt das? Fred Alan Wolf erklärt es so:

«Der Fluß der Zeit weist zwei gegenläufige Strömungen auf. Informationen, die aus der Zukunft wie aus der Vergangenheit kommen, beeinflussen die Gegenwart. Daher holen wir immer zwei Flaschen heraus, wenn wir in diesen Fluß greifen, nicht bloß eine. Und darin finden wir zwei Botschaften.

Diese Flaschen sind freilich merkwürdig. Sie existieren eigentlich erst dann, wenn wir in den Fluß greifen. Wenn wir ‹sehen› könnten, was der Fluß tatsächlich enthält, würden wir zahllose gespenstische Flaschen sehen, die ständig aus der Quelle des Flusses in den Gebirgen der Informationen, welche in unseren Vergangenheiten aufgetürmt sind, und aus den Meeren künftiger Informationen strömen, die uns sagen, wie das Wetter morgen ist. Diese gegenläufigen Flaschen werden nur in unseren Händen wirklich. Wenn wir in jenen Fluß hineingreifen, verschmelzen eine vergangene Flasche und eine zukünftige Flasche zu einer Flasche, und wie ein kleiner Zaubergeist in der Flasche erscheint sofort eine Botschaft.

Diese Flaschenpost erläutert die Lage im gegenwärtigen Augenblick. Sie enthält auch eine Orientierungskarte, die erklärt oder darstellt, was die Vergangenheit war und was die Zukunft sein wird.»[7]

Aber die Flaschenpost, fährt Wolf fort, sei nur eine wahrscheinliche Wahrheit. Allein der Augenblick, in dem man die Botschaft lese, zeichne sich durch absolute Gewißheit aus. In diesem gegenwärtigen Augenblick legen wir unseren Weg in die Zukunft fest. Nach der Quantentheorie wählen wir aus einer unendlichen Zahl von Paralleluniversen ein einziges aus, das mit unserem eigenen koexistiert, und machen es zu unserer Wirklichkeit. Unabhängig davon, ob sich diese Interpretation als die richtige herausstellt oder nicht, ist es zumindest für unsere Zwecke eine sinnvolle Metapher.

Wir leben immer am Schnittpunkt zwischen Vergangenheit

und Zukunft, und unsere Entscheidungen basieren auf der (unbewußten) Erinnerung an beide. Indem wir unsere Bewußtheit verstärken, sind wir imstande, sensibler für die Zukunft zu werden, uns an sie zu «erinnern» und damit unsere Entscheidungen informierter und intelligenter zu treffen. Das ist das Wesentliche am philosophischen oder spirituellen Leben des luziden Wachseins. Auf diese Weise können wir zu größerer Freiheit und zu unvergänglichem Glück gelangen.

Dank

Ich möchte mich bei mehreren vielbeschäftigten Freunden und Kollegen bedanken, die sich die Zeit genommen haben, verschiedene Fassungen des Manuskripts zu lesen und zu kommentieren: Allan Combs, Richard Heinberg, Subhash Kak, John Nelson und Ken Wilber. Ich habe von all ihren Reaktionen profitiert und ihre Vorschläge eingearbeitet, soweit es sich als machbar erwies – mein herzlicher Dank gilt jedem von ihnen nicht nur für ihre praktische Hilfe, sondern auch für ihre großmütige moralische Unterstützung. Ich danke auch meiner Frau Trisha dafür, daß sie mit ihrer gewohnten Gründlichkeit das Manuskript durchgesehen hat. Sie besitzt einen geradezu detektivischen Spürsinn, wenn es darum geht, fehlende Zeichen und zweifelhafte Elemente zu entdecken. Ich bin dem Lektor John Graham, der mein Buch akquiriert hat, dafür dankbar, daß er es für vielversprechend gehalten hat, meinem Verleger Ehud Sperling danke ich dafür, daß er es in sein Programm aufgenommen hat, und Rowan Jacobsen dafür, daß er das ganze Projekt so fachmännisch betreut und mehrere wertvolle redaktionelle Vorschläge gemacht hat, die dem Buch gutgetan haben.

Anmerkungen und Literaturangaben

Vorwort

1 Siehe P. Garfield, *Kreativ träumen,* Interlaken 1993; C. Green, *Lucid Dreams,* Oxford 1968; A. Faraday, *Dream Power, The Use of Dreams in Everyday Life,* London 1972; S. LaBerge, *Hellwach im Traum. Mehr Selbsterkenntnis und Selbstbestimmung durch bewußtes Träumen,* Landsberg 1991; S. LaBerge and H. Rheingold, *Exploring the World of Lucid Dreaming,* New York 1990.

2 C. Tart, *Waking Up: Overcoming the Obstacles to Human Potential,* Boston 1987 (dt.: *Hellwach und bewußt leben*, Freiamt 1995), S. 106.

3 R. Tarnas, *The Passion of the Western Mind,* New York 1991, S. 434.

4 Während des Brainstormings über einen passenden Titel für dieses Buch grübelten meine Frau und ich über das Traumartige des gewöhnlichen Lebens nach, und sie erwähnte das Phänomen der luziden Träume. Daraufhin erwiderte ich halb scherzhaft: «Luzides Wachsein.» Wir waren beide verblüfft darüber, wie geglückt diese Wortprägung war. Später entdeckte ich, daß Charles Tart diese Formulierung in seinem Buch *Open Mind, Discriminating Mind* (San Francisco 1989) verwendet hatte – das zeigt bloß, daß eine originelle Idee nicht neu sein muß.

1 Lob des philosophischen Lebens

1 Platon, *Apologie des Sokrates,* Leipzig ^{2}1922, S. 63.

2 Siehe A. Soble, *Eros, Agape and Philia: Readings in the Philosophy of Love,* New York 1989.

3 Aristoteles, «Nikomachische Ethik» in: Aristoteles, *Philosophische Schriften 3,* Hamburg 1995. S. 185.

4 P. Brunton, *Relativity, Philosophy, and Mind.* Bd. 13: *The Notebooks of Paul Brunton,* New York 1988. I, S. 25.
5 Ebd., S. 61.
6 Ebd., S. 65.
7 Siehe H. Skolimowski, *The Participatory Mind: A New Theory of Knowledge and the Universe,* London und New York 1994, S. 158.
8 T. McKenna, *The Archaic Revival: Speculations on Psychedelic Mushrooms, the Amazon, Virtual Reality, UFOs, Evolution, Shamanism, the Rebirth, of the Goddess, and the End of History*, San Francisco 1992, S. 2.
9 Ebd., S. 11.
10 Siehe meine Bücher *The Yoga-Sutra of Pantanjali: A New Translation and Commentary,* Rochester, Vt., 1989, und *The Philosophy of Classical Yoga*, Rochester, Vt., 1996.
11 T. McKenna, *The Archaic Revival,* S. 45.
12 Ebd., S. 21.
13 Ich möchte den möglichen therapeutischen Wert von psychedelischen Drogen nicht in Frage stellen, wenn sie verantwortungsbewußt und auf adäquate Weise angewendet werden. Siehe z. B. S. Grof, *LSD Psychotherapie,* Stuttgart 1983.
14 P. Brunton, *Relativity . . .*, I, S. 160.
15 Ebd.
16 H. R. Blavatsky, *The Secret Doctrine,* Bd 1: *Cosmogenesis,* Wheaton, Ill., 1993 (deutsch: *Die Geheimlehre,* Bd. 1: *Karmogenesis*, S. XX. Hannover 1995).

2 Die Kernfrage: Wer bin ich?

1 H. Skolimowski, *The Participatory Mind,* S. 19.
2 Siehe H. G. Wells, *Crux Ansata: An Indictment of the Roman Catholic Church,* New York [2]1953, S. 155.
3 Zitiert nach Henri Tracoli, *The Taste for Things That Are True: Essays & Talks by a Pupil of G. I. Gurdjieff,* Shaftesbury, England/Rockport, Mass., 1994, S. 80f.
4 Siehe C. T. Tart, *Hellwach und bewußt leben.*
5 D. Bohm und M. Edwards, *Changing Consciousness: Exploring the Hidden Source of the Social, Political and Environmental Crises Facing Our World,* San Francisco 1991, S. 210.

6 Siehe S. Langer, *Mind: An Essay on Human Feeling,* Baltimore und London 1970.
7 F. Franck, *Fingers Pointing Toward the Sacred: A Twentieth Century Pilgrimage on the Eastern and Western Way,* Junction City, Ore., 1994, S. 183.

3 Die Aufgabe der Verkörperung

1 R. May, *Man's Search for Himself,* New York 1953, S. 106f.
2 K. Dychtwald, *Bodymind,* Los Angeles 1986 (dt.: *Körperbewußtsein,* Essen [7]1996), S. 8.
3 R. Descartes, *Abhandlung über die Methode des richtigen Vernunftgebrauchs,* Stuttgart 1961, S. 31f.
4 D. Leder, *The Absent Body,* Chicago 1990, S. 1.
5 Ebd., S. 173.
6 Ebd., S. 166.
7 O. M. Aivanhov, *«Know Thyself» – Inana Yoga: Part 2,* Fréjus 1992, S. 13f.
8 D. Elgin, *Awakening Earth, Exploring the Evolution of Human Culture und Consciousness,* New York 1993, S. 302.
9 M. Murphy, *The Future of the Body: Explorations Into the Further Evolution of Human Nature,* Los Angeles 1992 (dt.: *Der QuantenMensch,* Wessobrunn 1996), S. 156–158.

4 Das wechselvolle Schicksal der Seele

1 M. Berman, *The Reenchantment of the World,* New York 1984, S. 2.
2 Siehe J. Gebser, *Ursprung und Gegenwart,* Schaffhausen 1978; siehe auch G. Feuerstein, *Structures of Consciousness,* Lower Lake, Calif., 1987, eine Einführung in Gebsers evolutionäres Bewußtseinsmodell.
3 Siehe P. Teilhard de Chardin, *The Phenomenon of Man,* New York 1965.
4 Siehe L. Dossey, *Recovering the Soul,* New York 1989; J. Borysenko, *Fire in the Soul: A New Psychology of Spiritual Optimism,* New York 1993; G. Zukav, *The Seat of the Soul,* New York 1990; J. Singer, *Boundaries of the Soul,* Garden City, N. Y., 1972; S. Ingerman, *Soul Retrieval,* New York 1991; M. Grosso, *The Frontiers of the Soul,* Wheaton, Ill., 1992; A. Raheem, *Soul Return,* Lower Lake, Calif., 1991; W. Barrett, *Death of the Soul,* New York 1986; M. Chapin Massey, *Feminine Soul: The Fate of an Ideal,* Boston 1985.

5 Siehe C. G. Jung, *Modern Man in Search of a Soul,* New York 1933.
6 Siehe R. B. Onians, *The Origins of European Thought,* Cambridge 1954.
7 Siehe E. H. Walker, «Consciousness in the Quantum Theory of Measurement», in: *Journal for the Study of Consciousness,* Bd. 5, 1972, Nr. 1, S. 46; Nr. 2, S. 257.
8 Siehe z. B. B. Rensch, *Biophilosophie auf erkenntnistheoretischer Grundlage,* Stuttgart 1968.
9 Siehe E. B. Tylor, *Primitive Culture,* London 1873.
10 Siehe z. B. C. Tart, «Out of the Body Experiences», in: E. Mitchel (Hrsg.), *Psychic Exploration: A Challenge for Science,* New York 1974, und R. Crookall, *The Study and Practice of Astral Projection,* London 1961; siehe auch die Hinweise in dem umfangreichen Werk von M. Murphy, *Der QuantenMensch.*
11 C. G. Jung, *Gesammelte Werke,* Bd. 11, Olten [5]1988, S. 514.
12 K. S. Guthrie, *The Pythagorean Sourcebook and Library,* hrsg. v. D. R. Fiedeier, Grand Rapids 1987, S. 271.
13 Siehe J. J. Poortman, *Vehicles of Consciousness: The Concept of Hylic Pluralism,* Utrecht 1978.
14 Siehe G. R. S. Mead, *The Doctrine of the Subtle Body in Western Tradition,* Wheaton, Ill., 1967.
15 S. Freud, *Gesammelte Werke II/III,* London 1942, S. 617.
16 A. Raheem, *Soul Return,* S. 11f. (dt.: *Die Rückkehr der Seele,* Essen 1993.)
17 C. G. Jung, *Gesammelte Werke,* Bd. 8, Olten [15]1987, S. 244.

5 Wer oder was ist der Geist?

1 P. Tillich, »Der Mut zum Sein«, in P. T., *Gesammelte Werke,* Bd. XI, Stuttgart 1969, S. 67.
2 Zur aktuellen Einschätzung, Bedeutung und Spiritualität des *Rigveda* siehe G. Feuerstein, S. Kak und Dr. Frawley, *Der Anfang der Zivilisation. Unsere Frühgeschichte in neuer Sicht,* Frankf. a. M. 1998.
3 Śāntideva, *Eintritt in das Leben zur Erleuchtung (Bodhiearyāvatāra).* Aus dem Sanskrit übers. v. Ernst Steinkellner, München [3]1997, S. 23–40.
4 W. James, *The Varieties of Religious Experience,* New York 1961 (dt.: *Die Vielfalt der religiösen Erfahrung,* Frankfurt a. M. 1997), S. 283.

6 Die Kraft der Phantasie

1 I. Kant, *Kritik der reinen Vernunft,* Hamburg 1993, S. 116.
2 Siehe P. McKeller, *Experience and Behavior,* Harmondsworth 1968.
3 W. Harman und H. Rheingold, *Higher Creativity,* Los Angeles 1984 (dt.: *Die Kunst, kreativ zu sein,* Bern, München, Wien 1987), S. 54.
4 Tarthang Tulku; *Openness Mind,* Emeryville, Calif., 1978, S. 74.
5 Siehe S. LaBerge, *Hellwach im Traum.*
6 S. LaBerge und H. Rheingold, *Exploring the World of Lucid Dreaming,* S. 169.
7 Ebd.
8 C. G. Jung, *Gesammelte Werke,* Bd. 18, 1, Olten 1981, S. 271 f.
9 Siehe O. C. Simonton, S. Matthews-Simonton und T. F. Sparks, «Psychological Intervention in the Treatment of Cancer», in: *Psychosomatics,* Bd. 21, 1980, S. 226 f. Siehe auch O. C. Simonton und S. Simonton, *Getting Well Again,* Los Angeles 1978.
10 W. Fezler, *Creative Imagery: How to Visualize in All Five Senses,* New York 1989, S. 55.
11 Ebd., S. 56.
12 Siehe M. L. Rossman, *Healing Yourself,* New York 1987.
13 A. Kreinheder, *Body and Soul: The Other Side of Illness,* Toronto 1991, S. 47.
14 Ebd., S. 61.
15 M. Murphy und R. A. White, *In the Zone: Transcendent Experience in Sports,* New York und London 1995.
16 Meister Eckehart, *Deutsche Predigten und Traktate,* hrsg. u. übers. v. J. Quint, München ^{5}1978, S. 355.
17 Siehe den ausgezeichneten Artikel von Hugh Urban, «Imago Magia, Virgin Mother of Eternity: Imagination and Phantasy in the Philosophy of Jacob Boehme», in: *Alexandria: The Journal of the Western Cosmological Tradition,* hrsg. v. David Fideler, Grand Rapids 1993, Nr. 2, S. 233–256.
18 G. Epstein, «Healing and Imagination», in: *Re-Vision,* Bd. 3, 1980, Nr. 1, S. 51.

7 Die richtige Anschauung

1 Siehe L. Festinger, *A Theory of Cognitive Dissonance,* Evanston, Ill., 1957.
2 B. Russell, *Sceptical Essays,* London und New York 1927, S. 28.
3 R. W. Emerson, *Conduct of Life, Nature and Other Essays,* London/ New York 1908, S. 248.
4 Siehe Shaws Vorwort zu seinem satirischen Stück *Androklus und der Löwe* (1912).
5 Siehe E. Klinger, *Daydreaming,* Los Angeles 1990, S. 68.
6 D. Elgin, *Awakening Earth,* S. 238.
7 W. Harman, *Global Mind Change,* Indianapolis 1988, S. 168.

8 Intuition – die andere Form des Wissens

1 Siehe P. Goldberg, *Die Kraft der Intuition,* Bern, München, Wien ^{2}1986.
2 Archiv der Zeitschrift *Intuition,* San Francisco.
3 K. R. Popper, *Logik der Forschung,* Tübingen ^{2}1966, S. 258.
4 F. Vaughan, *Awakening Intuition,* New York 1979, S. 176.
5 Shakespeare, *Der Sturm,* 5. Akt, 1. Szene, Vers 183.
6 Siehe M. Emery, *Intuition Workbook: An Expert's Guide to Unlocking the Wisdom of Your Subconscious Mind,* Upper Saddle River, N. Y., 1995.
7 W. Harman, «Intuition as the Code Word for Global Transformation». Dieser Artikel ist erhältlich beim Institute of Noetic Sciences, 475 Gate Five Road #300, Sausalito, CA 94965.
8 H. R. Pagels, *The Cosmic Code: Quantum Physics As the Language of Nature,* New York 1983, S. 41.
9 H. R. Schilling, *The New Consciousness in Science and Religion,* London 1973, S. 75.
10 F. A. Wolf, *Star Wave: Mind, Consciousness, and Quantum Physics,* New York 1984, S. 6.
11 Siehe K. Pribram, *Languages of the Brain,* Englewood Cliffs, N. Y., 1971.
12 D. Rudhyar, *The Astrology of Personality,* Garden City, N. Y., 1970, S. 69.
13 H. Bergson, *Die beiden Quellen der Moral und der Religion,* Olten und Freiburg i. Br. 1980, S. 247.

14 Siehe M. Ullman und C. Limmer (Hrsg.), *The Variety of Dream Experience: Expanding Our Ways of Working with Dreams,* New York 1988.
15 Siehe Bergson, a.a.O., S. 117f.
16 Ebd., S. 262.
17 Ebd., S. 256.
18 P. Goldberg, *The Intuitive Edge,* S. 151 (dt.: *Die Kraft der Intuition,* Bern, München, Wien ²1986.)
19 W. Harman und H. Rheingold, *Higher Creativity,* S. 135 (dt.: *Die Kunst, kreativ zu sein,* Bern, München, Wien 1987.).
20 R. W. Emerson, *The Conduct of Life,* S. 53.

9 Kreativität – Selbstverwirklichung und Transzendenz

1 R. May, *The Courage to Create,* New York 1976 (dt.: *Der Mut zur Kreativität,* Paderborn 1987), S. VIII.
2 Siehe N. Berdyaev, *The Meaning of the Creative Act,* New York 1962.
3 H. Skolimowski, *The Participatory Mind,* S. 5.
4 Ebd., S. 154.
5 Ebd., S. 156.
6 R. Sheldrake, *Die Wiedergeburt der Natur,* Bern, München, Wien 1991, S. 166.
7 Ebd., S. 225.
8 R. May, *The Courage to Create,* S. 4.
9 J. Gebser, *Verfall und Teilhabe: Über Polarität, Dualität, Identität und den Ursprung,* Salzburg 1974, S. 133ff.
10 O. M. Aivanhov, *Creation: Artistic and Spiritual,* Fréjus 1987, S. 173.
11 Ebd.
12 R. May, *The Courage to Create,* S. 27.
13 C. G. Jung, *Erinnerungen, Träume, Gedanken,* Olten 1987, S. 359.
14 W. Fifield, *In Search of Genius,* New York 1982, S. 54.
15 Ebd., S. 119.
16 Siehe K. Wilber, *Das Atman-Projekt – Der Mensch in transpersonaler Sicht,* Paderborn 1989.
17 R. May, *The Courage to Create,* S. 147.
18 Siehe O. Rank, *Art and Artist: Creative Urge and Personality Development,* New York 1968.
19 *Meister Eckehart,* S. 381f.

10 Das höhere Bewußtsein

1 Siehe A. Combs, *The Radiance of Being: Complexity, Chaos and the Evolution of Consciousness,* Edinburgh 1995/New York 1996, S. 187ff. – eine nützliche Darstellung des Unterschieds zwischen *Zuständen* und *Strukturen* des Bewußtseins.
2 J. White (Hrsg.), *The Highest State of Consciousness,* New York 1972, S. VII.
3 J. White, *The Meeting of Science and Spirit,* New York 1990, S. 4.
4 Ebd., S. 5.
5 Siehe A. Watts, *Psychotherapy East and West,* New York 1961.
6 Bubba [Da] Free John, *The Paradox of Instruction,* San Francisco 1877, S. 98.
7 Siehe z. B. G. I. Gurdjieff, *All and Everything,* New York 1950, und *Meetings with Remarkable Men*, New York 1963.

11 Die Kunst des Selbstverständnisses und der Selbstverwandlung

1 Zur Selbsterkenntnis bei Säugetieren siehe D. R. Griffin, *Animal Minds,* Chicago und London 1992; J. M. Masson und S. McCarthy, *When Elephants Weep: The Emotional Lives of Animals,* New York 1995; P. Cavalieri und P. Singer, *The Great Ape Project: Equality Beyond Humanity,* New York 1994; B. Kevles, *Thinking Gorillas: Testing and Teaching the Greatest Ape,* New York 1980; D. L. Cheney und R. M. Seyfarth, *How Monkeys See the World: Inside the Mind of Another Species*, Chicago und London 1992; R. J. Schusterman, J. A. Thomas und F. G. Wood (Hrsg.), *Dolphin Cognition and Behavior: A Comparative Approach,* Hillsdale, N. J., und London 1986.
2 D. Hume, *Ein Traktat über die menschliche Natur,* Hamburg 1973, S. 326.
3 C. Tart, *States of Consciousness,* El Cerrito, Calif., 1983, S. 160.
4 M. Csikzsentmihalyi, *Flow: The Psychology of Optimal Experience,* New York 1990, S. 63.
5 Ebd., S. 64.
6 K. Wilber, *Sex, Ecology, Spirituality: The Spirit of Evolution,* Boston 1995, S. 230.
7 A. Maslow, *The Farther Reaches of Human Nature,* Harmonsworth 1971, S. 45f.

8 Ebd., S. 49.
9 Siehe S. Keleman, *Your Body Speaks Its Mind,* Berkeley, Calif., 1981.
10 C. Tart, *Waking Up,* S. 197. (dt.: *Hellwach und bewußt leben.*)
11 Ebd., S. 206 f.
12 *Views from the Real World: Early Talks of Gurdjieff,* New York 1975, S. 88.

12 Der Schatten der Erleuchtung

1 Siehe H. V. Guenther, *Tibetan Buddhism in Western Perspective,* Emeryville, Calif., 1977, S. 179.
2 Tarthang Tulku, «Bring the Teachings Alive», in: *Crystal Mirror,* Bd. 4, 1975, S. 166.
3 G. Feuerstein, *Holy Madness: The Shock Tactics and Radical Teachings of Crazy-Wise Adepts, Holy Fools, and Rascal Gurus,* New York 1991 (dt.: *Heilige Narren. Über die Weisheit ungewöhnlicher Lehrer,* Frankf. a. M. 1996), S. 240.
4 Ebd., S. 204.
5 Ebd., S. 213.
6 Ebd., S. 244.
7 Ich verweise in diesem Zusammenhang auf Ralph Waldo Emersons Bemerkung: «Ein Großteil unserer Politik ist physiologischer Natur»; in: *The Conduct of Life,* S. 156.
8 Zitiert in A. W. Watts, *The Meaning of Happiness,* New York 1970, S. 153 f. (dt.: *Lankavatara-Sutra,* Bern, München, Wien 1996.)

13 Freiheit, Schicksal und die Quantenwirklichkeit

1 Siehe Paul Tillich, «Der Mut zum Sein».
2 E. Franck, *To Be Human Against All Odds,* Berkeley, Calif., 1991, S. 126.
3 *Bhagavadgita,* Stuttgart 1992, S. 30.
4 P. Brunton, *Relativity . . .,* S. 12 f.
5 Ebd., S. 66.
6 K. Wilber, *The Spectrum of Consciousness,* Wheaton, Ill., 1993, S. XVI. (dt.: *Das Spektrum des Bewußtseins,* Bern, München, Wien 1987.)
7 Ebd., S. XVI.
8 K. Wilber, *Sex, Ecology and Spirituality,* S. 268.
9 F. Capra, *Das Tao der Physik,* Bern, München, Wien 1984, S. 305.

10 C. F. von Weizsäcker, *Die Einheit der Natur,* München [5]1986, S. 318f.
11 Ebd., S. 480.

14 Die Suche nach Ganzheit

1 J. Meller, *The Buckminster Fuller Reader,* Harmondsworth 1972, S. 358.
2 Siehe J. Gebser, *Ursprung und Gegenwart,* und G. Feuerstein, *Structures of Consciousness.*
3 Siehe K. Wilber, *Sex, Ecology, Spirituality,* S. 50, wo er seine Leser darauf hinweist, daß Arne Naess, «der Schutzheilige der Tiefenökologie», in der Hierarchie einen gültigen und notwendigen Kontrapunkt zum Holismus einerseits und zum Atomismus andererseits erblickt.
4 Siehe z. B. die scharfsinnige und in vielerlei Hinsicht zutreffende Kritik an der Tiefenökologie von G. Bradford, *How Deep Is Deep Ecology?,* Ojai, Calif., 1989.
5 Siehe E. Schur, *The Awareness Trap: Self-Absorption Instead of Social Change,* New York 1977.
6 Siehe W. A. Johnson, *The Search for Transcendence: A Theological Analysis of Nontheological Attempts to Define Transcendence,* New York 1974.
7 Ebd., S. 142.
8 Ebd., S. 143.
9 Ken Wilber wehrt sich gegen die Bezeichnung des höchsten Seins als «Ganzes»; er nennt es lieber «das All». Für ihn ist dieses offen, und wer von der höchsten Realität als dem Ganzen spreche, laufe Gefahr, totalitäre Ideen hineinzuprojizieren. Im Rahmen von Wilbers philosophischem System ist dies durchaus sinnvoll. Doch wenn wir das «Ganze» gleichsetzen mit «das Ganze-im-Ganzen-im Ganzen ad infinitum», entgehen wir der Gefahr des reduktionistischen Holismus. Ich glaube, so wurde der Begriff auch größtenteils in den spirituellen Traditionen verstanden. Siehe K. Wilber, *Sex, Ecology, Spirituality,* S. 37.
10 G. B. Leonard, *Education and Ecstasy,* New York 1968, S. 215.
11 Siehe O. L. Reiser, *The Integration of Human Knowledge: A Study of the Formal Foundations and the Social Implications of Unified Science,* Boston 1958.
12 Siehe J. Gebser, *Ursprung und Gegenwart.*
13 Höchst lesenswerte Ausführungen zum symbolischen Denken finden sich bei R. Grasse, *The Waking Dream,* Wheaton, Ill., 1996. Grasse nennt das symbolische Denken zu Recht die «vergessene Sprache».
14 Siehe G. Feuerstein, S. Kak und D. Frawley, *Der Anfang der Zivilisation.*

15 Die New-Age-Bewegung: Rückschritt oder Chance

1 Siehe I. Prigogine und I. Stengers, *Dialog mit der Natur. Neue Wege naturwissenschaftlichen Denkens,* München ^{2}1993.
2 R. Walsh, *Staying Alive,* Boston 1984, S. 75.
3 R. Heilbronner, *An Inquiry into the Human Prospect,* N. Y. 1974, S. 142.
4 Siehe R. Sheldrake, *Das schöpferische Universum,* München 1985.
5 Das Konzept von «New Age» ist überaus ambivalent, wie David Spanglers Darstellung der «Bilder des New Age» zeigt, in: D. Spangler und W. I. Thompson, *Reimagination of the World: A Critique of the New Age, Science, and Popular Culture,* Sante Fe 1991, S. 22f. Da heißt es etwa, das New Age sei «ein Aufruf zum Lernen», «ein Bild der Verwandlung», «eine Möglichkeit, über die Zukunft zu sprechen», «die Bemühungen von Menschen, Hebammen einer besseren Zukunft zu sein», «ein spirituelles Phänomen», «ein Symbol des Geistes der Erneuerung und der Kreativität», «kein Ereignis, sondern ein Prozeß», «ein Geisteszustand», «eine Möglichkeit, die Welt zu betrachten», «eine spezifische spirituelle Kraft, die auf die Menschheit und die Welt wirkt», «ein Bild der Zukunft». Spangler merkt auch an: «Das Bild des New Age kann durchaus als sinnvolles Instrument der Imagination für jeden verschwinden, der ernsthaft versucht, auf eine Veränderung und Verbesserung der Zivilisation hinzuwirken.»
6 Siehe A. Maslow, *The Farther Reaches of Human Nature.*
7 B. Lonergan, *Method in Theology,* New York 1972, S. 104.
8 R. Heinberg, *Memories and Visions of Paradise: Exploring the Universal Myth of a Lost Golden Age,* Wheaton, Ill., 1995. S. 277.
9 Zum «Yoga der Partizipation» siehe H. Skolimowski, *The Participatory Mind.*

16 Der Weg zum integralen Bewußtsein

1 Siehe z. B. L. deMause, *Foundations of Psychohistory,* New York 1982. Lloyd deMause, der bahnbrechende Arbeit auf diesem Gebiet geleistet hat, ist Direktor des Institute for Psychohistory und Verleger von *The Journal of Psychohistory.* Siehe auch H. Lawton, *The Psychohistorian's Handbook,* New York 1988.

2 Siehe J. Gebser, *Ursprung und Gegenwart;* K. Wilber, *Up From Eden: A Transpersonal View of Human Evolution,* New York 1981; D. Elgin, *Awakening Earth;* G. Feuerstein: *Structures of Consciousness* und *Wholeness or Transcendence? Ancient Lessons for the Emerging Global Civilization,* Burdett, N. Y., 1992.
3 J. Gebser, *Ursprung und Gegenwart,* S. 56.
4 Siehe O. Spengler, *Der Untergang des Abendlandes,* 2 Bde., Mchn. 1972.
5 J. Gebser, *Ursprung und Gegenwart,* S. 685.
6 Siehe C. Tart, *Hellwach und bewußt leben.*
7 C. G. Jung, *Gesammelte Werke,* Bd. 18, 1, S. 275.
8 Siehe K. Wilber, *Sex, Ecology, Spirituality.*
9 J. Gebser, *Ursprung und Gegenwart,* S. 488.
10 Siehe die ausgezeichnete Darstellung von P. Davis, *Die Unsterblichkeit der Zeit,* Bern, München, Wien 1995.
11 Siehe D. Bohm, *Die implizite Ordnung,* München 1987.
12 Siehe J. Gebser, *Verfall und Teilhabe.*
13 Siehe A. Maslow, *The Farther Reaches of Human Nature.*
14 D. Elgin, *Awakening Earth,* S. 316.

17 Erinnerung an die Zukunft

1 Siehe T. McKenna, *The Archaic Revival.*
2 Siehe P. Teilhard de Chardin, *Die Zukunft des Menschen,* Olten^4 1987.
3 T. McKenna, a.a.O., S. 113.
4 Siehe R. Erdoes, *AD 1000: Living on the Brink of Apocalypse,* S. F. 1988.
5 A. Toynbee, *Kultur am Scheidewege,* Zürich und Wien 1949, S. 61f.
6 Siehe z. B. T. McKenna, *The Invisible Landscape: Mind, Hallucinogens, and the I Ching,* San Francisco 1993; J. Argüelles, *The Mayan Factor: Path Beyond Technology,* Sante Fe 1987; B. Marx Hubbard, *The Revelation: A Message of Hope for the New Millennium,* Novato, Calif., 1995; «Firing the Cosmic Trigger», mit R. A. Wilson, in: D. J. Brown und R. McClen Novick, *Mavericks of the Mind: Conversations for the New Millennium,* Freedom, Calif., 1993; P. Russell: *The White Hole in Time: Our Future Evolution and the Meaning of Now,* San Francisco 1992 (dt.: *Im Zeitstrudel,* Wessobrunn 1994).
7 F. A. Wolf, *Parallel Universe: The Search for Other Worlds,* New York 1988, S. 298f.

Personen- und Sachregister